Explicación basada en la Regulación del Poomsae por la Federación Mundial de Taekwondo

태권도 공인품새 해설 II
EXPLICACIÓN DEL TAEKWONDO POOMSAE OFICIAL II

태권도 동작의 이해
Básicos de Taekwondo

저자 강익필 Ikpil Kang (Autor Ikpil Kang)
번역 장세훈 Sehoon Jang (Traducción Sehoon Jang)

QR코드를 이용한 스마트 품새

Anibig 애니빅

어플 설치 및 사용법 Cómo descargar y utilizar la aplicación

현실
umentada

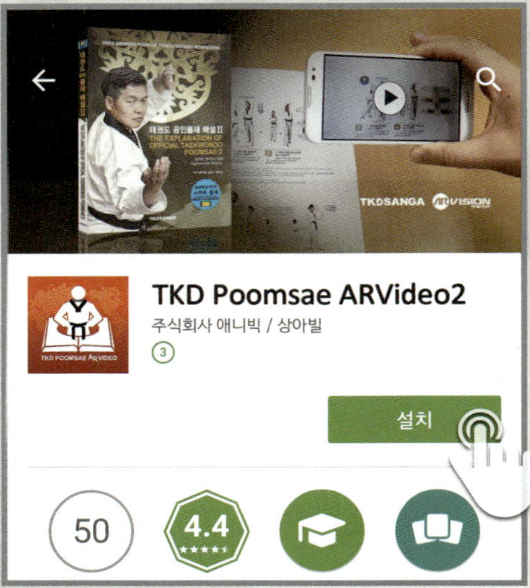

1 구글 플레이스토어에서
TKD Poomsae ARVideo2 검색 / 설치 클릭
En Google Play Store, buscar TKD Poomsae ARVideo y haga clic en Instalar.

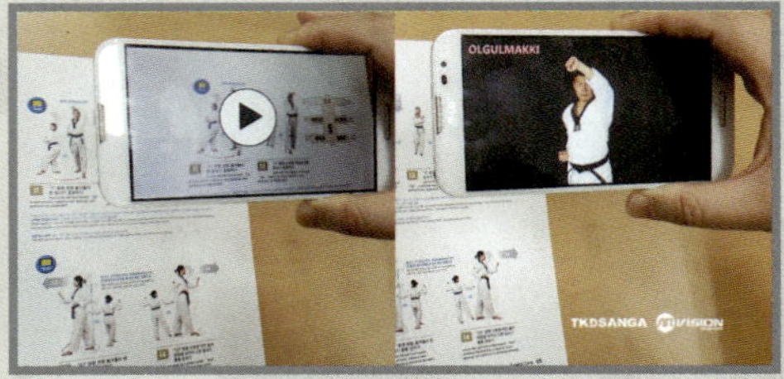

2 이미지 근처에서 스마트폰을 움직인다. 플레이 화면이 나오면 스마트폰 화면을 터치하여 플레이 시킵니다.
Acercar el smartphone a la imagen.
Cuando la pantalla del smartphone cambie, toque el icono Repoduir en su pantalla.

ANDROID APP ON Google play | Available on the App Store

어플에 대한 문의사항을 이메일(anibigbook@gamil.com)로 보내 주시면 안내해 드리겠습니다.
Si tiene preguntas sobre la aplicación, póngase en contacto con nosotros a través del correo (anibigbook@gmail.com).
Le responderemos tan pronto como sea posible.

코드
go QR

1 QR코드를 이용하여 앱을 설치하지 않아도 영상을 감상할 수 있습니다.
El código QR le permite navegar utilizado la aplicación de búsqueda de código QR.

- 태권도 교육에 IT기술을 이용하여 동영상을 보면서 부족한 부분을 교육하는 새로운 콘텐츠 입니다.
Nuestra aplicación móvil SMART POOMSAE utilizando tecnología de realidad aumentada es el inicio de la educación inteligente de Taekwondo.
- QR코드는 QR코드 검색 애플리케이션을 이용하시면 됩니다.
El código QR permite explorar la aplicación de búsqueda de código QR.

※ QR코드만 있는 책에서도 어플(증강현실)로 동영상을 감상 할 수 있습니다.
Incluso en los libros con códigos QR, podrá ver los vídeos con realidad aumentada.

목차 Contenido

품새 수련상 유의점

Consideración para el entrenamiento de Poomsae

시 선

Mirada

몸의 중심이동

Transición del centro del cuerpo

속도의 완급

Control de velocidad

힘의 강유

Tensión y relajación en fuerza

동작의 연결

Fluidez del movimiento

호 흡

Respiración

태권도 동작의 이해

Básicos de Taekwondo

품새는 공격과 방어 동작을 품새선에 맞춰서 동작의 강유(剛柔), 속도의 완급(緩急), 리듬, 균형 그리고 호흡과 시선에 주의하여 중심이동과 중심축의 활용 등 신체를 유기적으로 연계하여, 태권도 기술의 몸 쓰임을 효과적으로 익히게 하는 수련체계이다.

품새수련은 체력적인 약함을 극복하는 신체적 단련은 물론, 반복적인 수련과정을 통하여 정신적 강인함과 성숙함을 고양해 태권도 정신의 충만함과 숙련된 기술의 경지를 이루게 한다.

El Poomsae es el enfoque minucioso del movimiento, con una fuerza que puede ser fuerte o débil, una velocidad que es baja o alta, ritmo, equilibrio, respiración y el nivel de los ojos, siguiendo la línea del Poomsae. El centro del cuerpo y el centro del movimiento se utiliza conectando el cuerpo orgánicamente, así permitir a uno aprender las técnicas del Taekwondo y utilizar eficientemente su cuerpo para atacar y bloquear, etc. Esto se llama sistema de entrenamiento del Poomsae. Con la práctica constante de este sistema de entrenamiento, se puede lograr el dominio mental y físico.

가. 서기 Posición

1) 발바닥으로 지면을 딛고 다리의 힘으로 상체를 받쳐 세우는 행위로 무릎의 굽힘과 폄, 발의 라 서기의 모양이 변화된다.
2) 호흡을 단전에 집중하고 몸의 균형을 유지하며 공격과 방어의 원활한 활동을 돕는 자세이다.
3) 몸의 수직과 수평의 균형을 맞춰 방어, 공격 동작을 안정시킨다.
4) 동작 완결 시에는 하단전에 호흡을 집중하여 안정을 유지하며, 서기(하체)를 견고하게 하고 상체(몸통)의 유연함을 도모하여 동작을 원활하게 한다.

A. Posición

1) La posición es con ambas plantas del pie en el suelo, utilizando la fuerza de las piernas para soportar la parte superior del cuerpo. La forma de la posición puede cambiar doblando la rodilla, por el ancho del pie y moviendo el centro del cuerpo.

2) Mantener el equilibrio del cuerpo y tensar el abdomen inferior, la posición se aplica para el movimiento de ataque y de defensa.
3) Mantener el equilibrio vertical y horizontal para lograr una posición estable.
4) Al final del movimiento, tensar el abdomen inferior, lograr una postura firme, mantener el equilibrio y relajar la parte superior del cuerpo.

● 대표서기의 이해

모아서기(Posición de atención)

- 호흡, 다음 동작으로 연결, 정신과 힘의 집중, 흐름 속에 고요함을 유지한다.
- 서기를 행할 때 호흡은 하단전에 집중하며, 엉덩이가 뒤로 빠지지 않도록 하여 정면의 중심선과 측면의 중심선을 맞춰 머리끝부터 발끝까지 몸을 바르게 정렬하여, 발바닥 전체에 체중을 균등하게 배분하여 하체를 견고하게 한다.

※ 몸의 균형 유지 및 집중력을 기른다.

- Seguir respirando, preparar el siguiente movimiento, concentrarse en mente y energía.
- Mantener la respiración en el abdomen inferior y meter la cadera.

※ Nota: Desarrolla el equilibrio del cuerpo y la concentración

주춤서기(Posición de montar caballo)

- 척추를 바로 세워 하단전에 호흡을 집중하고 엉덩이를 당기며, 정면의 중심선과 측면의 중심선을 맞춰 머리끝부터 발끝까지 몸을 바르게 정렬하여, 발바닥 전체에 체중을 균등하게 배분하여 하체를 견고하게 한다.
- 너비는 두 발 정도이며 발날등이 나란하게 한다.
- 중심을 가운데 두며 두 무릎과 발가락 끝이 일치하도록 하고(무릎 정면) 다리의 모양은 유지하며 힘을 안으로 모아준다.
- 하체를 견고하게 함으로 상체의 활동이 원활해지며 상체는 가슴과 어깨를 편안하게 한다.

※ 주춤서기는 몸의 균형유지, 호흡, 근력 인내력을 향상 시킨다.

- Mantener la espalda derecha, tensar el abdomen inferior, meter la cadera, y bajar el centro del peso del cuerpo.
- Piernas abiertas con una distancia de dos pies de ancho y un pie de adentro en paralelo.
- El centro del cuerpo debe estar en el medio, con las rodillas y dedos del pie en una línea recta vertical (rodilla hacia adelante). Mantener el movimiento de las piernas y la tensión.
- La postura sólida permite que la parte superior del cuerpo se mueva de forma estable. Relajar hombros y pecho

※ Nota: Desarrolla el equilibrio corporal, la respiración, resistencia muscular y paciencia.

앞굽이(Posición hacia adelante)

- 몸체는 수직을 이뤄 균형을 유지해야 한다. (당기기, 밀기 등에 균형 유지)
- 앞굽이의 앞쪽 다리 무릎 굽힌 정도는 주춤서기가 기준이 된다.
- 뒤쪽 다리의 무릎은 공, 방이 완료되는 순간 완전히 펴고, 뒤꿈치가 바닥에서 떨어지지 않게 하여 힘을 전달하는 발판이 되게 한다.
- 상체는 하체의 서기의 모양을 기반으로 시선을 정면을 본 상태의 자연스러운 각을 유지하고 왼팔과 오른팔을 사용함에 따라 상체의 각은 약간의 변화를 가져오는데 그 각의 크기가 몸의 중심을 잃거나 경직 되어서는 안 된다.

※ 앞굽이는 척추와 골반을 바르게 해주고 근력이 향상된다. 강한 막기와 공격에 유용하다.

- Mantener recta la parte superior del cuerpo para mantener el equilibrio. (equilibrio para jalar y empujar)
- Flexionar la pierna de adelante con un ángulo como si se estuviera montando un caballo.
- Estirar la pierna de atrás al final del movimiento, pisando fuerte el suelo con la planta del pie para transferir la fuerza.
- La parte superior del cuerpo debe estar mirando hacia la misma dirección de la posición. Cuando se utilice los brazos mantener el equilibrio y no estar rígido.

※ Nota: La posición hacia adelante realinea la columna vertebral y la cadera apropiadamente, se utiliza para un fuerte bloqueo y ataque.

뒷굽이(Posición hacia atrás)

- 두 다리의 발가락과 무릎은 같은 방향을 향하도록 주의하고 상체는 하체의 의해 생기는 자연스러운 각을 유지하며, 왼쪽과 오른쪽의 팔의 쓰임에 따라 상체의 각은 약간의 변화가 있을 수 있으나 그 각의 크기가 몸의 중심을 잃거나 경직되어서는 안 된다.
- 이동한 후 뒷발에 중심을 유지하며, 뒷굽이 이동 시에는 앞발로 중심이 이동되었다가 뒷발로 옮겨지지 않도록 주의한다.
- 뒷굽이는 중심이 뒤에 있기 때문에 방어에서 공격으로 전환, 옆으로 피하기, 뒤로 물러 딛기 등을 활용해 상대의 힘을 흘려보내거나 잡거나 꺾는 동작에 용이한 서기다.

- Colocar los dedos del pie y la rodilla hacia la misma dirección. Mantener un ángulo cómodo para la parte superior del cuerpo al realizar la posición. Al usar los brazos, el ángulo del cuerpo cambiará ligeramente, pero deberá mantener el equilibrio y no estar rígido.
- Después de cambiar a la posición hacia atrás, mantener el equilibro en la pierna de atrás y no en la pierna de adelante.
- La posición hacia atrás tiene el equilibrio en la pierna trasera, lo cual facilita el cambio de defensa a ataque, y evita ir a un lado y retroceder. Estos movimientos son aplicados para que el ataque del oponente falle.

범서기(Posición del tigre)

- 범서기는 상대의 공격을 뒤로 물러 디뎌 손이나 발 공격으로 반격하거나, 상대 공격의 힘의 방향을 바꿔 흘려보내는데 용이하며 앞 또는 뒤쪽발의 공격에도 편한 자세이다.
- 몸의 전환 및 내딛기와 물러 딛기에 용이하다.

- La posición de tigre se aplica dando un paso atrás para contraatacar después de evitar un ataque del oponente. Además, esta posición apoya fácilmente para cambiar la dirección de ataque del oponente y a realizar una patada con la pierna de atrás.
- Es fácil cambiar la dirección para adelante y para atrás.

나란히서기(Posición de preparación)

- 나란히서기는 마음과 몸이 준비된 상태이다. 마음의 평상심과 몸을 부드럽게 하여 언제라도 대처할 수 있는 기세를 유지하고, 호흡을 하단전에 모으고 엉덩이를 당겨 뒤로 빠지지 않도록 하여 중심을 견고히 한다.(정면과 측면의 중심선 유지)
- 팔과 몸통의 연결 고리인 어깨를 자연스럽게 하고, 단전에 호흡을 집중하여 지면의 힘을 다리와 몸통으로 연결되게 한다.

※ 몸의 균형을 유지한다.

- La posición de preparación significa tener la mente y el cuerpo preparado. Mantener la mente calmada y relajar el cuerpo para preparar cualquier movimiento, tensar el abdomen inferior y meter la cadera para asegurar el balance.
- Relajar el hombro que conecta el torso y el brazo. Al tensar el abdomen inferior, transferir la fuerza a la parte superior del cuerpo de las piernas que están estables en el suelo

※ Nota: Desarrolla el equilibrio.

학다리서기(Posición de la grulla)

- 학다리서기는 상대의 공격을 피하거나 재차 공격을 시도할 때 사용되는 서기다.
- 중심을 잡고 있는 다리 발바닥에 힘을 집중 하고, 주춤서기 높이와 같은 높이를 유지하며 반대 발은 발날등이 중심다리 무릎안쪽에 가볍게 붙이고, 부드러움을 유지하여, 균형을 유지하고 민첩한 다음 동작을 위한 준비 상태를 유지한다.

※ 균형 및 집중력, 근력을 증가시킨다.

- Es aplicada para evitar un ataque e intentar un contraataque.
- Concentrar la fuerza en la planta del pie que está en el suelo; mantener la altura como si estuviera montando un caballo, colocar el otro pie (parte interna) en la rodilla apoyado ligeramente. Relajar todo el cuerpo y mantener el equilibro para preparar el siguiente movimiento.

※ Nota: Desarrolla el equilibrio, concentración y fuerza muscular

나. 걷기(딛기) Caminar

걷기(딛기)는 걸음을 옮기는 방법을 말하며 걷기와 뛰기로 크게 나눌 수 있다. 걷기는 아래의 방법에 주의하여 지도한다.

- 높이의 변화가 없어야 한다. (무릎을 굽힌 서기는 주춤서기를 기준으로 하여 걷는다.)
- 중심을 바르게 한다.
- 앞 축을 사용한다.
- 지면을 미끄러지듯 걷는다.
- 중심이동을 원활히 한다.
- 시선을 바르게 한다.
- 보폭이 일정해야 한다.
- 걸음은 경쾌하고 안정감이 있으며, 민첩해야 한다.
- 다리의 각 관절이 탄력이 있어야 한다.
- 서기의 견고함은 상체의 움직임에 활발함을 더해 준다.

B. Caminar

En taekwondo, caminar significa dar pasos. Caminar se divide en caminar y saltar.

- Mantener la misma altura (en caso de la posición con la rodilla doblada)
- Espalda estirada
- Usar el metatarso
- Deslizar el pie por el suelo
- Mover el centro del cuerpo
- Mirar la dirección
- Mantener la distancia entre los pies
- Caminar estable y rápidamente
- Combinación elástica de cada articulación de la pierna
- Postura estable facilita el movimiento del cuerpo superior
- Caminar correctamente

(○) 바른 걷기 Movimiento correcto

1

바닥을 밀며 힘을 위로 전달한다.

patear el suelo con el pie trasero como se muestra arriba

2 3

지면을 민 추진력으로 허리를 사용해 무릎을 당긴다.

girar la cintura y jalar la rodilla adelante

4 5

앞축이 지면을 스치며 완전한 자세를 유지한다.

deslizar el metatarso por el suelo y completar la postura

걷기는 발바닥이 지면을 스치는 느낌으로 걸어야 하며 높이의 변화가 없어야 한다.

걷기는 지면반력에 의해 먼저 지면을 밀며 힘을 몸으로 전달한다. 이때 무릎의 활용이 중요하며 옮겨 딛는 발의 무릎은 중심을 지탱하는 발의 무릎과 같은 높이로 지면을 미는 추진력과 허리의 작용으로 무릎을 당긴다. 옮겨 딛는 과정에서 몸의 중심은 바로 서 있어야 하며 옮겨 딛는 발은 앞축 이후 뒤축이 지면에 닿도록 하는데 뒤축으로 바닥을 짓찧으면 안 된다.

Al caminar por el suelo, deslizar el pie y mantener la misma altura.

El primer paso es empujar el suelo con el pie trasero para lograr una fuerza que impulse el cuerpo. Cuando mueva la pierna trasera, mantener el nivel de la rodilla igual a la otra rodilla y jalar hacia adelante, girando la cintura. Mientras pisa, mantener el equilibrio y pisar con el metatarso primero, luego el talón suavemente.

(×) 바르지 못한 걷기 Movimiento incorrecto

2 3

2, 3은 중심이 앞으로 치우쳐 균형을 잃었고 높이의 변화가 일정하지 않았다.
En el número 2, 3 el centro del cuerpo se inclina y pierde el equilibrio, altura diferente.

4

4는 뒤축이 지면에 먼저 닿아 몸으로 충격을 미칠 수 있으면 상대방의 움직임에 따라 거리 조절에 용이하지 않다.
En el número 4, pisando con el talón dificulta el control de la distancia.

• 걷기 연습하기

- 제자리에서 발바꾸기
- 앞으로 내딛기
- 뒤로 물러 딛기
- 앞으로, 뒤로 한걸음 옮기며 돌기

• Practicar

- Cambiar de posición en el lugar
- Dar un paso hacia adelante
- Dar un paso hacia atrás
- Pisar y girar

다. 방향전환(돌아딛기) Girar

- 방향전환은 공격 혹은 방어의 상황에서 몸의 중심을 민첩하게 이동하여 방향전환을 통해 상황에 대처하는 것을 말한다. 방향전환에서 중요한 것은 중심을 안정되게 유지하면서 방향을 전환하는 것이다. 중심을 오른발 혹은 왼발으로 이동하고 힘을 허리에 전달하여 회전함으로 신속히 한 동작으로 전환할 수 있다.

C. girar

- Girar significa cambiar de dirección rápidamente para preparar la defensa y/o el ataque. Es importante mantener el equilibrio mientras se gira el cuerpo. Al mover el peso al pie izquierdo o al pie derecho girar la cintura, cambiar de posición rápidamente.

• 돌기 순서(방향전환)

1. 왼발로 지면을 밀며
2. 오른쪽 다리로 중심을 옮긴다.
3. 중심축을 유지하며 허리의 탄력을 이용하여 방향을 전환한다.
4. 왼발은 허리의 회전으로 자연스럽게 왼앞굽이 자세를 만들게 된다.

• Orden del giro

1. Empujar el suelo con el pie izquierdo
2. Mover el peso a la pierna izquierda
3. Mantener el eje del cuerpo y cambiar de dirección girando la cintura
4. Pisar el pie izquierdo y completar la posición suavemente

라. 팔 쓰기 Cómo usar los brazos

팔 쓰기란?

몸통에서 전달된 힘을 어깨와 팔꿈치, 팔목의 활용을 통해 방어와 공격에 활용하는 방법을 말한다. 어깨는 몸통과 팔을 연결하는 통로이다. 어깨의 쓰임에 따라 체중의 힘이 팔까지 전달될 수도, 그렇지 않을 수도 있다. 어깨를 편하게 하여 몸통과 팔을 연결하여 주고, 팔꿈치는 아래를 향하게 하여 전달된 힘을 담아 목표물에 전달하여야 한다.

팔은 몸통의 힘을 어깨관절과의 연결에 의해 버팀과 타격을 가능하게 할 수 있으며, 팔꿈치는 지면을 향하여 옆구리를 스치게 하여 운동하며 막기, 지르기, 치기 등의 힘을 전달할 수 있다. 팔꿈치의 진행 방향은 힘의 진행 방향임을 이해하여야 하며, 당기는 것이 바로 나가는 힘을 얻기 위한 몸의 반동력임을 알아야 한다. 팔꿈치가 들리면 어깨가 올라가 몸통과 팔의 연결이 끊어지게 되니 팔꿈치가 아래로 향하게 하고 어깨를 편하게 해 준다.

팔은 상대의 공격을 흘려보내거나 강한 타격으로 막거나 공격할 때 사용한다. 팔을 사용할 때 팔꿈치의 역할은 매우 중요하며 힘의 방향은 팔꿈치의 진행방향이어야 한다. 팔을 사용하는 대부분의 동작은 동작의 시작과 진행과정에서 팔꿈치를 지면으로 향하게 해야만 힘의 분산과 어깨의 경직을 막아 가속도를 높여 상대에게 강한 충격이 전달되는 탄력적인 공격과 방어를 할 수 있다. 팔목의 회전은 상대의 공격 목표 부위에 닿는 순간 회전이 완성되며 호흡과 모든 몸의 움직임과 조화를 이뤄 일치되어야 한다.

팔의 움직임은 시작되는 지점부터 끝나는 지점까지 끊어짐이 없이 이어져야 하며 힘의 운용이 자연스러워야 한다. 유(柔)에서 강(剛)으로 다시 유(柔)로의 전환과 완(緩)에서 급(急)으로 다시 완(緩)으로의 전환이 자연스러우면서 끝이 탄력적이고, 다음 동작으로 자연스럽게 연결되어 동작과 동작이 한 동작으로 이어지는 것이 숙련된 동작이라 할 수 있다.

팔을 사용할 때 어느 지점까지 팔은 몸통과 함께 진행하다 인팩트 되는 지점에서 공격 또는 방어에 사용할 마지막 부위에 체중의 힘을 전달한다.

태권도에서 힘의 전달은 분절을 연쇄적으로 사용(발바닥→무릎→허리→몸통→어깨→팔꿈치→공방의 부위)하여 마지막 부위에 힘을 싣는다. 이 모든 동작은 연쇄적이지만 마지막엔 한 동작으로 집중되어야 한다. 팔꿈치의 이동방향은 힘의 방향이다.

D. Cómo usar los brazos

¿Cómo usar los brazos? Es el uso de la fuerza que se transfiere desde el torso, al hombro, codo y muñeca, que se aplica a la defensa y el ataque.

Los hombros conectan el torso y los brazos. Depende de los hombros para transferir el peso del cuerpo a los brazos. Relajar los hombros para facilitar el uso de los brazos. Bajar el codo hacia el suelo para transferir la potencia al objetivo.

La potencia; que viene del torso, se transfiere del hombro al brazo para bloquear y golpear. Para concentrar la potencia; bajar el codo hacia el suelo y acercarlo a la cintura. El movimiento del codo es el movimiento de la potencia, considerando el principio de acción y reacción, utilizar los codos y la otra mano al mismo tiempo. Si se levanta el codo, el hombro recibirá cierta tensión; por lo tanto, bajar el codo y relajar el hombro.

El brazo es utilizado para cambiar la dirección de ataque del oponente, bloqueo y ataque. Al utilizar el brazo, el codo es importante porque decide la dirección de la potencia. Al comienzo del movimiento, bajar el codo, concentrar la potencia y relajar el hombro. Bajar el hombro acelera la velocidad del brazo para la defensa y el ataque. El giro de la muñeca se completa en el momento de llegar al objetivo, se debe combinar con la respiración y el movimiento del cuerpo.

Desde el movimiento inicial al movimiento final, el movimiento del brazo debe estar conectado no separado. Comenzar con fluidez y terminar con solidez, luego volver a la fluidez de nuevo. Arrancar lentamente y terminar rápido, luego volver a desacelerar. Todos estos movimientos deben ser ejecutados rítmicamente, elásticamente como un movimiento hecho conectando varios movimientos suavemente.

A medida que el brazo se mueve junto con el cuerpo en cierto punto, la potencia se transfiere al punto de impacto. La mayoría de movimientos de Taekwondo consisten en series de combinación de articulación a articulación, que es la forma en que se alcanza la potencia (Ej.: planta-rodilla-cintura-torso-hombro-codo-puño, principio de enlace cinético).

● 팔쓰기의 종류

1. 밖에서 안으로(바깥 팔목 사용) : 안으로 쓰기 기본 - 몸통막기, 손날목치기, 바탕손 몸통막기 (그 외 동작들은 여기에서 응용됨)
2. 안에서 밖으로(바깥 팔목 사용) : 밖으로 쓰기 기본 - 몸통바깥막기, 손날바깥치기, 아래막기 (그 외 동작들은 여기에서 응용됨)
3. 안에서 밖으로(안 팔목 사용) : 밖으로 쓰기 기본 - 안팔목 바깥막기
4. 밖에서 안으로(안 팔목 사용) : 안으로 쓰기 기본 - 손날등목치기, 표적아래막기
5. 직선 : 지르기, 찌르기

팔의 사용은 대표적으로 위 다섯 가지 분류로 이루어진다.
이 다섯 가지 방법에서 주먹, 손날, 손날등, 팔목(안, 바깥), 팔꿈치, 바탕손 등 막는 부위만 다를 뿐 그 기본 원리는 같다.

● Uso del brazo

1. De afuera hacia adentro (Uso de la parte externa del antebrazo): Movimiento básico hacia adentro, bloqueo medio con golpe de mano-cuchillo, bloqueo con palma, (se aplican otros)
2. De adentro hacia afuera (Uso de la parte externa del antebrazo): Movimiento básico hacia afuera, bloqueo medio hacia afuera, golpe de mano-cuchillo hacia afuera, bloqueo bajo, (se aplican otros)
3. De adentro hacia afuera (Uso de la parte interna del antebrazo): Movimiento básico hacia afuera, bloqueo medio hacia afuera con la parte interna del antebrazo.
4. De afuera hacia adentro (Uso de la parte interna del antebrazo): Movimiento básico hacia adentro, golpe con el dorso de la mano, bloqueo bajo.
5. Directo: golpe de puño, empuje, la mayoría de los movimientos de Taekwondo con el brazo consisten en los cinco principios mencionados. Sólo cambia el uso de una parte del cuerpo (mano-cuchillo, puño, dorso de la mano, antebrazo, codo, etc.), pero los principios básicos se aplican en la mayoría de los movimientos del brazo.

1) 밖에서 안으로(바깥 팔목 사용) De afuera hacia adentro (Uso de la parte externa del antebrazo)

(○) 바른 동작 Movimiento correcto

1. 몸은 부드럽게 막는 팔꿈치가 지면을 향하도록 하고 보조 손은 자연스럽게 앞으로 편다.
2. 양 팔꿈치는 몸통에서 멀리 떨어지지 않게 하여 힘의 분산을 막는다.
3. 손목의 회전(인펙트)은 1번 사진에서와같이 동작의 중간 부분(동작의 시작은 앞 동작의 끝이 다음 동작의 시작이며 1번 사진은 몸통막기의 중간 과정이 되겠다.)에서 하지 않도록 한다. 이는 근육이 경직되어 가속도를 내지 못하게 되며 타격력이 목표에 전달되지 않는다. 3번 사진 부분에서 인펙트가 시작되어 4, 5번으로 이루어지게 하여 가속도를 최대한 살린다.

※동작은 크게 연습하여 작게 사용하고 길게 연습하여 짧게 사용한다.

1. Relajar completamente el cuerpo, levantar una mano y bajar el codo hacia el suelo, levantar la otra mano hacia adelante.
2. Acercar ambos codos a la cintura para concentrar la fuerza.
3. Como el número 1, en el medio del movimiento (el final del movimiento anterior sería el inicio del movimiento siguiente, por lo tanto, el número 1 podría ser el centro del movimiento), no se debe girar la muñeca, porque eso provoca una tensión afectando la velocidad. Como el número 3, iniciar el giro de muñeca en los números 4, 5 y acelerar la velocidad.

※ Practicar el movimiento grande, aplicarlo con movimiento pequeño. Practicar el movimiento largo, aplicarlo con movimiento corto.

보조 손은 몸의 탄력을 주기 위한 보조 수단이며 보조 손의 당기는 과정에 의해 몸의 탄성이 생겨 공격, 방어를 수행하는 팔에 가속을 주게 하여 타격력을 배가시킨다. 이러한 연습들은 실전에선 보조 손의 활용을 최소화 하여 한 팔만으로도 몸의 탄력을 발휘여 타격력을 배가시키는 능력을 발휘하게 된다. 보조 손(팔)은 공격 및 방어하는 손(팔)과 힘의 균형이 맞아야 하고, 팔을 앞으로 펴는 동작은 자연스럽고 부드럽게 연결되어야 하며 팔에 힘을 주는 동작이 되어서는 안 된다. 품새 연습은 실전을 위한 기본의 연습이며 연습과 실전을 혼동해서는 안 된다. 품새는 기본, 사용, 활용의 수련과정으로 연습하는 것이 바람직하다.

※팔에 힘을 빼기 위해서는 팔꿈치의 힘을 빼야한다.

La otra mano se emplea de apoyo para el bloqueo y el ataque, y provoca la fuerza de acción y reacción, tirando de ella para que acelere la velocidad de bloqueo y ataque.
Esta práctica puede realizarse en una situación real, utilizando una mano para minimizar

la mano de apoyo. Además, la mano de apoyo tiene que estar equilibrada con el bloqueo y el ataque. Los movimientos básicos deberán extenderse. No confundir aplicándolo en situaciones reales.

※Para relajar el brazo, liberar la tensión en el codo

(×) 잘못된 동작 Movimiento incorrecto

사진 1, 2번은 바른 동작으로 진행되었지만 3번 사진에서 팔꿈치가 힘의 진행 방향으로 향하지 못했고 팔꿈치가 팔목에 타격을 전달하는 것이 아니라 주먹만으로 목표물을 막아 체중의 힘이 작용하지 못했다.

Números 1,2 muestran el movimiento correcto. El número 3 muestra el movimiento incorrecto donde el codo no continúa la dirección de la fuerza, sólo se utiliza el puño para bloquear sin poder transferir el peso del cuerpo a la muñeca.

---

2) 안에서 밖으로(바깥막기) De adentro hacia afuera (bloqueo medio hacia afuera)

(○) 바른 동작 Movimiento correcto

사진 3번과 같이 팔꿈치는 지면을 향하게 하고 땅기는 팔은 옆구리를 스치면 당겨야 한다. 모든 과정은 힘의 진행 방향을 생각하여 동작한다.

Como en la imagen 3, el codo debe estar hacia el suelo, la otra mano debe jalarse hacia la cintura. La mayor parte del movimiento debe seguir la dirección de la fuerza.

(×) 잘못된 동작 Movimiento incorrecto

팔꿈치가 들리면서 어깨가 들리고 경직되어 체중의 힘이 전달되지 않고, 진행 과정이 막는 방향이 아닌 앞쪽으로 진행됐다.

El codo está levantado generando tensión en el hombro. Debido al peso del cuerpo, la fuerza no puede transferirse. La mano que se mueve debe ir hacia adelante, sin seguir la dirección del bloqueo.

---

3) 안에서 밖으로(안 팔목 사용) De adentro hacia afuera (uso de la parte interna del antebrazo)

1

몸통은 막는 팔의 예비 동작을 하기 위해 움직임 방향 쪽으로 자연스럽게 틀어 준다 (몸이 경직되지 않을 정도까지)

De adentro hacia afuera (uso de la parte interna del antebrazo)

2 3

동작은 끊어짐이 없이 이어져야 한다. 팔꿈치는 지면을 향한다.

No parar durante el movimiento. El codo debe estar hacia el suelo.

4

힘의 방향으로 진행한다. 팔꿈치는 지면을 향한다.

La mano debe seguir la dirección de la fuerza.

4) 밖에서 안으로(안 팔목 사용) **De afuera hacia adentro (uso de la parte interna del antebrazo)**

예) 표적아래막기, 손날등안치기

5) 직선(지르기, 찌르기) **Directo (golpe de puño, empuje)**

직선 쓰기는 팔꿈치가 몸통에서 떨어지지 않게 하여 동작을 하여야 한다. 팔꿈치가 열리게 되면 앞으로 진행되는 힘이 분산되게 된다. 바깥 팔목과 팔꿈치가 몸을 스치며 지르기와 당기기를 하여야 한다. 팔꿈치로 지르고, 팔꿈치로 당긴다는 것을 명심해야 한다. 팔꿈치의 방향은 힘의 방향이다.

El codo debe estar más cerca del cuerpo.
El codo debe estar más cerca del cuerpo. Si primero se abre el codo, la fuerza no se podrá transferir hacia el final del bloqueo y el impacto será menor. Al golpear con el puño, la parte externa de la muñeca y codo deben mirar el cuerpo. Es importante que el golpe de puño sea desde el codo. La dirección del codo es la misma que la dirección de la fuerza.

마. 몸 쓰기 Cómo usar el cuerpo

몸통은 팔, 다리와 머리가 함께하고 몸통의 움직임은 이들의 움직임을 관장한다. 단전에 호흡을 집중함으로 하체를 안정하게 할 수 있어 상체의 활동이 자유롭게 할 수 있으며 허리는 상체와 하체를 이어주는 통로가 되므로 몸을 쓰기 위해선 허리와 하체의 견고함(연결) 역할이 크다.

● 몸을 바르게 쓰기 위해선

- 가슴을 자연스럽고 편하게 한다. 어깨를 부드럽게 하려면 가슴이 편해야 하고 가슴이 편하기 위해선 자연 상태를 유지하고 등을 편하게 해줘야 한다.
- 중심축을 바로 세워 신체의 균형을 유지하고 자세를 바르게 해야 공방이 원활하다.
- 허리의 탄력이 전신으로 뻗어 나가야 한다. 이는 몸의 반동력이며 근육의 힘이 아닌 호흡으로 해야 한다.
- 호흡은 단전에 안정시키고 평상심을 유지 할 수 있어야 몸의 움직임이 경쾌할 수 있다.
- 힘은 억지로 만들려고 하지 말고 몸의 움직임을 통해 자연스럽게 생기게 하여야 한다.

● Cómo usar el cuerpo

- Abrir el pecho suavemente para permitir que el hombre pueda moverse fácilmente. Enderezar la espalda naturalmente para permitir abrir el pecho.
- Ajustar correctamente el centro del cuerpo y mantener el equilibrio para el bloqueo y el ataque.
- La elasticidad de la cintura es el impulso del cuerpo traído por la respiración, no por la fuerza del músculo
- Se deberá acostumbrar a tensar la parte inferior del abdomen respirando profundamente hasta que la fuerza en la parte inferior del abdomen se logre de manera natural y no forzada.

바. 차기 Patada

1) 발차기 - 앞차기 Patada frontal

2번과 같이 지면을 밀며 추진력을 무릎과 허리로 전달하며 차는 발의 무릎을 3번과 같이 중심이 되는 발을 지나면서 무릎을 허리 높이 이상 접어 몸통 쪽으로 당기는 탄력으로 멈추지 말고 앞을 향하여 찬다.
주의할 것은 차는 발이 중심이 되는 발을 지난 다음 접어서 차거나 상체를 사용하지 않고 다리만 사용하여 차는 발차기는 무릎 관절을 상하게 하거나 체중이 실리지 않아 위력적인 발차기가 되질 않는다.
바람직한 발차기는 차는 발이 지면에서 떨어짐과 동시에 몸통 쪽으로 무릎을 당겨 멈추지 않고 가속도를 살려 목표물까지 한 동작으로 차야 한다.
지면에서 목표 지점까지 멈추지 않고 가속도를 살려 차는 동작이 숙련된 동작이다.

Como el número 2, empujar el suelo y girar la cintura. Como el número 3, la rodilla pasa por el centro del cuerpo. Levantar la rodilla en frente del cinturón, después patee al final con impulso. Para lograr el impulso, doblar la rodilla y girar la cintura antes de que la rodilla pase por el centro del cuerpo. A través de estos procesos consecutivos, la potencia se transfiere al objetivo. Es una patada adecuada para acelerar la velocidad del pie desde el suelo hasta el objetivo.

2) 옆차기 Patada lateral

1

옆차기 준비 Posición de preparación

2

왼발로 지면을 민다. Empujar el suelo

3 **4**

왼발의 발바닥이 지면에서 떨어지면 중심 발을 지나기 전 무릎을 가슴으로 당기는 동시에 다리를 접어 올린다.
Flexionar la rodilla antes del centro del cuerpo y levantar la rodilla frente al cinturón

5

중심 발을 약 45° 정도 안으로 틀어주는 동시 왼발과 허리를 틀어 준다.
몸의 중심선이 살아 있어야 한다. 또한, 무릎이 뒤꿈치보다 위를 향하고 있어야 한다. 이는 옆차기할 때 중심 발뒤꿈치를 틀어주는 동시에 허리가 틀어지고 이어 무릎이 아래로 틀어져서 미는 발차기가 아니고 체중이 실린 옆차기를 찰 수 있다.

Girar el pie de apoyo alrededor de 45 grados y la cintura al mismo tiempo
Mantener el centro del cuerpo. El nivel de la rodilla debe ser más elevado que el talón. En el momento final, girar el pie de apoyo y la cintura debajo de la rodilla, completar la patada lateral que tiene la fuerza del peso no sólo por el empuje.

사. 시선 Mirada

눈빛은 그 사람의 인격이나 기의 흐름 등을 느끼고, 눈을 통하여 상대의 마음을 읽을 수가 있으며, 모든 움직임을 알 수 있다. 그러므로 시선은 상대의 마음과 몸의 움직임을 읽는 것이다.
눈빛은 그 사람의 심리, 인격, 기세, 움직임이 표출되는 최초의 상대이다. 올바르게 보는 방법을 통해서 기선 제압을 할 수 있으며 또한 마음과 몸의 움직임을 읽어 효율적인 공방을 할 수 있다.

Los ojos muestran la energía de uno, la fuerza y el carácter. Uno puede leer la mente de otra persona y el movimiento del cuerpo con sólo mirarlo a los ojos. Por lo tanto, la mirada es la lectura de la mente del oponente y su movimiento corporal. Al mirar apropiadamente a una persona, uno puede abrumar a un oponente y hacer bloqueos y ataques eficaces.

▶ 보는 법 Cómo mirar

- 본인의 눈높이로 정면을 보며 어느 한 부위에 집착하지 않고 정신(精神)을 집중하여 전체를 주시한다.
- 가까이 또 멀리 볼 수 있도록 한다.
- 평온하고, 민첩하며, 당당한 눈빛으로 정면을 주시한다.
- 안구가 피곤하지 않도록 힘을 주지 않는다.
- 상대가 미리 예측을 하지 않도록 평상심을 유지한다.
- 자신감에 차고 고요한 눈빛을 유지 한다.

- Mirar hacia al frente, y no fijarse en un punto sino concentrarse en la mente e intentar mirar un todo
- Intentar mirar cerca y lejos en conjunto
- Estar calmado, ágil y confiado
- No mirar fijamente
- Mantener la mirada tranquila, así los oponentes no pueden anticiparse a sus intenciones

아. 호흡 Respiración

호흡은 들숨과 날숨을 통하여 생명을 유지하는 인체 활동의 근본이며 강유, 완급과 함께 공방을 행함에 필요한 요소이다. 원활한 기의 흐름을 유지하여 건강을 도모하고 축적된 기운을 공방에 사용한다. 힘을 축적할 때 숨을 들이쉬고 힘을 발출할 때 숨을 토한다. 몸은 부드럽고 자연스럽게 해야 한다.

La respiración es fundamental para vivir a través de la inhalación y exhalación del aire. Es utilizada para controlar la fuerza y velocidad del movimiento al ejecutar los bloqueos y ataques. La respiración adecuada está relacionada a la salud y a la energía interior. Inhalar para relajar, exhalar para tensar, pero siempre manteniendo todo el cuerpo de forma natural y espontánea.

자. 강유(剛柔) Dinámico

강(剛)은 일반적으로 굳셈을 나타내며 태권도 품새에서 강은 공격 부위가 목표물에 닿는 순간 근육에 힘을 주고, 호흡을 단전에 집중하며, 회전이 완성하는 일련의 동작들의 타이밍 일치이다. 또한 힘의 집중, 의식의 집중을 의미한다. 강은 집중(集中)이다.
유(柔)는 부드러움이며 대항이 아닌 순응(順應)이다. 태권도에서 유는 본 동작의 급과 강을 위한 예비 동작의 순응을 말하며 상대의 공격에 대한 힘을 순방향으로 흘려보내는 순응이다.
따라서 강유는 항상 꼬리를 물며 연결하여 이루어져야 한다. 태권도 동작에 있어 강과 유는 흐름과 완성이며 유는 강의 목적을 달성하기 위한 예비 동작이다. 부드러움이 있기에 단단함이 있는 것과 같이 집중을 위한 분산이 필요하기 때문이다. 동작의 예비 동작을 할 때 호흡을 들이마시며, 근육, 마음(생각)을 부드럽게 한다. 내쉬기를 할 때 근육과 마음을 굳게 하며 속도를 내어 동작의 마지막 부분에 모든 것을 집중한다.

En Taekwondo Poomsae, la fuerza significa la concentración del poder y la concentración de la mente contrayendo los músculos y la parte inferior del abdomen al momento de llegar al objetivo.
Fluidez significa no resistirse sino adaptarse. Para desarrollar la fuerza al final del movimiento, se deben preparar los movimientos con fluidez. Contra el ataque del oponente, evadirlo siguiendo la dirección de la fuerza de ataque.
Por lo tanto, la combinación de fuerza y fluidez es necesaria para el movimiento dinámico de taekwondo y siempre estar conectado en una línea. Empezar con fluidez y relajación, terminar con la fuerza y concentración. Al preparar el movimiento, inhalar, relajar el cuerpo y la mente. Al terminar el movimiento, exhalar, concentrando la mente y la fuerza muscular, concentrar todos los factores en el objetivo.

차. 완급(緩急) Velocidad

완급(緩急) 느리고 빠름이다. 태권도 동작의 관점에서 볼 때 동작 시작에서 빠른 동작을 하면 근육이 수축하게 되고 자연적으로 속도가 느려지게 된다. 힘은 속도가 중요하며 속도를 내기 위해선 근육이 이완상태(불필요한 힘을 뺀 상태)에서 시작해 빠른 동작으로 이끌어 마지막 타점에서(근수축) 힘이 전달되어야 한다. 완급은 흐름이며, 동작은 끊어짐이 없이 연결되어야 한다.

Velocidad significa controlar el movimiento lento y rápido. Al preparar el movimiento muy rápido, disminuye la velocidad del mismo por la tensión de los músculos. La potencia está relacionada a la velocidad. Para incrementar la velocidad, los músculos deben estar relajados en la parte inicial del movimiento. Al llegar al punto final, los músculos se deben contraer. La velocidad debe tener fluidez en el movimiento, y así hacerlo continuo.

카. 평상심(부동심) - 마음의 고요함을 유지 하는 것 Control de la mente

태권도 수련에 있어 마음을 다스리는 것은 가장 중요하다. 그러나 마음 수련을 소홀히 한다. 나를 다스려 나를 극복하는 것은 내 마음을 다스리는 것이다.
어떠한 위급함이나 절박한 상황에서도 평상심을 유지하여야 한다. 그래야 평온함 속에서 상대의 움직임에 대처하여 상대를 제압할 수 있다.
마음을 다스리는 것과 기술을 수련하는 것은 함께 수련하여야 하며, 마음의 고요함으로 나의 움직임을 절제하고 상대를 간파하여 상대의 움직임에 앞설 수 있다. 태권도는 육체적 수련을 통해 마음과 정신을 수련하는 것이다.

Controlar la mente es la parte más importante del entrenamiento de Taekwondo, pero muchas personas no son conscientes de ello. Taekwondo es entrenar mente y cuerpo. Superarse a sí mismo significa controlar la mente. Por lo tanto, ante cualquier situación debe permanecer relajado y mantener la calma.
En condiciones habituales, debe controlarse a sí mismo, para poder tomar medidas de los movimientos del oponente. La idea es practicar la habilidad y el control de la mente juntos para que la mente controlada pueda leer los movimientos del otro y pueda avanzar.

타. 중심이동 Centro del cuerpo

상대의 움직임에 따라 걷기(딛기)와 몸 쓰기를 활용하여 나의 무게 중심이 균형을 잃지 않게 움직여 다음 동작을 실행하기 위한 유리한 상황을 만드는 것이며, 나의 균형을 유지하면서 효과적으로 공, 방을 하기 위함이다.
한쪽 발로 중심이 옮겨져 있어도 몸의 중심선이 살아 있어야 하며, 중심이 이동하는 순간은 부드러워야 하고 호흡을 들이마시며 시선은 상대를 응시해야 한다.

Al tomar la medida del movimiento del oponente, es necesario reaccionar ante el movimiento tomando la postura y moviendo el centro del cuerpo para mantener el equilibrio. Así es como se realiza un bloqueo y un ataque efectivo sin perder el equilibrio.
Si la mayor parte del peso se mueve hacia una pierna, mantener el centro del cuerpo. Mientras mueve el peso del cuerpo, respirar suavemente y seguir mirando al oponente.

중심 발의 무릎 높이와 같게 옮겨 딛는다. (두 무릎 높이를 맞춰 옮겨 딛는다.)
방향을 전환할 때도 높이의 변화가 없이 허리를 사용 방향전환을 한다.

Al mover una pierna, mantener el mismo nivel de las rodillas en ambas piernas.
Al cambiar de dirección, mantener la altura y girar la cintura.

파. 힘의 사용 Fuerza

태권도는 방어하거나 공격하여 상대를 제압하여야 한다. 한 번의 공격과 방어로 상대를 제압하는 것이 제일 효과적이며 이를 수행하기 위해서는 방어와 공격이 매우 위력적이어야 한다. 이를 위해서는 방어와 공격에 힘이 있어야 하는 데, 이 힘은 내가 가지고 있는 힘과 상대에게 전달되는 힘으로 분류할 수 있다. 전자는 본인의 근육을 팽창시켜 외관으로는 굉장한 파괴력이 있어 보이지만, 실은 근육이 힘을 잡고 있어 상대에게는 전달되지 않는 멈춘 힘이다. 후자인 경우 상대에게 전달되는 힘은 내 체중을 실어 가속도를 내어 목표물에 닿는 순간 상대에게 전달되는 힘이다. 이는 살아 있는 힘이며 근육의 힘으로만 만든 것이 아니라 체중과 가속도에 의한 움직임을 통해 생긴 폭발적인 힘이다.

체중을 실어 가속도를 내기 위해선 근육이 경직된 것보다는 부드러운 것이 효과적이다. 또한, 동작이 시작해서 끝나는 지점까지 멈춤이 없이 한 동작으로 이루어져야 한다. 가속도를 내기 위해서는 강유와 완급이 필요하다. 힘이 폭발하는 순간까지 근육은 유(柔)와 완(緩)을 유지하는 것이 중요하며 목표물에 닿는 순간 급(急)과 강(剛)으로 가속도를 내어 타격력을 주어야 한다.

Dominar al oponente mediante el bloqueo y el ataque. Un bloqueo y un ataque poderoso son necesarios para dominar al oponente de manera eficiente. El poder para bloquear y atacar se divide en dos tipos, uno es el propio poder y el otro es el poder transferido al oponente.

El primero, parece fuerte como el bombeo de su propio músculo, pero en realidad el músculo tiene el poder que es difícil de transferir al oponente. Este último se transfiere por el movimiento acelerado del peso del cuerpo, el cual es la potencia explosiva no sólo por el uso del músculo, sino también por el peso del cuerpo y el movimiento acelerado.

Es una forma eficaz el usar el peso del cuerpo y la aceleración del movimiento para mantener el músculo relajado en vez de tenso, y para conectar el movimiento suavemente desde el inicio hasta el final. Antes de tocar el objetivo, mantener el músculo relajado. Al momento de tocar el objetivo, mover rápido, acelerar el movimiento, y luego transferir la energía. (Usar el centro del cuerpo)

1. 힘의 전달 Cómo trasladar la fuerza

힘은 지면의 추진력을 시작으로 각 분절 분절이 연쇄적인 작용으로 공격 부위에 체중을 실어 목표 부위를 가격하거나 방어 부위를 막게 된다. 이 또한 가속도가 수반되어야 하며 가속도를 내기 위해서 유에서 강으로, 완에서 급으로의 동작이 시작과 끝이 끊어지지 않고 연결되게 하며 리드미컬하게 움직여 줘야 한다.

동작의 끝은 다음 동작의 시작이 되므로 강과 급으로, 끝난 동작은 다시 유와 완으로 자연스럽게 연결하는 것이 숙련된 동작이라 하겠다. 품새는 강유완급(剛柔緩急)이 품새의 시작에서 끝날 때까지 마치 한 동작처럼 자연스럽고 리드미컬하게 연결되게 하는 것이 바람직한 숙련된 동작이며, 힘의 표출은 근육의 경직으로 머물러 있는 모습이 아닌 밖으로 발산되는 탄력적인 모습이 되어야 한다.

예를 들어 왼앞서기 몸통막기에서 오른앞서기 아래막기를 할 경우, 아래막기의 시작은 허리가 되며 어깨부위는 중간 통과 지점이 된다. 만약에 강하게 아래막기를 하기 위해 아래 막는 주먹이 어깨부위에 왔을 때(중간 통과 지점) 근육에 힘을 주게 되면 그로 인해 경직된 동작이 되어 힘이 전달되는 것이 아니고 근육에 멈춰 버리는 힘이 된다.

전 동작의 끝이 다음 동작의 시작임으로 중간 지점은 통과 지점이 된다. 가속도를 높여 탄력적인 힘을 내기 위해선 이 지점(중간 통과 지점)에서 끊어지는 동작이 되지 않도록 부드럽게 연결하여 속도를 점진적으로 높여 마지막 부분에서 팔목을 회전시켜 체중의 힘이 끝까지 유지된 탄력적인 힘이 될 수 있도록 한다. (중심축을 활용한다.)

La fuerza se inicia desde el suelo y se transfiere de articulación a articulación como una reacción en cadena. Finalmente, se transfiere al objetivo con el peso del cuerpo. Para aum entar la aceleración, deberá iniciar el movimiento de la fluidez a la fuerza y de lento a rápido, suavemente sin parar. Desde el final del movimiento, se inicia el siguiente movimiento. Por lo tanto, el movimiento termina con fuerza y velocidad, e inicia nuevamente fluido y lento. Se requiere una técnica experta para conectar el final y el inicio suavemente (de todos los movimientos) como un único movimiento.

La expresión de la fuerza no muestra fuerza muscular estática, pero emite fuerza elástica. Por ejemplo, al realizar el bloqueo bajo con posición del pie derecho desde el bloqueo medio con posición, el bloqueo bajo inicia desde la cintura y pasa por el hombro (movimiento medio). Generalmente, cuando se levanta la mano en el hombro con mucha tensión para un bloqueo bajo fuerte, la fuerza no se transfiere de manera adecuada, pues se mantiene en el músculo del brazo. Cuando se trata de la aceleración para lograr la fuerza elástica, el movimiento final puede ser el inicio del siguiente movimiento y conectado con el movimiento medio que es el punto donde la velocidad puede acelerar de manera gradual.

2. 체중을 싣는 것 Cómo utilizar el peso del cuerpo

동작 시작은 지면에서 추진력을 얻어서 공격부위에 힘을 전달하게 되는데 이때 체중이 실리게 하기 위해선 몸통(중심축)의 사용이 중요하다.
손날안치기를 할 때 몸통은 사용하지 않고 팔만 사용하여 손날안치기를 한다면 공격하는 팔의 힘만으로 치게 된다. 체중이 실린 동작이 되게 하기 위해선 손날안치기를 한다고 가정했을 때, 손날안치는 손을 몸 뒤로 빼게 된다.
(예비 동작 : 팔꿈치가 들리지 않도록 한다.) 이때 몸통과 어깨도 근육이 경직되지 않는 편안한 상태까지 같은 방향으로 틀어준다. 이는 근육을 부드럽게 하여 가속도를 높이기 위함이다. 손날목치는 동작을 할 때 팔은 몸통을 안으로 회전하는 일정한 부분에 오기 전까지는 팔도 함께 몸통과 진행하며 목표물을 가격 하는 순간 몸통에 이은 팔로 손날안치는 동작으로 연결하면 체중이 실리는 파괴력이 있는 손날안치기가 된다.
체중을 싣는다는 것은 지면의 추진력을 얻어 몸통의 탄력으로 공격 마지막 사용 부위에 힘을 전달하는 것이다.

El importante utilizar el peso del cuerpo para utilizar el torso (centro del cuerpo). Al realizar el golpe de mano-cuchilla sólo utilizando el brazo sin el torso, la potencia viene solamente del brazo.
Para hacer un movimiento utilizando el peso del cuerpo, en el caso del golpe de mano-cuchilla, tirar hacia atrás la mano del golpe y girar el torso (preparación del movimiento: el codo debe estar hacia el suelo), los hombros juntos sin sentir tensión porque los músculos relajados pueden acelerar la velocidad.
El brazo se mueve junto con el torso antes de girar. En el momento de llegar al punto objetivo, girar el brazo y golpear el objetivo con el peso del cuerpo. Usar el peso del cuerpo significa que la potencia aumenta desde el suelo y se transfiere al objetivo por la elasticidad del cuerpo.

3. 허리를 사용한다는 것 Cómo usar la cintura

태권도에서 허리를 사용한다는 것은 허리를 어느 한 방향으로 틀어 단순히 허리의 힘이 동반되는 것을 넘어서, 허리를 사용한 가속도를 가진 몸의 순간적인 탄력을 공격과 방어 부위에 힘을 집중하는 것이다. 이것은 지면의 추진력, 허리의 사용, 상(하)체의 작용, 호흡 등이 유기적으로 찰나에 집중한 것이다.

허리의 사용은 하체의 견고함(안정)과 상체의 불필요한 힘을 빼고, 양팔의 속도와 힘의 균형을 유지하면서 호흡을 단전에 집중함으로 극대화할 수 있다. 허리를 사용한다고 허리틀기만 따로 연습하는 것은 바람직하지 못하다.

※허리를 쓴다는 것은 바른 몸쓰기에 의해 나타나는 자연스러운 몸의 반응이다.

INo es solo girar la cintura hacia un lado para lograr la potencia, sino concentrando la energía al objetivo con el uso de la elasticidad del cuerpo, respiración, giro de la parte superior del cuerpo, empujando el suelo, etc., todo esto debe completarse al mismo tiempo. Utilizar la cintura significa que la parte inferior del cuerpo debe ser sólida y la parte superior del cuerpo debe estar relajada. La velocidad y el poder de los brazos tiene que ser equilibrado, mientras se concentra en la respiración desde el abdomen significa que la potencia se puede maximizar.

※ Bajo la mecánica apropiada del cuerpo, la rotación de la cintura sigue naturalmente.

서기 Posición

1. 나란히 서기 Naranhi seogi
(Posición paralela)

규정동작 Movimiento

가. 두 발의 너비는 한 발바닥 길이의 너비로 하며 발의 안쪽(발날등) 은 서로 나란히 되게 한다.
나. 두 다리의 무릎은 편다.

a. El ancho entre los dos pies será de un pie de distancia, y la parte interna de ambos pies deben estar en paralelo.
b. Ambas rodillas deben estar totalmente estiradas.

감점동작의 예 Factores de deducción

가. 발 앞 끝이 오무려 지거나 열려 있을 때.
나. 이 밖에 규정동작이 아닌 행위는 감점이 된다.

a. Si las puntas de los pies están hacia afuera o hacia adentro
b. Cualquier otro movimiento que no sea ha indicado anteriormente será un factor de deducción.

2. 앞서기 Ap seogi
(Posición natural hacia adelante) (Posición al caminar)

규정동작 Movimiento

가. 걸어가다 멈췄을 때의 한걸음 길이로 선다.
나. 두 무릎은 펴며 체중을 두 다리에 균일하게 실어야 한다.
다. 몸통을 반듯하게 세우고 정면을 향한 가슴을 30° 정도 자연스럽게 틀어준다.

a. Es tan igual a la postura cuando uno da un paso normal al caminar hacia adelante. La distancia entre los pies es un paso largo natural.
b. Los lados interiores de los pies deben estar en línea recta.
c. El cuerpo debe enderezarse mientras se desplaza hacia adelante. El pecho debe estar girado aproximadamente en 30 grados. El peso debe estar distribuido igualmente en ambas piernas.

감점동작의 예 Factores de deducción

가. 보폭이 너무 넓거나 너무 좁을 때.
나. 몸이 뒤로 젖혀지는 경우.
다. 이 밖에 규정동작이 아닌 행위는 감점이 된다.

a. Si el paso es demasiado largo o corto
b. Si el cuerpo se inclina hacia atrás
c. Cualquier otro movimiento que no se ha indicado anteriormente será un factor de deducción.

3. 앞굽이 Ap kubi
(Posición de inflexión hacia adelante)

규정동작 Movimiento

가. 두 발의 간격은 한걸음 반 정도로 한다. 앞발끝과 뒤발끝은 한 발바닥 길이의 너비로 한다.
나. 앞발의 발끝이 앞을 향하게 선다.
다. 몸을 반듯하게 하고 서서 땅을 내려다 봤을 때 앞에 있는 무릎과 발끝이 일치되도록 무릎을 몸을 낮춘다.
라. 뒷발의 내각은 30° 이내가 되게 선다. 뒷다리의 무릎을 펴며 체중의 2/3를 앞에 둔다.
마. 몸을 반듯하게 세우고 몸통은 앞쪽으로 30° 정도로 튼다.

a. La distancia vertical entre los dos pies es de un paso y medio. Y la distancia paralela entre las puntas de los pies es de un pie.
b. La punta del pie delantero se coloca hacia adelante.
c. Bajar la rodilla hasta el punto que la misma coincida con la punta del pie delantero al mirar hacia abajo en posición vertical.
d. Mantener el talón del pie trasero girado hacia adentro en un ángulo de 30 grados estirando la rodilla de la pierna, y poner 2/3 del peso del cuerpo hacia adelante, manteniendo el equilibrio.
e. Mantener el cuerpo erguido y girarlo en 30 grados.

감점동작의 예 Factores de deducción

가. 보폭이 넓어 허리와 골반부가 서기 균형을 이루지 못할 때.
나. 뒤축이 들려지거나 뒷무릎이 굽어질 때.
다. 뒷발이 30°이상 벌어질 때.
라. 중심이 앞으로 또는 뒤로 쏠릴 때.

a. Si la distancia de entre los dos pies es demasiado ancha, sin mantener el equilibrio del cuerpo.
b. Si se levanta el talón del pie delantero o si se dobla la pierna trasera.
c. Si el pie trasero está abierto en más de 30 grados hacia afuera.
d. Si se mantiene el centro de equilibrio hacia adelante.

4. 뒷굽이 Dwitkubi
(Posición de inflexión hacia atrás)

규정동작 Movimiento

가. 모아서기에서 오른발 뒤축을 축으로 앞 축을 90°되게 벌려 선다.
나. 오른발 90° 벌려 선 상태에서 왼발 한걸음 길이로 앞으로 내디디며 몸을 반듯하게 세우고 두 무릎을 굽혀 몸을 낮춘다.
다. 몸을 낮출 때 오른다리 무릎은 오른발 끝 방향으로 지면과 60~70° 되게 충분히 굽히고 왼다리 무릎은 정면(왼발 끝 방향)으로 지면에서 100~110° 가량 되게 약간 구부린다. 역시 두 무릎도 90°가 되게 하여야 한다. 앞 주춤 때와 같이 무릎을 안으로 조이면 안 된다.

a. Desde el moa seogi, el pie derecho debe abrirse en un ángulo de 90 grados girando desde el talón.
b. Luego, el pie izquierdo se pone un paso hacia adelante del talón del pie derecho, haciendo un ángulo de 90 grados entre ellos. El cuerpo debe bajarse por la inflexión de las dos rodillas.
c. La inflexión de la rodilla derecha mantendrá un ángulo de 60 a 70 grados entre el suelo y la canilla, y la inflexión de la rodilla izquierda tendrá un ángulo de 100 a 110 grados entre el suelo y la canilla izquierda. Las dos rodillas deben estar hacia adentro como el ap juchum seogi.

감점동작의 예 Factores de deducción

가. 뒷무릎이 열릴 때.
나. 중심이 앞으로 쏠릴 때.
다. 앞발 뒤꿈치가 들릴 때.
라. 엉덩이가 뒤로 빠지면서 범서기 같은 형태가 될 때.
마. 이 밖에 규정동작이 아닌 행위는 감점이 된다.

a. Si la rodilla de la pierna trasera está abierta hacia atrás.
b. Si el peso del cuerpo se inclina hacia adelante
c. Si se eleva el talón del pie delantero
d. Si la cadera está hacia atrás y la postura es similar a beom seogi.
e. Cualquier otro movimiento que no se ha indicado anteriormente será un factor de deducción..

5. 오른(왼)서기 Oreun(wen) seogi (Posición izquierda/derecha)

규정동작 Movimiento

가. 나란히 서기와 모두 같으나 다만 왼발은 제자리, 오른발을 틀어 앞 축을 90°로 돌려 딛는다.

a. Primero, tomar la misma posición que el naranhi seogi, y luego solo girar el pie derecho sobre el talón en un ángulo de 90 grados.

감점동작의 예 Factores de deducción

가. 나란히 서기로 섰을 때.
나. 발을 모아 섰을 때.
다. 이 밖에 규정동작이 아닌 행위는 감점이 된다.

a. Posicionarse en naranhi seogi.
b. Si se colocan los pies juntos
c. Cualquier otro movimiento que no se ha indicado anteriormente será un factor de deducción

규정동작 Movimiento

가. 나란히 서기와 모두 같으나 다만 오른발은 제자리, 왼발을 틀어 앞 축을 90°로 돌려 딛는다.

a. Primero, tomar la misma posición que el naranhi seogi, y luego solo girar el pie izquierdo sobre el talón en un ángulo de 90 grados.

감점동작의 예 Factores de deducción

가. 오른서기 감점동작과 동일.
나. 이 밖에 규정동작이 아닌 행위는 감점이 된다.

a. Mismos factores de deducción que el oreun seogi.
b. Cualquier otro movimiento que no se ha indicado anteriormente será un factor de deducción.

6. 꼬아서기 Kkoa seogi

(Posición cruzada)

1) 뒤꼬아서기 Dwikkoa seogi

(Posición cruzada por atrás)
앞으로 접근하거나 짓찧기 때 사용한다.

2) 앞꼬아서기 Apkkoa seogi

(Posición cruzada por adelante)
몸을 옆으로 이동할 때 사용한다.

7. 범서기 Beom seogi

(Posición del tigre)

규정동작 Movimiento

가. 모아서기에서 오른발을 30° 정도의 각으로 넓혀 서며 왼발을 오른발 끝에서 한발바닥 길이로 내딛는다.
나. 체중을 뒷발에 싣고 뒷발을 내려다 봤을 때 무릎과 발끝이 일직선이 되게 한다.
다. 앞에 있는 왼발의 발목을 펴고 발끝 또는 앞 축 만 가볍게 딛고 무릎을 약간 안으로 튼다.
라. 아랫배에 힘을 주며 체중을 뒷발에 90~100% 싣는다.

a. Desde la posición del moa seogi, el pie izquierdo se coloca un pie hacia adelante. El pie derecho es abierto en 30 grados girando desde la base del talón.
b. Todo el peso del cuerpo es soportado por el pie derecho de atrás. Colocar la rodilla y la punta del pie de forma que coincidan al mirar hacia abajo.
c. El pie izquierdo delantero mantendrá el tobillo estirado de modo que la punta del pie toque ligeramente el suelo. La rodilla debe doblarse como se requiera.
d. Concentrar la fuerza en el abdomen inferior, el peso debe ser soportado al 100% por el pie derecho.

감점동작의 예 Factores de deducción

가. 무릎이 열릴 때.
나. 보폭이 너무 짧거나 길 때.
다. 상체가 뒤로 젖혀지거나 또는 엉덩이가 과도하게 뒤로 빠질 때.
라. 이 밖에 규정동작이 아닌 행위는 감점이 된다.

a. Si las rodillas están abiertas.
b. Si el paso es demasiado corto o largo.
c. Si la cadera está hacia atrás o la parte superior del cuerpo se inclina hacia adelante.
d. Cualquier otro movimiento que no se ha indicado anteriormente será un factor de deducción.

8. 모아서기 Moa seogi
(Posición cerrada)

규정동작 Movimiento

가. 두 발날등을 맞대고 서며 두 무릎을 곧게 편다.

a. Mantener el cuerpo erguido con la parte interna de ambos pies juntas y con ambas rodillas estiradas.

감점동작의 예 Factores de deducción

가. 발 앞 끝이 열려 있을 때.
나. 이 밖에 규정동작이 아닌 행위는 감점이 된다.

a. Si las puntas de los pies están hacia afuera.
b. Cualquier otro movimiento que no se ha indicado anteriormente será un factor de deducción.

9. 주춤서기 Juchum seogi
(Posición de montar)

두 발바닥 간격

규정동작 Movimiento

가. 발과 발의 너비는 두 발바닥 길이 정도로 선다.
나. 발의 안쪽(발날등)이 서로 나란히 되게 한다.
다. 몸통은 반듯하게 하고 두 무릎을 굽히는데, 서서 땅을 내려다 봤을 때 무릎과 발끝이 일치 되도록 한다.
라. 무릎은 안으로 조이듯 한다.

a. Mantener dos pies de ancho entre las dos piernas.
b. Ambos talones deben estar en paralelo.
c. Bajar las rodillas a una altura donde pueda subir y bajar fácilmente, y mantener la canilla desde el pie hasta la rodilla erguida verticalmente.

감점동작의 예 Factores de deducción

가. 무릎이 열리거나 닫힐 때.
나. 발끝이 오무려 지거나 열릴 때.
다. 엉덩이가 뒤로 빠지거나 상체가 앞으로 쏠릴 때.
라. 이 밖에 규정동작이 아닌 행위는 감점이 된다.

a. Si las rodillas están hacia afuera o hacia adentro.
b. Si las puntas de los pies están hacia afuera o hacia adentro.
c. Si la cadera está hacia atrás o la parte superior del cuerpo se inclina hacia adelante.
d. Cualquier otro movimiento que no se ha indicado anteriormente será un factor de deducción.

10. 학다리서기 Hakdari seogi

(Posición de la grulla) 반대발의 발날등을, 중심을 지지하는 발 무릎에 가볍게 붙인다.

규정동작 Movimiento

가. 중심발은 주춤서기 높이.
나. 반대발은 발날등을 무릎 안쪽에 붙인다.(무릎을 벌려서는 안되며, 붙이는 발은 지면에서 들어 바로 무릎 안쪽에 붙인다)

a. La altura de la posición de la grulla debe ser igual a la posición de montar.
b. Levantar el arco del pie contario hasta la parte interna de la rodilla de la pierna apoyada en el suelo (no abrir la rodilla, las líneas internas de las rodillas deben juntarse).

감점동작의 예 Factores de deducción

가. 서기에서 무릎을 펴지는 경우.(중심 발)
나. 반대 발이 지지축 무릎에 붙지 않은 경우.
다. 학다리서기를 일부러 천천히 하는 행위.
라. 이 밖에 규정동작이 아닌 행위는 감점이 된다.

a. Si se estira la rodilla de base.
b. Si el pie contrario toca la pierna apoyada en el suelo.
c. Si el pie contrario a la pierna apoyada en el suelo no se mueve lentamente.
d. Cualquier otro movimiento que no se ha indicado anteriormente será un factor de deducción.

11. 곁다리서기 Kyotdari seogi

(Posición de asistencia)

12. 오금서기 Ogeum seogi

(Posición de la grulla inversa)
학다리서기와 같으나 반대발이 중심을 지지하는 발 오금에 발등을 가볍게 붙인다.

막기 Makki (Bloqueo)

1. 아래막기 Arae Makki

(Bloqueo bajo)

규정동작 Movimiento

가. 막는 주먹은 앞발의 대퇴부에서 세운 주먹 두 개 또는 한 뼘 정도의 간격이다.
나. 반대 팔목은 젖힌 주먹으로 장골 능에 위치시킨다.
(요령) 막는 주먹은 어깨높이 정도 올리고 막는 주먹 바닥부분이 반대편 얼굴을 향하게 한다. 반대 손은 엎은 주먹 상태로 뻗어 명치 선에 오게 한다. 막는 팔의 팔꿈치가 들리지 않아야 하며 몸에 붙이지 않는 선에서 행한다.

a. El puño de bloqueo debe mantenerse separado del muslo de la pierna delantera a dos puños de ancho.
b. La muñeca debe descansar al lado de la cintura.
(Punto de atención) El puño que bloquea deberá levantarse hasta el nivel del hombro y el dorso de la mano mirará al lado contrario de la cara. La otra mano deberá estirarse frente a la boca del estómago doblando ligeramente la muñeca. El codo del brazo del bloqueo no deberá levantarse ni pegarse al cuerpo.

감점동작의 예 Factores de deducción

가. 막는 팔이 바깥에서 나오는 경우.
나. 반대손을 당기기전 팔이 구부러진 상태에서 당기는 경우.
다. 동체를 과장되게 틀어서 막는 경우.
라. 막는 팔이 무릎까지 오지 않거나 벗어나는 경우.
마. 막았을 때 막는 팔의 팔꿈치가 구부러지는 경우.
바. 시작 단계에 막는 팔의 팔꿈치가 들리는 경우.
사. 이 밖에 규정동작이 아닌 행위는 감점이 된다.

a. Si el brazo de bloqueo viene afuera.
b. Si se dobla el brazo antes y después de tirar.
c. Si se realiza un giro exagerado de del cuerpo.
d. Si el brazo de bloqueo no recorre todo el camino hasta la rodilla o va más allá.
e. Si el codo del brazo del bloqueo está flexionado en su posición final.
f. Si se levanta el codo del brazo de bloqueo.
g. Cualquier otro movimiento que no se ha indicado anteriormente será un factor de deducción.

2. 몸통막기 Momtong Makki

(Bloqueo al centro del cuerpo)

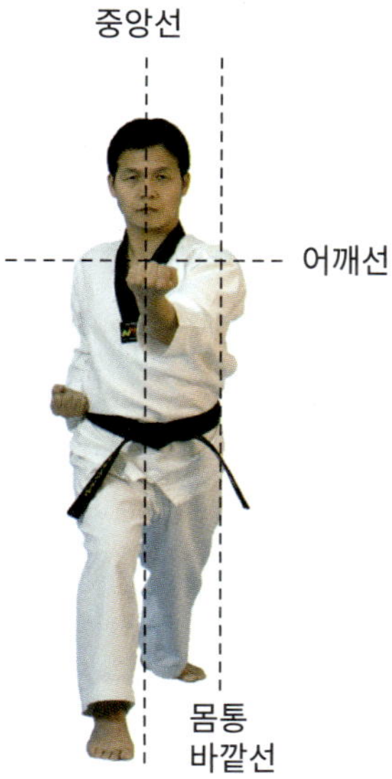

규정동작 Movimiento

가. 모든 몸통막기는 손목이 몸의 중앙에 와야 한다.
나. 팔꿈치의 각도는 90°~120° 정도 벌린다.
다. 막는 주먹의 높이는 어깨 높이로 한다.
라. 막는 손목이 구부러지지 않아야 한다.
마. 반대 손목은 젖힌 주먹으로 장골 능에 위치시킨다.

a. La mano y la muñeca deben mantenerse en el centro del cuerpo.
b. El codo debe mantener un ángulo de 90 a 120 grados.
c. El puño de bloqueo debe mantenerse a la atura del hombro
d. La muñeca de bloqueo no debe estar doblada.
e. La otra mano debe mantenerse en puño al lado de la cintura.

감점동작의 예 Factores de deducción

가. 막는 팔이 몸의 중심선보다 더 들어올 때.(덜 들어올 때도)
나. 막기나 시작될 때, 막는 팔의 팔굽이 과도하게 들리거나 주먹이 어깨보다 낮게 들어올 때.
다. 이 밖에 규정동작이 아닌 행위는 감점이 된다.

a. Si el brazo de bloqueo pasa el centro del cuerpo.
b. Si el codo del brazo de bloqueo está muy alto o la muñeca está debajo del hombro al iniciar el movimiento.
c. Cualquier otro movimiento que no se ha indicado anteriormente será un factor de deducción.

3. 얼굴막기 Olgul Makki

(Bloqueo a la cara/Bloqueo alto)

규정동작 Movimiento

가. 막는 팔의 팔목이 얼굴 중앙선에 오게 한다.
나. 막는 팔목은 세운주먹 하나 정도가 이마에서 떨어지게 한다.
다. 반대 손목은 옆구리 (장골능)에 위치한다.
(요령) 막는 팔은 젖힌 주먹으로 반대 팔 팔 굽보다 약간 바깥쪽에서 아래로 하고, 반대 팔은 주먹등이 위를 향하게 하여 반대편 어깨높이에서 시작한다.

a. La muñeca del brazo de bloqueo va en frente de la línea central del rostro.
b. El puño de bloqueo se sitúa a un puño de distancia de la frente.
c. El otro puño se coloca al lado de la cintura.
(Punto de atención) El brazo de bloqueo debe mantenerse ligeramente más bajo que el codo y el otro brazo inicia desde la altura del hombro del lado contrario, manteniendo el puño hacia arriba.

감점동작의 예 Factores de deducción

가. 막는 팔목의 중심선이 얼굴의 중심선을 바깥으로 벗어나거나 이마 뒤로 넘어 갈 때.
나. 막는 팔을 과장되게 휘둘러서 들어 올 때.
다. 이 밖에 규정동작이 아닌 행위는 감점이 된다.

a. Si la muñeca del brazo de bloqueo pasa la línea central del rostro o pasa la altura de la frente.
b. Si se levanta el brazo de bloqueo con un giro exagerado.
c. Cualquier otro movimiento que no se ha indicado anteriormente será un factor de deducción.

4. 몸통바깥막기 Momtong bakkat makki

(Bloqueo externo del cuerpo)

규정동작 Movimiento

가. 막는 주먹등이 몸으로 향하게 하고 주먹 끝이 어깨선과 일치하게 한다.
나. 반대손목은 옆구리 장골 능에 위치시키고, 주먹 바닥이 위를 향하게 한다.
(요령) 막는 팔의 주먹은 젖힌 주먹으로 반대 팔의 팔꿈치보다 약간 아래(주먹하나 정도)에 두고 반대 팔은 막는 팔 안쪽에서 주먹등 부분이 위쪽을 향하게 하여 막는 팔의 어깨에서 약간 떨어진 상태로 시작한다.

a. El puño de bloqueo debe estar dirigido hacia el cuerpo y la parte externa del puño debe estar en paralelo con la línea del hombro.
b. El otro puño debe estar situado al lado de la cintura, mirando hacia arriba.
(Punto de atención) El puño del brazo de bloqueo, en forma de flexión hacia atrás, se mantiene ligeramente más abajo (un puño de distancia) que el codo del otro brazo, y el otro brazo se mantiene ligeramente separado del hombro del brazo de bloqueo, manteniendo el puño mirando al lado interior del brazo de bloqueo.

감점동작의 예 Factores de deducción

가. 막았을 때 막는 팔이 몸통선 전이나 후에 멈출 때.(막는 동작이 작은 경우)
나. 막기가 시작될 때, 막는 팔의 팔꿈치가 과도하게 들리거나 막는 팔목이 어깨보다 낮게 들어올 때.
다. 이 밖에 규정동작이 아닌 행위는 감점이 된다.

a. Si se detiene el bloqueo antes de que el brazo de bloqueo llegue a la línea del hombro (movimiento del bloqueo es demasiado pequeño).
b. Si el codo del brazo de bloqueo está muy alto o si al iniciar el bloqueo, la muñeca se coloca debajo del hombro.
c. Cualquier otro movimiento que no se ha indicado anteriormente será un factor de deducción.

5. 손날막기 Sonant makki

(Bloqueo mano-cuchillo)

규정동작 Movimiento

가. 막는 손날의 위치는 몸통의 측면과 일치한다.
나. 손끝의 높이는 어깨 높이다.
다. 손목이 구부러지지 말아야 하며 손바닥이 정면을 향하게 한다.
라. 거들은 손은 팔목이 명치 앞에 오게 하며 손날과 몸통 사이는 약간(손바닥 하나 사이) 띄워준다.
(요령) 막는 손 손바닥을 위로 향하게 하고 반대 손은 손바닥 부분이 뒤로 향한 상태에서 시작한다. 반대 손의 손끝이 어깨선에 오고 팔굽을 약간 구부린 상태에 자연스럽게 내리며, 막는 손은 손끝이 코앞을 지나가게 하고 거들은 손은 명치 쪽으로 당긴다.

a. El borde de la mano (bloqueo) debe estar en paralelo con la parte lateral del hombro.
b. La punta de los dedos debe estar a la altura del hombre.
c. La muñeca no debe doblarse, la palma de la mano debe mirar hacia adelante.
d. La mano de apoyo debe mantener la posición de la muñeca en frente de la boca del estómago y el borde de la mano estar ligeramente separado del cuerpo (la distancia debe ser de aproximadamente una pulgada de distancia).
Acerca de sonnal: empezar el movimiento dejando la palma de la mano con la que bloquea hacia abajo y la otra palma de la otra mano hacia atrás. Después, bajar el brazo desde la altura de los hombros doblando naturalmente, la mano de bloqueo pasa por la nariz y termina el movimiento jalando hacia la boca del estómago.

감점동작의 예 Factores de deducción

(시작할 때)
가. 막는 팔이 머리와 어깨 사이 각을 벗어날 때.
나. 거드는 팔의 팔목이 몸통선 높이 (장골능 ~ 어깨)를 벗어날 때.

(막았을 때)
가. 거드는 손의 손날이 팔목 중심선까지 오지 않을 때.
나. 막는 팔이나 거드는 팔의 팔꿈치가 바깥으로 들릴 때.
다. 이 밖에 규정동작이 아닌 행위는 감점이 된다.

(Preparación)
a. Si el brazo de bloqueo está fuera del área entre la cabeza y el hombro.
b. Si el brazo de apoyo está fuera de la altura del cuerpo.

(Bloqueo)
a. Si la muñeca del brazo de apoyo no llega a la línea central del cuerpo.
b. Si el codo del brazo de bloqueo y el brazo de apoyo se levantan hacia afuera.
c. Cualquier otro movimiento que no se ha indicado anteriormente será un factor de deducción.

지르기 Jireugi (Puñete)

지르기 Jireugi (Puñete)

가. 지르기 방법에 의한 구분
- 바로지르기, 반대지르기, 세워 지르기, 젖혀 지르기

나. 지르기 목표에 의한 구분
- 얼굴지르기, 몸통지르기, 아래지르기

다. 지르기 방향에 의한 구분
- 옆지르기, 내려지르기, 돌려 지르기. 치지르기

a. Método para ejecutar el puñete
- Puñete regular, Puñete parado, Puñete invertido, Puñete al revés

b. Clasificación del puñete según el objetivo
- Puñete a la cara, Puñete al cuerpo, Puñete abajo

c. Clasificación del puñete según la dirección
- Puñete al lado, Puñete abajo. Puñete girado

지르기 동작의 감점 예시 Factores de deducción del Puñete

가. 지르는 팔의 팔굽이 들려져 나가는 경우.
나. 주먹의 손목이 꺾여진 경우
다. 예비동작을 취하는 경우 또는 상체반동으로 지르는 경우.

a. Si el golpe se realiza levantando el hombro.
b. Si la muñeca del puño está doblada.
c. Si se ejecuta el golpe con un movimiento preliminar o si rebota la parte superior del cuerpo.

1. 바로지르기 Baro Jireugi

(Puño regular)

규정동작 Movimiento

가. 서기의 다리를 앞, 뒤로 넓혀 딛고서 (앞굽이, 뒷굽이 관계없이) 뒤에 있는 다리 쪽의 주먹으로 지르기를 하였을 때를 말한다.
(요령) 당기는 주먹은 지르는 주먹의 목표와 같은 선상에서 당긴다.

a. Cuando los pies están abiertos ampliamente por delante y por detrás debido al movimiento del peso del cuerpo (ya sea ap kubi o dwitkubi), el baro jireugi se realiza con el puño del lado del pie trasero.
(Punto de atención) El puño que se recoge será retirado a través de la misma línea con el objetivo del puño.

감점동작의 예 Factores de deducción

가. 지른 주먹 손목이 구부려져 있을 때.
나. 지른 주먹 쪽의 팔굽이 구부려져 있을 때.
다. 예비동작이나 상체의 반동으로 지르는 경우.
라. 지르는 팔의 팔굽이 들려져 나가는 경우.
마. 이 밖에 규정동작이 아닌 행위는 감점이 된다.

a. Si la muñeca del brazo con el que se ejecuta el golpe está doblada.
b. Si el codo del brazo con el que se ejecuta el golpe está doblado.
c. Si se impacta con un movimiento preliminar o si la parte superior del cuerpo rebota.
d. Si se realiza el movimiento con el codo levantado.
e. Cualquier otro movimiento que no se ha indicado anteriormente será un factor de deducción.

2. 반대지르기 Bandae Jireugi

(Puño invertido)

규정동작 Movimiento

가. 서기의 다리 중 앞에 있는 다리 쪽의 주먹으로 지르기를 하였을 때를 말한다.
(요령) 당기는 주먹은 지르는 주먹의 목표와 같은 선상에서 당긴다.

a. Bandae jireugi se realiza con el puño del lado del pie delantero, en la misma situación que la anterior.
(Punto de atención) El puño que se recoge será retirado a través de la misma línea con el objetivo del puño.

감점동작의 예 Factores de deducción

가. 지른 주먹 손목이 구부려져 있을 때.
나. 지른 주먹 쪽의 팔굽이 구부려져 있을 때.
다. 예비동작이나 상체의 반동으로 지르는 경우.
라. 지르는 팔의 팔굽이 들려져 나가는 경우.
마. 이 밖에 규정동작이 아닌 행위는 감점이 된다.

a. Si la muñeca del puñete está doblada.
b. Si el codo del puñete está doblado.
c. Si se impacta con un movimiento preliminar o si la parte superior del cuerpo rebota.
d. Si se realiza el movimiento con el codo levantado.
e. Cualquier otro movimiento que no se ha indicado anteriormente será un factor de deducción.

3. 젖혀지르기 Jeocho-Jireugi

(Puñete al revés)

규정동작 Movimiento

가. 주먹을 젖혀 지른다. 지를 때 주먹등이 아래를 향하고 팔굽은 120° 이내로 구부린다.
(요령) 주먹등이 위로 향한 상태로 팔목부분이 허리(장골능) 위에 위치한 다음 주먹을 젖혀 지른다. 보통의 주먹지르기와 주먹의 회전 방향이 반대(회전)이다.

a. Este jireugi se realiza con los puños al revés. Al momento del golpe, el dorso del puño debe mirar hacia abajo y el codo doblado en un ángulo de 120°.
(Punto de atención) el dorso del puño apunta hacia arriba y la muñeca descansa en la cadera antes de realizar el jireugi. La dirección del giro del puño es inversa al jireugi ordinario.

감점동작의 예 Factores de deducción

가. 지를 때 주먹등이 위로 향해 있지 않을 때.
나. 이 밖에 규정동작이 아닌 행위는 감점이 된다.

a. Los puños no apuntan hacia arriba cuando se golpea.
b. Cualquier otro movimiento que no se ha indicado anteriormente será un factor de deducción.

4. 몸통지르기 Momtong-Jireugi

(Puñete al cuerpo / puñete medio)

규정동작 Movimiento

가. 몸통의 대표적인 목표, 명치를 지를 때 사용하고 명치와 일직선상에 주먹을 위치시킨다.

(요령)
- 어깨를 자연스럽게 펴고 지르는 주먹의 팔목이 허리 (장골능 위쪽)에 위치하며 팔굽을 자연스럽게 몸 쪽으로 붙인다.
- 겨드랑이가 벌어지지 않은 상태에서 허리의 반동을 최대한 이용해 반대편 주먹을 빠르게 당기며, 동시에 직선으로 양 어깨의 정 가운데 명치 높이로 지른다.
- 당기는 주먹은 명치와 일직선상에서 빠르게 당긴다.

a. La boca del estómago es el punto típico de ataque en el tronco.

(Punto de atención)
- Los hombros se mantienen abiertos, la muñeca del puñete descansa en la cintura, y el codo se pega al cuerpo.
- La axila se mantiene cerrada, el puño del lado opuesto se jala rápidamente aprovechando al máximo el movimiento de la cintura, y al mismo tiempo el puñete es lanzado al frente a la altura de la boca del estómago y al centro de los hombros.
- Tirar rápidamente el puño hacia atrás sobre la línea recta con la boca del estómago.

감점동작의 예 Factores de deducción

가. 주먹이 목표와 일치되지 않을 때.
나. 허리를 구부리거나 젖혀서 지를 때.
다. 지르기 규정을 벗어났을 때.
라. 이 밖에 규정동작이 아닌 행위는 감점이 된다.

a. Si el puño está fuera del objetivo.
b. Si se dobla o se inclina la espalda al golpear.
c. Si no se cumple el reglamento del jireugi.
d. Cualquier otro movimiento que no se ha indicado anteriormente será un factor de deducción.

5. 얼굴지르기 Olgul Jireugi

(Puñete a la cara / puñete alto)

규정동작 Movimiento

가. 얼굴과 대표적인 목표, 인중을 지를 때 사용하고 인중과 일직선상에 주먹을 위치시킨다.

(요령) 지르는 요령은 몸통지르기와 동일하다.

a. El labio es el punto típico de ataque para el jireugi a la cara.

(Punto de atención) La forma del golpe es igual que el momtong jireugi.

감점동작의 예 Factores de deducción

가. 몸통 지르기 감점동작과 같음.
나. 이 밖에 규정동작이 아닌 행위는 감점이 된다.

a. Los mismos factores de deducción que el momtong jireugi.
b. Cualquier otro movimiento que no se ha indicado anteriormente será un factor de deducción.

6. 옆지르기 Yop Jireugi (Puñete de lado)

규정동작 Movimiento

가. 몸 옆으로 지른다.
나. 옆지르기는 주춤서기와 같이 두 발끝이 정면을 향할 때 행한다.
다. 주춤서기에서 주먹을 옆으로 지른다.
(요령) 몸통에 가로 질러 있던 반대편 주먹을 당기며, 동시에 지르고자 하는 주먹을 옆으로 지른다.

a. Se realiza al costado.
b. Este jireugi. se ejecuta cuando las puntas de los dedos de los pies miran al frente como en juchum seogi.
c. Se realiza el jireugi de lado en juchum seogi.
(Punto de atención) Se jala el otro puño que cruza el tronco y al mismo tiempo, se realiza el jireugi de lado.

감점동작의 예 Factores de deducción

가. 규정동작과 다를 때.

a. Si es diferente al método del movimiento.

차기 Chagi(Patada)

차기
Patada

발을 끌어올려 발의 사용부위로 목표를 가격하여 제압시키는 것을 차기라 한다.

A. Chagi es una técnica para dominar al oponente haciendo uso del pie a través del movimiento de la pierna.

허용행위

가. 개별 품새에서 특별한 규정이 없을 때에 모든 차기 기술의 목표는 얼굴로 한다. 어깨선까지 허용 한다.
나. 앞차기는 앞축, 돌려차기는 앞축 또는 발등으로 한다.

적용: 차기기술의 목표는 어깨선으로 하되 제1회 세계품새선수권대회까지 허용한다.

a. Si no hay reglamentaciones específicas en poomsae, el objetivo de la patada será la cara.
b. El ap chagi se realiza con el metatarso del pie, y el dollyo chagi se ejecuta con el empeine.

차기 동작의 감점 예시
Factores de deducción del chagi

가. 발차기 때 무릎 접기 후 의식적으로 멈추는 동작이 나타나면 감점이다.
나. 차기의 정점이 분명하게 표현되어야 한다. 그러나 이를 강조하기 위하여 의식적으로 정지할 때 감점이다.
다. 차기 때 차는 다리와 상체가 적절한 각도를 이루어야 한다. 상체의 중심이 흔들리거나 상체가 지나치게 떨어지면 감점이다.

a. Si se muestra intencionalmente una pausa al doblar la rodilla cuando se realiza la patada.
b. Si la patada se retiene intencionalmente; la patada debe mostrarse claramente.
c. Si la parte superior del cuerpo baja mucho o no se mantiene el equilibrio; la pierna con la que se patea y la parte superior del cuerpo deberán estar en un ángulo apropiado

1. 앞차기 Ap Chagi

(Patada frontal)

규정동작 Movimiento

가. 차는 다리의 무릎을 접어 끌어올려 가슴에 가까이 올 때 접었던 무릎을 펴면서 앞으로 내뻗는다. 발의 이동 궤도는 목표를 향하여 일직선이다.
나. 발가락을 젖힌 앞축으로 목표를 맞춘다.
다. 찬 발은 반작용으로 무릎을 접어 끌면서 먼저 자리에 놓는다.
라. 딛고 있는 다리는 차기 전이나 찬 후 무릎을 펴면 중심이 위로 떠서 힘이 약하며 넘어지기 쉽다. 또는 후속 조치를 취하기가 불리하다.
마. 딛고있는 다리의 뒤축은 바닥에서 떨어지게 하고 앞축을 축으로 발바닥이 회전할 수 있도록 도와주었다가 차고 난 다음 다시 원위치로 돌아오게 한다.

a. Primero, levantar la rodilla flexionada hasta el pecho e inmediatamente empujar el pie hacia adelante, estirando totalmente la pierna. La trayectoria de la patada debe ser en línea recta.
b. Patear el objetivo con el metatarso. La ingle, el abdomen inferior, la boca del estómago, el mentón, etc., son puntos objetivos.
c. La pierna con la que se patea regresa por reacción a la posición original; sin embargo, el pie puede ser ubicado donde al atacante le resulte más fácil realizar el siguiente movimiento. Si el atacante pierde el equilibrio durante la patada o retira el pie, la patada no es perfecta.
d. La pierna de apoyo en el suelo no deberá estar con la rodilla totalmente estirada antes y durante la patada porque al estar en una posición vertical es más probable una caída del atacante o una disminución en el impacto de la patada. Tampoco es fácil realizar el siguiente movimiento.

e. Si la pierna de base está apoyada por la planta del pie, el peso se aplica en la articulación de la cadera y de la rodilla, en este caso, la patada es lenta y sin potencia. A veces, la articulación de la rodilla o de la cadera se rompe, por eso, es necesario levantar ligeramente el talón estirando el tobillo para que la planta anterior pueda girar en el momento de la patada y luego la planta trasera tocará el suelo nuevamente después de la patada. Sin embargo, uno debe tener cuidado de no estirar demasiado el tobillo porque puede levantar el peso centro.puede levantar el peso centro.

감점동작의 예 Factores de deducción

가. 규정동작과 다를 때.

a. Si es diferente al método del movimiento

2. 돌려차기 Dollyo Chagi
(Patada circular)

규정동작 Movimiento

가. 앞의 축이 되는 발에 체중이 실리면서 차는 다리의 무릎을 접어 몸을 돌릴 때 접었던 무릎을 펴면서 발이 수평으로 돌아 앞축으로 상대의 목표를 가격한다. (사용부위 앞축, 발등)
나. 축이 되는 다리는 무릎을 펴며 발목도 펴서 앞축을 축으로 몸의 회전이 잘 되게 한다.
다. 찬 다리는 정한 목표에서 멈추어야 한다.
라. 돌려차기는 앞차기, 옆차기와 같이 발의 궤도가 직선으로 이동하는 것이 아니다. 발을 몸 뒤에서 일단 올려 회전 이동한다.
마. 돌려차기를 많이 수련하면 차는 순간 발이 목표보다 약간 위에서 내려찍는 형태로 이루어지게 된다.

a. Colocar el peso sobre el pie que gira, uno gira el cuerpo inmediatamente después de doblar la rodilla y, a medida que la rodilla se estira, patear en círculo horizontalmente para que la planta delantera pueda patear el objetivo (el metatarso también se puede utilizar para patear).
b. La pierna de apoyo estira el tobillo y la rodilla para ayudar a la planta delantera a girar el cuerpo con facilidad.
c. La pierna que patea deberá detenerse en un objetivo específico.
d. A diferencia del ap chagi o yop chagi, el pie que patea no va en línea recta. El pie primero se levanta y luego empieza a moverse en un círculo.
e. Después de un duro entrenamiento, la patada dollyo chagi será capaz de alcanzar una altura por encima del objetivo.

감점동작의 예 Factores de deducción

가. 규정동작과 다를 때.

a. Si es diferente al método del movimiento

3. 옆차기 Yop Chagi
(Patada lateral)

<앞모습>

<옆모습>

규정동작 Movimiento

가. 앞차기 때와 같은 요령으로 차는 다리의 무릎을 접어 끌어 올리면서 몸을 차는 발의 반대 방향으로 틀면서 접었던 무릎을 뻗으며 발뒤축이나 발날로 목표를 가격한다.
나. 차는 순간 차는 다리의 골반이 엎어지듯 틀면서 고개는 젖혀 차는 목표를 바라본다. 이때 어깨 쪽과 골반 및 다리까지는 나사못 나선과 같이 비틀리는 현상이 일어난다.
다. 찬 다리는 반작용에 의하여 끌어들여 원 위치나 마음에 정한 곳에 옮겨 놓는다.
라. 딛고 있는 다리는 다리를 끌어올릴 때부터 발목을 충분히 펴 앞축만 딛고 회전을 빨리 할 수 있게 도와주며 또 무릎도 펴서 차는 방향에 추진력을 주어 가속도를 붙게 한다. 찬 다리를 끌어들일 때는 먼저와 같이 발목과 무릎을 낮춘다.
마. 옆차기를 찬 순간 상체가 차는 방향 반대쪽(뒤 방향)으로 눕혀져서는 안 된다. 상체를 Y자 모양이 되게 차는 방향으로 중심을 이동시켜 추진력을 증가시킨다. 출발부터 목표까지 일직선이다.

a. Como en el ap chagi, uno levanta la pierna para patear, dobla la rodilla, y luego va estirando la rodilla mientras va girando el cuerpo a la dirección opuesta al objetivo y patea el objetivo con la planta del pie.
b. Al momento de la patada, la base de la pierna que patea gira la pelvis como si se torciera y la cabeza se eleva para mantener la mirada fija en el objetivo. En este momento, el tronco también se gira como una espiral desde el hombro hasta la región de la pelvis y la pierna.
c. Después de la patada, la pierna que pateó regresará a su posición original o donde deba ser colocado para continuar con el siguiente movimiento.
d. La otra pierna que soporta el cuerpo ayudará a la patada girando sobre la planta delantera, estirando el tobillo y ayudará a acelerar la velocidad de la patada estirando la rodilla al mismo tiempo. Al momento de recoger la patada, el robillo y la rodilla de la pierna de apoyo bajarán nuevamente.
e. Al momento del yop chagi, la parte superior del cuerpo no debe dejarse caer en la dirección opuesta al objetivo. La parte superior del cuerpo debe elevarse para que todo el cuerpo forme la letra “Y”, permitiendo que el peso se convierta en una fuerza que impulse la patada.

감점동작의 예 Factores de deducción

가. 규정동작과 다를 때.

a. Si es diferente al método del movimiento

치기 Chigi (Golpe con puño)

치기 Golpe con puño	치기 동작의 감점 예시 Factores de deducción
몸의 회전력을 이용해 팔 공격을 할 때 팔굽을 굽힌 채로 또는 뻗는 채로 손이나 주먹의 이동이 원을 그리며 움직여 목표를 가격하였을 때를 치기라 한다. Si un ataque es realizado por el uso de la velocidad producida por la rotación del cuerpo o el movimiento del puño en forma circular con el codo flexionado o estirado para desarrollar impacto en el objetivo.	가. 치는 팔이 당기는 팔의 바깥으로 나올 때 나. 옆으로 치는 과정에서 팔꿈치가 상하로 움직이는 경우 a. Si el brazo de ataque viene desde afuera jalando el mismo. b. Si el codo se mueve por arriba o abajo durante el golpe lateral.

1. 앞치기 Ap Chigi

(Golpe hacia adelante con el dorso del puño)

<앞모습>

규정동작 Movimiento

가. 주먹등의 인지와 중지 부분을 사용한다.
나. 치는 등주먹의 팔목을 구부려선 안 된다.
다. 젖힌 등주먹을 사용한다.
(요령) 치는 등주먹을 주먹등이 위로 향하게 하여 반대편 허리 (장골능) 위에서 겨드랑이를 스치며 올려 인중 높이로 등주먹을 젖혀 친다.

a. El golpe se realiza con los nudillos del dedo índice y dedo medio.
b. La muñeca en el lado del puño que golpea no debe estar doblada.
c. Debe de haber un puño cerrado en el golpe y un puño cerrado hacia atrás.
(Punto de atención) con el dorso del puño que golpea mirando hacia arriba, se levanta rozando la axila sobre la cintura opuesta para realizar el golpe a la altura del labio.

감점동작의 예 Factores de deducción

가. 치는 팔이 당기는 팔의 바깥에서 시작할 때.
나. 이 밖에 규정동작이 아닌 행위는 감점이 된다.

a. Si el brazo de ataque viene desde afuera jalando el mismo.
b. Cualquier otro movimiento que no se ha indicado anteriormente será un factor de deducción.

<옆모습>

2. 얼굴바깥치기 Olgul bakkat Chigi

(Golpe a la cara con el dorso del puño)

규정동작 Movimiento

가. 바깥 막기와 같은 요령이나 등주먹이 목표인 턱 측면과 관자놀이를 치는 것이다.
나. 관자놀이 높이로 등주먹을 세워서 친다.
(요령) 치는 등주먹이 반대편 상완 높이에서 시작해 상대의 관자놀이 높이를 세운 등주먹으로 친다. 치기하는 등주먹의 팔이 앞치기와 달리, 허리로 당기는 반대 팔, 팔굽 밖으로 몸 앞에서 옆 방향으로 원을 그려나가며 친다. 반대 팔의 주먹은 치는 팔 쪽 어깨선에서 허리로 당긴다.

a. De la misma manera que en el makki exterior, pero el golpe se realiza hacia la parte lateral de la mandíbula y la sien.
b. El dorso del puño estirado a la altura del labio para realizar el golpe.
(Punto de atención) El brazo que golpea debe elevarse a la altura de los ojos del oponente, a diferencia del ap chigi, realizar un movimiento circular desde fuera del codo del brazo que jala.

감점동작의 예 Factores de deducción

가. 치는 팔이 당기는 팔의 아래와 바깥에서 나올 때.
나. 옆으로 치는 과정에서 팔꿈치가 상하로 움직이는 경우.
다. 이 밖에 규정동작이 아닌 행위는 감점이 된다.

a. Si el brazo de ataque viene desde afuera jalando el mismo.
b. Si el codo se mueve por arriba o abajo durante el golpe lateral.
c. Cualquier otro movimiento que no se ha indicado anteriormente será un factor de deducción.

3. 팔굽돌려치기 Palkup dollyo Chigi

(Golpe de codo)

규정동작 Movimiento

가. 돌려치는 팔굽의 손등이 위로 향하게 하고 팔굽을 최대한 돌려서 어깨 앞쪽으로 오도록 한다.
나. 어깨선보다 팔굽이 위쪽에 위치하게 한다.
다. 칠 때 허리를 틀어준다.

a. El dorso del puño mira hacia arriba y el codo se gira al máximo para ubicarse frente al hombro.
b. El codo debe ubicarse en un punto arriba de la línea del hombro.
c. La cintura debe girar al momento del golpe.

감점동작의 예 Factores de deducción

가. 허리가 틀어지지 않고 팔굽만 돌려 친 경우.
나. 팔굽이 어깨보다 내려간 경우.
다. 이 밖에 규정동작이 아닌 행위는 감점이 된다.

a. Si se golpea utilizando solamente el codo sin girar la cintura.
b. Si el golpe del codo está por debajo del hombro.
c. Cualquier otro movimiento que no se ha indicado anteriormente será un factor de deducción.

4. 팔굽옆치기 Palkup yop Chigi
(Golpe de codo lateral)

규정동작 Movimiento

가. 주춤서기로 치는 팔굽의 주먹이 반대편 어깨선까지 와서 반대 손바닥에 대고 반대손이 밀어주는 힘을 이용하여 팔굽을 옆으로 친다.
나. 반대 손의 손끝은 위로 향하게 하고 주먹을 잡지 않는다.
다. 반대 손은 치는 팔굽쪽 가슴 앞에 위치시킨다.

a. En posición de juchum seogi, el puño del lado que golpea se lleva a la línea del hombro opuesto para tocar la palma de la mano opuesta, y luego el codo realiza un golpe al costado, aprovechando el empuje de la mano opuesta para una mayor potencia.
b. La punta de los dedos de la mano opuesta hacia arriba y no agarran el puño.
c. La mano opuesta se ubica delante del pecho en el lado del codo que golpea.

감점동작의 예 Factores de deducción

가. 팔굽이 어깨선으로 향해 있을 때.
나. 이 밖에 규정동작이 아닌 행위는 감점이 된다.
다. 거들어 주는 팔굽이 과다하게 들렸을 때.

a. Si el codo está frente a la línea del hombro
b. Si el codo del brazo de apoyo se eleva demasiado.
c. Cualquier otro movimiento que no se ha indicado anteriormente será un factor de deducción.

찌르기 Tzireugi (Tzirugi)

찌르기
Tzirugi

찌르기 기술은 지르기 기술과 같지만 사용부위가 주먹이 아니라 손끝이다. 또한 손가락을 펴기 때문에 손가락 길이 만큼 먼 거리를 공격할 수 있는 장점이 있다. 그러나 많이 단련되지 않았을 때는 손가락 마디가 많으므로 탈골 또는 골절의 위험이 있다.

Las técnicas de tzirugi pueden realizarse de la misma forma que las técnicas de jireugi, excepto que la parte del cuerpo que se aplica no son los puños sino las puntas de los dedos, permitiendo un golpe más profundo en el objetivo y más larga por la longitud de los dedos que permite alcanzar un objetivo a mayor distancia.

1. 편손끝 세워 찌르기 Pyonsonkkeut sewo tzireugi
(Golpe de mano abierta con las puntas de los dedos)

규정동작 Movimiento

가. 주로 명치를 찌른다.
나. 반대 손의 손등 위로 편손끝 찌르는 팔굽이 위치한다.
다. 편손끝은 명치높이로 곧게 찌른다.
(요령) 반대 손을 펴서 앞으로 뻗은 상태에서 팔굽을 구부려 손끝이 위로 향하게 한 다음, 손바닥으로 눌러 막는 동시에 허리에 있던 편손끝으로 찌른다.

a. Este movimiento apunta principalmente a la boca del estómago del oponente.
b. El codo de la mano que ejecuta el pyonsonkkeut tzirugi descansa sobre el dorso de la otra mano.
c. El pyonsonkkeut ejecuta un tzirugi hacia adelante en paralelo a la altura de la boca del estómago.
(Punto de atención) En una postura donde la otra mano se abre y se extiende hacia adelante, el codo se flexionará haciendo que las puntas de los dedos miren hacia arriba y luego, el movimiento de empuje con la palma y el pyonsonkkeut tzirugi desde la cintura, se ejecutan simultáneamente.

감점동작의 예 Factores de deducción

가. 규정동작과 다를 때.

a. Si es diferente al método del movimiento.

2. 편손끝 엎어 찌르기 Pyonsonkkeut upeo tzireugi

(Golpe de mano abierta hacia abajo con las puntas de los dedos)

규정동작 Movimiento

가. 주로 눈, 목, 명치를 찌른다.
(요령) 찌르는 손등이 위를 향하게 하여 손끝으로 찌른다.

a. Este movimiento se utiliza para atacar a los ojos, el cuello y la boca del estómago del oponente.
(Punto de atención) El dorso de la mano que golpea debe mirar hacia arriba y el golpe se realiza con las puntas de los dedos.

감점동작의 예 Factores de deducción

가. 규정동작과 다를 때.

a. Si es diferente al método del movimiento.

3. 편손끝 젖혀 찌르기 Pyonsonkkeut jeocho tzireugi

(Golpe de mano abierta hacia arriba con las puntas de los dedos)

규정동작 Movimiento

가. 주로 늑골, 명치, 샅 등을 찌른다.
나. 손끝을 아래로 손바닥 부분이 위로 향하게 한다.
다. 반대 손은 바닥 부분이 얼굴 방향으로 하여 어깨높이로 올린다.
(요령) 찌르는 손은 허리에서 손등이 위로 향하게 하고, 반대 손은 앞으로 뻗어 손등이 위로 향하게 한 후 교차하여 찌른다.

a. Este movimiento se utiliza para atacar las costillas, la boca del estómago y la ingle del oponente.
b. Las puntas de los dedos se dirigen hacia abajo mientras que la palma mira hacia arriba.
c. La mano opuesta, cuya palma mira hacia la cara, se eleva hasta el nivel del hombro.
(Punto de atención) La mano que ejecuta el jireugi descansa en la cintura con la palma hacia arriba, y la mano opuesta se extiende hacia adelante, con el dorso de la mano mirando hacia arriba, para ejecutar el tzirugi alternativamente junto con el antes mencionado.

감점동작의 예 Factores de deducción

가. 규정동작과 다를 때.

a. Si es diferente al método del movimiento.

태극1장(건) ☰
(Teguk 1 jang "Keon")

태극 1장은 팔괘의 "건"을 의미하며 "건"은 하늘과 양을 뜻한다.
"건"은 만물의 근원이 되는 시초를 나타낸 것과 같이 태권도에 있어서도 맨 처음의 품새이다. 특징은 서기에서는 가장 쉬운 걷기 위주이며 동작은 기초적인 아래 막기, 몸통 막기, 얼굴막기, 몸통 지르기, 앞차기로 구성되어 있다.

Teguk 1 jang representa el símbolo del "Keon", uno de los 8 Kwaes (signos divinos), el cual significa el cielo y el "yang".
Como el "Keon" simboliza el comienzo de la creación de todas las cosas en el universo, también lo hace el Teguk 1 jang en el entrenamiento del Taekwondo. Este poomsae se caracteriza por su facilidad en la práctica, la mayor parte consiste en caminar y acciones básicas, tales como el arae makki, momtong makki, momtong jireugi y ap chagi.

태극1장은 정확한 기본 동작을 익히는데 기본을 둔다.
기본동작 14개 중 7개 -준비, 아래막기, 몸통막기, 얼굴막기, 몸통바로지르기, 몸통반대지르기, 앞차기 서기는 나란히서기, 앞서기, 앞굽이.

Teguk 1 Jang se centra básicamente en las posturas básicas precisas. Contiene 7 de 14 movimientos básicos: posición de preparación, bloqueo al tronco, bloqueo alto, puño directo a la zona media, puño directo inverso a la zona media, patada frontal. Contiene posiciones tales como la postura paralela, la postura al caminar y la postura hacia delante.

준비서기 연속동작

♣ 태극1장에서 새로 나오는 동작

♣ 태극1장 품새진행선

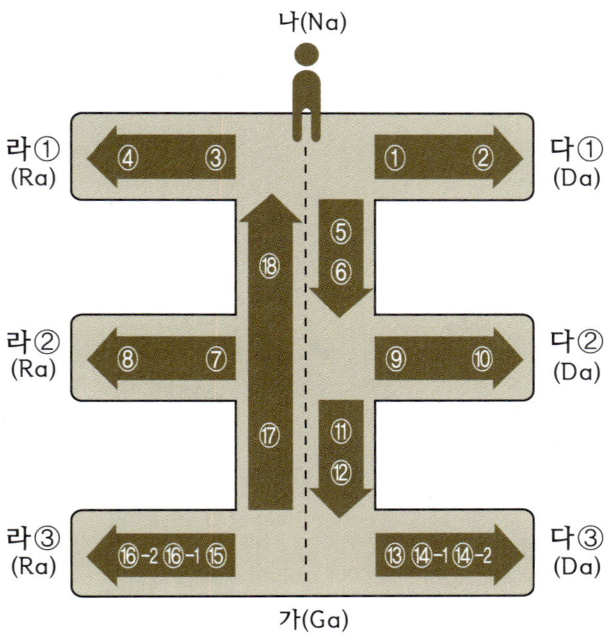

태극1장(건)
(Teguk I jang "Keon")

준비 기본준비서기

Junbi :Kibon junbiseogi

단전 앞에서 양 손바닥을 위를 향하게 나란히 펴서 명치 앞까지 끌어 올려서 가볍게 주먹을 말아 쥐면서, 호흡을 2/3정도 내쉬면서 다시 주먹을 단전 앞으로 내린다. (이 때 주먹은 가볍게 쥔다.) 너무 힘주지 마세요.

Con los puños desplegados, levantarlos por encima de la boca del estómago y, al mismo tiempo, volver a hacer los puños. Y luego, exhalando, colocarlos abajo de la parte inferior del abdomen. En este punto, no se debe apretar los puños con demasiada fuerza. Esto es, literalmente, una postura de preparación.

1 "다1" 방향 왼발 내디뎌 왼앞서기 아래막기

Poner el pie izquierdo adelante en la dirección de "Da1", haciendo wen ap seogi y ejecutar arae makki.

아래막기 시작 : 메주먹이 반대팔 어깨 위(견봉점)에서
아래막기 끝 : 앞발 대퇴부에서 세운주먹 2개 간격 또는 한 뼘정도 간격.

주의! : 손의 회전은 끝점에 거의 다다른 2/3지점부터 빠르게 회전. 아래막기가 끝났을 때는 팔꿈치가 펴져 있어야 한다. 막기기술은 막으면서 공격도 가해질 수 있도록 해야 한다.

El punto de partida del bloqueo bajo es: por encima del hombro.
El punto final del bloqueo bajo es: por encima del muslo a una distancia de dos puños.

2 "다1" 방향 오른발 내디뎌 오른앞서기 몸통반대지르기

Poner el pie derecho adelante en la dirección de "Da1", mantenerse en oreun ap seogi, y ejecutar momtong bandae jireugi.

서기 Posición

*나란히 서기 Naranhi seogi

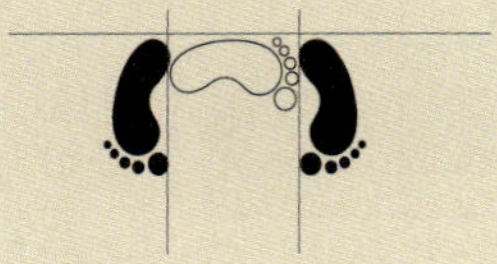

*앞서기 Ap seogi

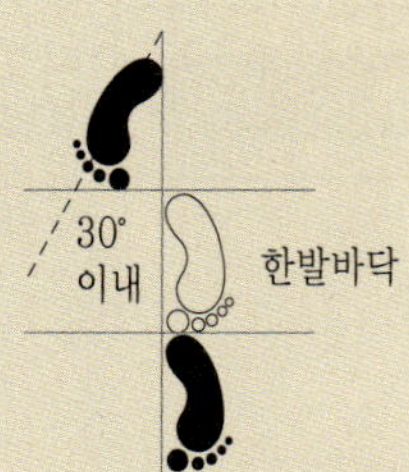

4 "라1" 방향 왼발 내디뎌 왼앞서기 몸통 반대지르기 (몸통지르기)

Poner el pie izquierdo adelante en la dirección del pie "Ra1" en wen ap seogi y ejecutar momtong bandae jireugi.

3 "라1" 방향 오른발 옮겨 뒤로돌아 오른앞서기 아래막기

Mover el pie derecho en dirección de "Ra1", dando la vuelta para hacer oreun ap seogi, y en conjunto con arae makki.

모든 중간(예비) 동작에서는 호흡을 들어마셔 근육에 불필요한 긴장을 풀어준다.
Todo el movimiento medio (movimiento preliminar) con la inhalación para relajar los músculos innecesarios.

상체(몸통)는 뒷발이 틀어진 각도 정도 (약 30도 이내) 틀어진다.
Es natural girar el tronco tanto como su pie trasero es girado (cerca de 30 grados).

아래막기 손은 허벅지 위에 위치한다.
Recordar que el brazo debe estar por encima del muslo para el bloqueo bajo.

앞굽이 앞뒤간격 - 한걸음 반 (약 4발바닥 반)
Para la postura hacia adelante, el ancho debe ser un paso y medio (alrededor de 4 pies y medio).

앞발과 뒷발의 좌우 간격은 세운 주먹 하나 간격허용
La distancia horizontal entre los pies delantero y trasero debe ser de un puño (en realidad es lineal, lo que hace que sea difícil mantener el equilibrio, por lo que se debe girar el pie trasero en 30 grados).

뒷쪽발의 뒤꿈치가 들리면 안 된다. 뒷쪽다리 무릎을 쭉 편다. (동작의 마지막에 단전에 힘을 준다.)
No se debe levantar la cintura, pero se debe tener la pierna trasera totalmente recta. (No olvidar de contraer el abdomen inferior al final de esta postura.)

5 **"가" 방향 왼발 옮겨돌아 왼앞굽이 아래막기**
Mover el pie izquierdo en la dirección de "Ga" para dar la vuelta, colocarse en wen ap kubi, y ejecutar arae makki.

6 **"가" 방향 두발 제자리 그대로 몸통 바로지르기**
Manteniendo los dos pies como están en la dirección "Ga", hacer wen ap kubi y ejecutar momtong baro jireugi.

※몸통반대지르기=몸통지르기
몸통지르기의 기본은 반대지르기이므로 반대는 생략하고 몸통지르기라고도 한다.

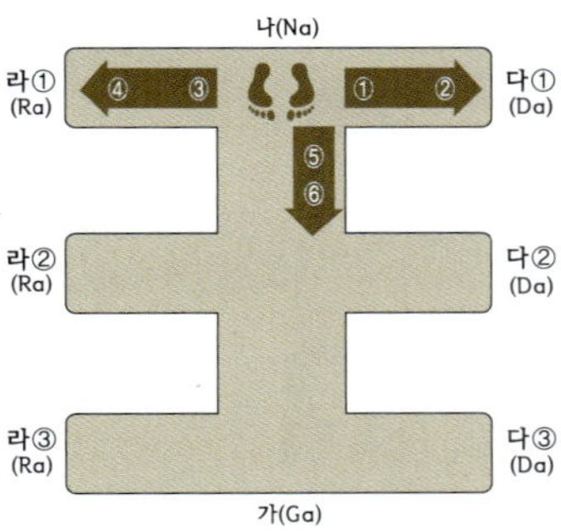

규정동작 Movimiento

바로 지르기 Baro jireugi (Puño regular al cuerpo)

- 서기의 다리를 앞,뒤로 넓혀 딛고서 (앞굽이, 뒷굽이 관계없이) 뒤에 있는 다리쪽의 주먹으로 지르기를 하였을 때를 말한다.
- (요령) 당기는 주먹은 지르는 주먹의 목표와 같은 선상에서 당긴다.
- Cuando los pies están abiertos ampliamente por delante y por detrás debido al movimiento del peso del cuerpo (ya sea ap kubi o dwitkubi), el baro jireugi se realiza con el puño del lado del pie trasero
- (Punto de atención) El puño que se recoge será retirado a través de la misma línea con el objetivo del puño.

감점동작의 예 Factores de deducción

바로 지르기 Baro jireugi (Puño regular al cuerpo)

- 막기시 양손을 앞으로 치는 듯이 하는 행위.
- 시작시 양손을 아래로 뻗는 행위.
- 이 밖에 규정동작이 아닌 행위는 감점이 된다.
- Si la muñeca del brazo con el que se ejecuta el golpe está doblada.
- Si el codo del brazo con el que se ejecuta el golpe está doblado.
- Si se impacta con un movimiento preliminar o si la parte superior del cuerpo rebota.
- Si se realiza el movimiento con el codo levantado.
- Cualquier otro movimiento que no se ha indicado anteriormente será un factor de deducción.

8 **"라2" 방향 왼발 내디뎌 왼앞서기 몸통 바로지르기**

Poner el pie izquierdo adelante en la dirección de "Ra2", hacer wen ap seogi, y ejecutar momtong baro jireugi.

7 **"라2" 방향 오른발 옮겨 딛고 오른앞서기 몸통 안막기**

Mover el pie derecho en la dirección de "Ra2", hacer oreun ap seogi y ejecutar momtong an makki.

▶ 9

몸통막기의 시작은 어깨 뒤로 주먹을 빼면서 (이때 손의 높이는 손목이 어깨 높이 정도) 손목을 바깥으로 튼다. 막을 때는 2/3정도부터 빠르게 회전! 동작이 끝났을 때 주먹 한 가운데가 인체의 중심선에 위치. 높이는 어깨높이, 팔목 높이는 명치높이.

Para comenzar el bloqueo del tronco (sección media), se debe retirar el puño al hombro (la muñeca debe estar por encima del hombro) y, al mismo tiempo, girar la muñeca hacia afuera. Se tiene que impulsar rápidamente el puño al bloquear. Al terminar, el puño debe estar en la parte central del cuerpo.

9 **"다2" 방향 왼발 옮겨 뒤로 돌아 왼 앞서기 몸통 안막기**

Mover el pie izquierdo en la dirección de "Da2" para dar la vuelta, hacer wen ap seogi y ejecutar momtong an makki.

10 **"다2" 방향 오른발 내디뎌 오른 앞서기 몸통 바로지르기**

Poner el pie derecho adelante en la dirección de "Da2", hacer oreun ap seogi, y ejecutar momtong baro jireugi.

규정동작 Movimiento

앞굽이 Ap kubi (Posición de inflexión hacia adelante)

- 두 발의 간격은 한걸음 반 정도로 한다.
- 앞발의 발끝이 앞을 향하게 선다.
- 몸을 반듯하게 하고 서서 땅을 내려다 봤을 때 앞에 있는 무릎과 발끝이 일치되도록 무릎을 낮춘다.
- 뒷발의 내각은 30도 이내가 되게 선다. 뒷다리의 무릎을 펴며 체중의 2/3를 앞에 둔다.
- 몸을 반듯하게 세우고 몸통은 앞쪽에서 30도 정도로 튼다.
- La distancia vertical entre los dos pies es de un paso y medio. La distancia paralela entre las puntas de los pies es de un pie.
- La punta del pie delantero se coloca hacia delante.
- Bajar la rodilla hasta el punto que la misma coincida con la punta del pie delantero al mirar hacia abajo en posición vertical.
- Mantener el talón del pie trasero girado hacia adentro en un ángulo de 30 grados estirando la rodilla de la pierna, y poner 2/3 del peso del cuerpo hacia adelante, manteniendo el equilibrio.
- Mantener el cuerpo erguido y girarlo en 30 grados.

감점동작의 예 Factores de deducción

앞굽이 Ap kubi(Posición de inflexión hacia adelante)

- 보폭이 넓어 허리와 골반부가 서기 균형을 이루지 못할 때.
- 뒷축이 들려지거나 뒷무릎이 굽어질 때.
- 뒷발이 벌려질 때.
- 중심이 앞으로 또는 뒤로 쏠릴 때.
- Si la distancia entre los dos pies es demasiado ancha, sin mantener el equilibrio del cuerpo.
- Si se levanta el talón del pie delantero o si se dobla la pierna trasera.
- Si el pie trasero está abierto en más de 30 grados hacia afuera.
- Si se mantiene el centro de equilibrio hacia adelante.

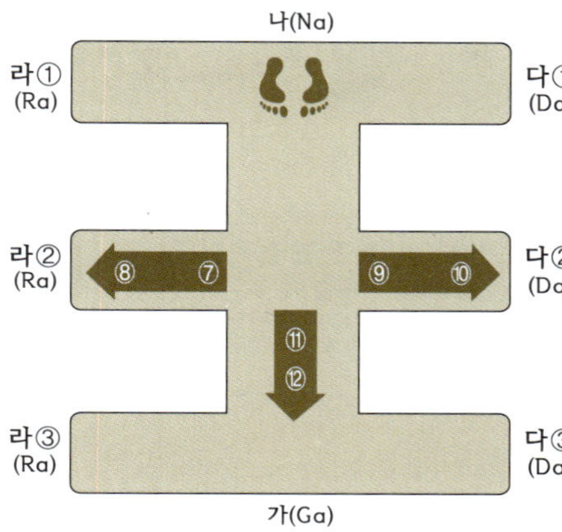

서기 Posición

*앞굽이 Apkubi

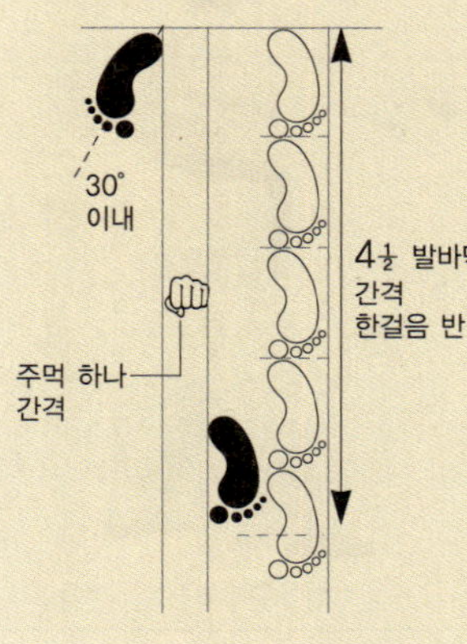

11 "가" 방향 오른발 옮겨돌아 오른앞굽이 아래막기

Mover el pie derecho en la dirección "Ga" para dar la vuelta en oreun ap kubi y ejecutar arae makki.

12 "가" 방향 두발 제자리 그대로 몸통 바로지르기

Manteniendo los dos pies como están en la dirección de "Ga" en oreun ap kubi, y ejecutar momtong baro jireugi.

13 "다3" 방향 왼발 옮겨딛고 왼앞서기 얼굴막기

Mover el pie izquierdo en la dirección de "Da3", hacer wen ap seogi, y realizar olgul makki.

14-1 "다3" 방향 오른발 앞차고 내디뎌

Ejecutar oreunbal (pie derecho) ap chagi en dirección de "Da3", bajar el pie para hacer oreun ap seogi, y realizar momtong bandae jireugi. (14-1 y 14-2)

14-2 오른 앞서기 몸통 반대지르기 (몸통반대지르기= 몸통지르기)

무릎을 접어 올려서 앞차기를 차고, 접을 때 무릎이 아래로 내려가서는 안된다.

Se debe realizar la patada frontal con la rodilla doblada al principio. Al doblar la rodilla, el muslo y la pantorrilla se deben juntar.

16-2 왼 앞서기 몸통반대지르기 (몸통반대지르기= 몸통지르기)

16-1 "라3" 방향 왼발 앞차고 내디뎌

Ejecutar wenbal (pie izquierdo) ap chagi en la dirección de "Ra3", colocar el pie para hacer wen ap seogi y realizar momtong bandae jireugi. (16-1 y 16-2)

15 "라3" 방향 오른발 옮겨 뒤로 돌아 오른 앞서기 얼굴막기

Mover el pie derecho en la dirección de "Ra3" para dar la vuelta, hacer oreun ap seogi, y ejecutar olgul makki.

기합
Kiap

기합은 크고 짧게,
호흡을 단전에 집중하며 한다.

「앞모습」
Vista frontal

「옆모습」
Vista lateral

18 **"나" 방향 오른발 내디뎌 오른앞굽이 몸통반대지르기 기합(몸통반대지르기= 몸통지르기)**

Poner el pie derecho adelante en la dirección de "Na", hacer oreun ap kubi, y ejecutar momtong bandae jireugi (realizando el Kiap).

바로 **오른발 제자리 "나" 의 위치에서 왼발을 끌어 시계 반대 방향(왼쪽)으로 몸을 돌려 앞("가" 방향)을 보며 기본준비서기**

Baro: fijando el pie derecho como está en la posición "Na", arrastrar el pie izquierdo para girar el cuerpo hacia la izquierda (sentido anti horario), mirando dirección de "Ga", y regresar al kibon jumbi seogi.

처음과 마찬가지로 단전에서 끌어 올린다.
Como fue al inicio, debe ser desde la parte inferior del cuerpo.

「앞모습」
Vista frontal

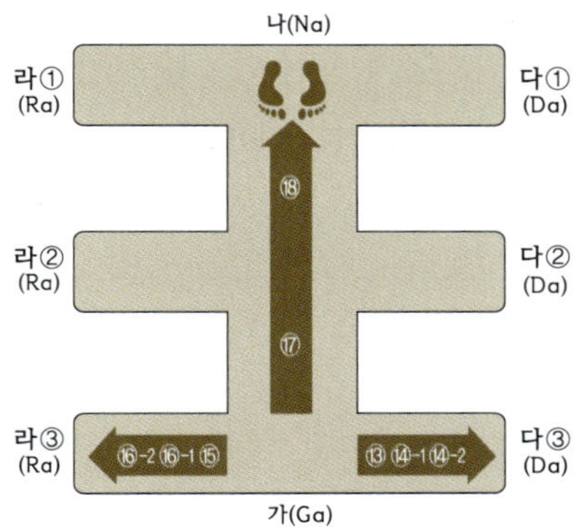

17 **"나" 방향 왼발 옮겨 앞으로 돌아 왼앞굽이 아래막기**

Mover el pie izquierdo en la dirección de "Na", girar hacia el frente, hacer wen ap kubi y realizar arae makki.

태극2장(태) ☱

(Teguk 2 jang "Tae")

태극 2 장은 "태"를 의미하며 "태"는 속으로 단단하고 겉으로는 부드럽다는 뜻이다. 태극 1장을 수련하여 품새에 대한 알찬 마음이 생겨 기초적인 막기와 차기를 할 수 있는 품새이다. 즉 외유내강을 의미한다. 특징은 앞차기동작을 많이 넣어 몸에 익히게 하였다.

Teguk 2 jang simboliza el "Tae", uno de los 8 signos divinos, el cual significa la firmeza interna y la suavidad externa. La introducción del olgul makki es un nuevo desarrollo de Teguk poomsae. Las patadas ap chagi aparecen con más frecuencia que en Teguk 1 jang.

> 태극2장은 기본동작을 좀 더 숙달하는 것을 목표로 한다.
> 몸의 중심 이동을 자연스럽게 숙달 시키도록 한다.
> Teguk 2 jang se centra en la habilidad de los movimientos básicos.
> Usted tiene que ser hábil en el flujo natural del peso de su cuerpo.

♣ 태극2장에서 새로 나오는 동작

♣ 태극2장 품새진행선

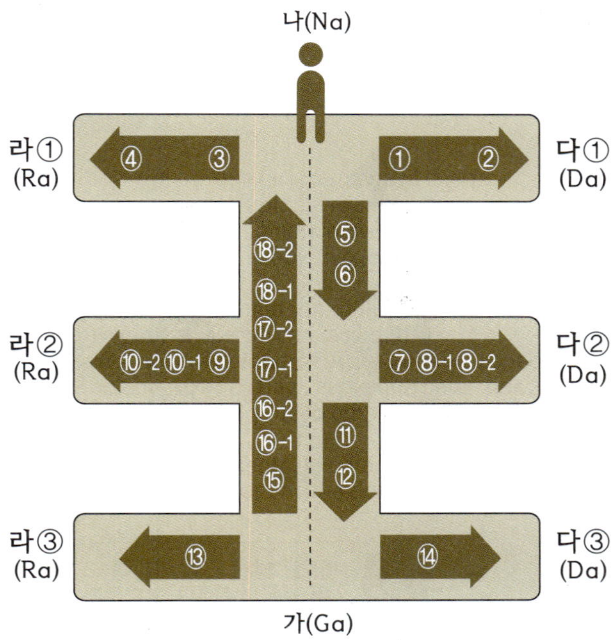

태극2장(태)
(Teguk 2 jang "Tae")

준비 **기본준비서기**
Jumbi desde la posición "Na", mirar hacia la dirección "Ga" y realizar kibon jumbi seogi.

1 **"다1" 방향 왼발 내디뎌 왼앞서기 아래막기**
Poner el pie izquierdo adelante en la dirección de "Da1", hacer un wen ap seogi, y ejecutar un arae makki.

앞서기에서 앞굽이로의 이동은 자연스럽게 중심 이동이 되어야한다. 급격한 하락은 금물!
El cambio de peso de la postura de caminar a la postura hacia adelante debe fluir naturalmente. No realizar un descenso brusco del peso.

2 **"다1" 방향 오른발 내디뎌 오른앞굽이 몸통반대지르기 (몸통반대지르기=몸통지르기)**
Poner el pie derecho adelante en la dirección "Da1", realizar un oreun ap kubi y ejecutar un momtong bandae jireugi.

4 **"라1" 방향 왼발 내디뎌 왼 앞굽이 몸통반대지르기**
Poner el pie izquierdo adelante hacia "Ra1", realizar un wen ap kubi y ejecutar un momtong bandae jireugi.

3 **"라1" 방향 오른발 옮겨 뒤로 돌아 오른 앞서기 아래막기**
Mover el pie derecho en la dirección "Ra1", dando la vuelta para hacer un oreun ap seogi, y en conjunto con un arae makki.

5 **"가" 방향 왼발 옮겨돌아 왼 앞서기 몸통안막기**

Mover el pie izquierdo en la dirección de "Ga" para dar la vuelta, colocarse en un wen ap seogi y ejecutar un momtong an makki.

6 **"가" 방향 오른발 내디뎌 오른 앞서기 몸통안막기**

Colocar el pie derecho adelante en dirección de "Ga", realizar un oreun ap seogi y ejecutar un momtong an makki.

막기의 시작점
El punto inicial del makki.

얼굴 부위를 막을 때는 허리선상에서, 몸통부위를 막을 때는 몸통선상에서, 아래부위를 막을 때는 어깨선상에서(단 높낮이에 있어서 약간의 허용범위를 둔다)
El makki empieza desde la altura de la cintura para defender el rostro, desde la altura del tronco para defender el mismo tronco, y desde la altura del hombro para defender la parte inferior del cuerpo.

모든 동작시 손동작과 발동작이 동시에 끝나야 한다.
Para el bloqueo interno en la sección intermedia, ambas manos y pies deben estar sincronizadas.

몸통안막기에서 앞으로 중심을 이동하면서 순간적인 허리의 반동을 이용한 팔과 손목의 회전과 단전에 힘을 동시에 넣는다.
이 때 호흡은 막기 준비동작을 할 때 들이마시고, 막을 때2/3를 내뱉으며 1/3은 단전에 둔다.
Cambiando de peso, se debe girar la mano y la muñeca con el rebote instantáneo de la cintura. Al mismo tiempo, se tiene que endurecer la parte inferior del cuerpo. Se tiene que inhalar para los movimientos básicos y exhalar dos tercios para los bloqueos, la otra parte permanecerá en la parte inferior del cuerpo.

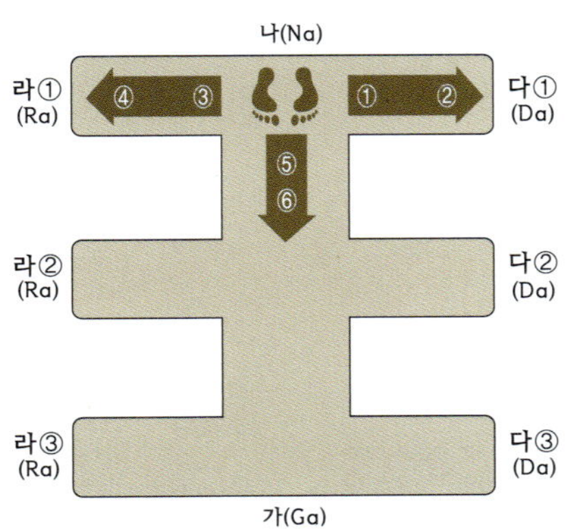

품새시 유의사항
Consideraciones para el entrenamiento del poomsae

- 시선
- 중심이동
- 속도의 완급
- 힘의 강유
- 호흡
- 리듬
- Respiración
- Los ojos / La mirada
- Movimiento del centro del cuerpo
- Equilibrio
- Velocidad baja o alta
- Fuerte o débil
- Ritmo

7 **"다2" 방향 왼발 옮겨딛고 왼앞서기 아래막기**

Mover el pie izquierdo hacia "Da2", hacer un wen ap seogi, y realizar un arae makki.

8-1 **"다2" 방향 오른발 앞차고 내디뎌**

Ejecutar un ap chagi derecho en dirección de "Da2", bajar el pie para hacer un oreun ap kubi, y ejecutar un olgul bandae jireugi. (8-1 y 8-2)

8-2 **오른 앞굽이 얼굴반대지르기**

얼굴지르기의 목표는 인중, 몸통지르기는 명치, 아래지르기는 단전.

El objetivo del puño al rostro es el labio, del puño al medio es la boca del estómago, y del puño bajo es la parte inferior del estómago.

7,8-1,8-2

10-2 **왼 앞굽이 얼굴반대지르기**

10-1 **"라2"방향 왼발 앞차고 내디뎌**

Ejecutar un ap chagi izquierdo hacia "Ra2", bajar el pie para hacer wen ap kubi, y ejecutar un olgul bandae jireugi. (10-1 y 10-2)

9 **"라2" 방향 오른발 옮겨 뒤로돌아 오른 앞서기 아래막기**

Mover el pie derecho hacia "Ra2" para dar la vuelta, hacer un oreun ap seogi, y realizar arae makki.

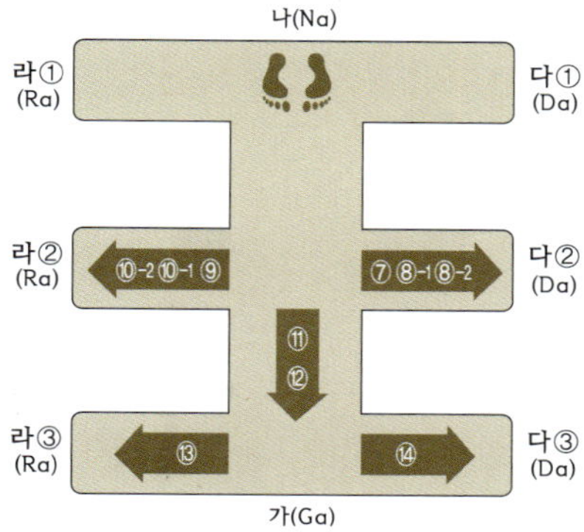

11 "가" 방향 왼발 옮겨돌아 왼 앞서기 얼굴막기

Mover el pie izquierdo hacia "Ga" para dar la vuelta, hacer un wen ap seogi, y realizar un olgul makki.

12 "가" 방향 오른발 내디뎌 오른 앞서기 얼굴막기

Poner el pie derecho adelante en dirección de "Ga", hacer un oreun ap seogi, y ejecutar un olgul makki.

막을 때 주먹이 먼저 올라가게 한다. (팔꿈치가 들리지 않게 하기 위해서) 눈높이를 지날 때부터 손목을 빠르게 회전. 팔목부위가 인체의 중심선에 위치한다.
※**막을 때 팔목이란?** 손목에서 부터 손가락 네 개 간격부위를 말함.
Al levantar el olgul makki, primero debe ir el puño e impulsar rápidamente la muñeca alrededor de los ojos. La muñeca debe estar encima de la parte central del cuerpo.

얼굴막기 동작 시 - 위로 올라갈 땐 주먹부터, 아래로 내려올 땐 팔꿈치부터
El bloqueo de la sección alta – al levantar, el puño debe ir primero, pero, al bajar, el codo debe ir primero.

13 "라3" 방향 왼발 옮겨돌아 왼 앞서기 몸통 안막기

Mover el pie izquierdo hacia "Ra3" para dar la vuMover el pie izquierdo hacia "Ra3" para dar la vuelta, hacer un wen ap seogi, y ejecutar un momtong an makki.

14 "다3" 방향 오른발 약간 옮겨 방향을 바꾸어 오른 앞서기 몸통 안막기

Mover el pie derecho un poco hacia "Da3" cambiando de dirección, hacer un oreun ap seogi, y ejecutar un momtong an makki.

15 "나" 방향 왼발 내디뎌 왼 앞서기 아래막기

Poner el pie izquierdo adelante hacia "Na", hace un wen ap seogi y ejecutar un arae makki.

16-1 "나" 방향 오른발 앞차고 내디뎌

Ejecutar un ap chagi derecho hacia "Na", bajar el pie para hacer un oreun ap seogi, y ejecutar un momtong bandae jireugi. (16-1 y16-2)

16-2 오른 앞서기 몸통 반대지르기

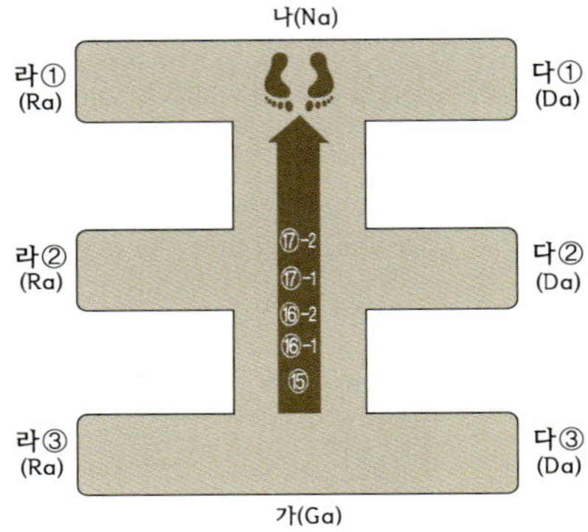

차기 : 발을 끌어 올려 발의 사용부위로 목표를 가격하여 제압시키는 것을 차기라 한다. 개별 품새에서 특별한 규정이 없을 때에 모든 차기 기술의 목표는 얼굴로 한다. 앞차기는 앞축, 돌려차기는 앞축 또는 발등으로 한다.

15 「옆모습」 Vista lateral

16-1 「옆모습」 Vista lateral

16-2 「옆모습」 Vista lateral

앞차기는 정면을 향하여 찬다. 몸통이나 얼굴높이로 찬다. 그 이상을 차는 것은 앞차기로 바람직하지 않다.

17-1 "나" 방향 왼발 앞차고 내디뎌

Ejecutar un ap chagi izquierdo hacia "Na", bajar el pie para hacer un wen ap seogi, y ejecutar un momtong bandae jireugi. (17-1 y 17-2)

17-2 왼 앞서기 몸통반대지르기

17-1 「옆모습」 Vista lateral

17-2 「옆모습」 Vista lateral

규정동작 Movimiento

앞차기 Ap Chagi (Patada frontal)

- 차는 다리의 무릎을 접어 끌어올려 가슴에 가까이 올때 접었던 무릎을 펴면서 앞으로 내뻗는다. 발의 이동궤도는 목표를 향하여 일직선이다.
- 발가락을 젖힌 앞축으로 목표를 맞춘다.
- 찬 발은 반작용으로 무릎을 접어 끌면서 먼저 자리에 놓는다.
- 딛고 있는 다리는 차기전이나 찬 후 무릎을 펴면 중심이 위로 떠서 힘이 약하며 넘어지기 쉽다. 또는 후속 조치를 취하기가 불리하다.
- 뒤축은 바닥에서 떨어지게 하고 앞축을 축으로 발바닥이 회전할 수 있도록 도와주었다가 차고 난 다음 다시 원위치로 돌아오게 한다.
- Primero, levantar la rodilla flexionada hasta el pecho e inmediatamente empujar el pie hacia adelante, estirando totalmente la pierna. La trayectoria de la patada debe ser en línea recta.
- Patear el objetivo con el metatarso. La ingle, el abdomen inferior, la boca del estómago, el mentón, etc., son puntos objetivos.
- La pierna con la que se patea regresa por reacción a la posición original; sin embargo, el pie puede ser ubicado donde al atacante le resulte más fácil realizar el siguiente movimiento. Si el atacante pierde el equilibrio durante la patada o retira el pie, la patada no es perfecta.
- La pierna de apoyo en el suelo no deberá estar con la rodilla totalmente estirada antes y durante la patada porque al estar en una posición vertical es más probable una caída del atacante o una disminución en el impacto de la patada. Tampoco es fácil realizar el siguiente movimiento.
- Si la pierna de base está apoyada por la planta del pie, el peso se aplica en la articulación de la cadera y de la rodilla, en este caso, la patada es lenta y sin potencia. A veces, la articulación de la rodilla o de la cadera se rompe, por eso, es necesario levantar ligeramente el talón estirando el tobillo para que la planta anterior pueda girar en el momento de la patada y luego la planta trasera tocará el suelo nuevamente después de la patada. Sin embargo, uno debe tener cuidado de no estirar demasiado el tobillo porque puede levantar el peso centro.

감점동작의 예 Factores de deducción

앞차기 Ap Chagi (Patada frontal)

- 발차기시 무릎접기 후 의식적으로 멈추는 동작이 나타날 때.
- 차기의 정점이 분명하게 표현되어야 한다. 그러나 이를 강조하기 위하여 의식적으로 정지할 때 감점.
- 차기시 차는 다리와 상체가 적절한 각도를 이루지 못하면 감점.
- 상체의 중심이 흔들리거나 상체가 지나치게 떨어지면 감점.
- Si al doblar la rodilla se realiza una pausa prolongada.
- Si al momento de patear se realiza una pausa prolongada, sólo deberá expresarse impacto.
- Si no se forma un ángulo adecuado entre la pierna que patea y el cuerpo.
- Si pierde el equilibrio del centro del cuerpo.

18-1 **"나" 방향 오른발 앞차고 내디뎌**

Ejecutar un ap chagi derecho hacia "Na", bajar el pie para hacer un oreun ap seogi, y ejecutar un momtong bandae jireugi (realizando el Kiap). (16-8 y 18-2)

18-2 **오른 앞서기 몸통반대지르기 기합**

앞차고 접어서 놓으며 동시에 주먹지르기를 한다.
동작과 동작이 연결이 되어야 한다.

바로 **오른발 제자리 "나" 의 위치에서 왼발을 끌어 시계 반대방향 (왼쪽)으로 몸을 돌려 앞("가"방향)을 보며 기본준비서기**

Baro: manteniendo el pie derecho en su lugar en la posición "Na", girar el cuerpo hacia la izquierda, arrastrar el pie izquierdo, mirando hacia la dirección de "Ga" y regresar al kibon jumbi seogi.

18-1 「옆모습」
Vista lateral

18-2 「옆모습」
Vista lateral

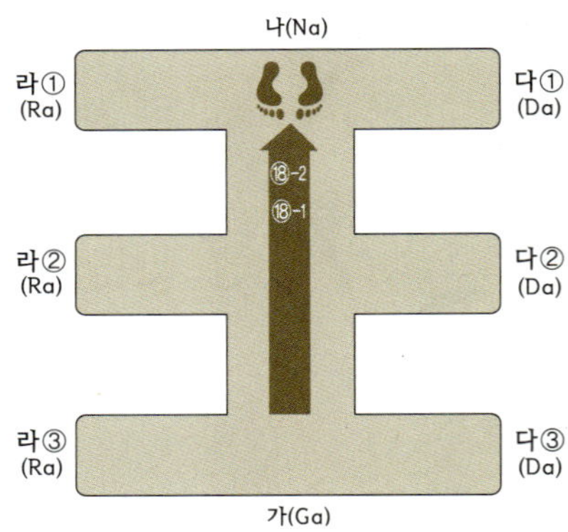

1. 나란히 서기 Naranhi seogi
(Posición paralela)

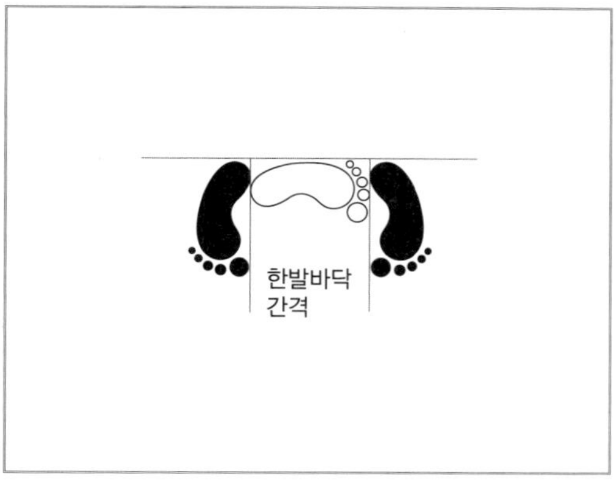

2. 앞서기 Ap seogi
(Posición natural hacia adelante / Posición al caminar)

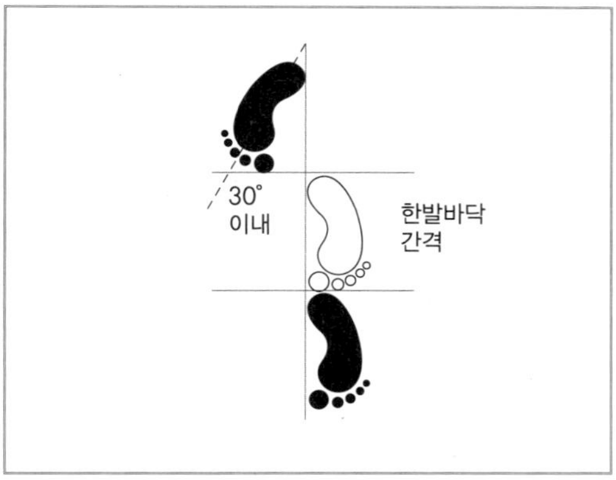

4. 뒷굽이 Dwitkubi
(Posición de inflexión hacia atrás)

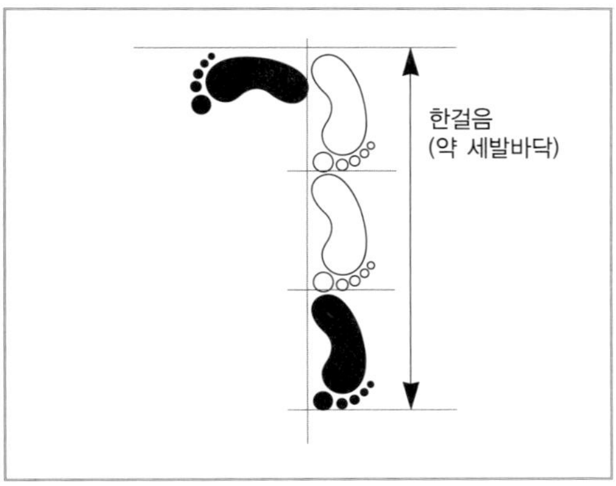

3. 앞굽이 Ap kubi
(Posición de inflexión hacia adelante)

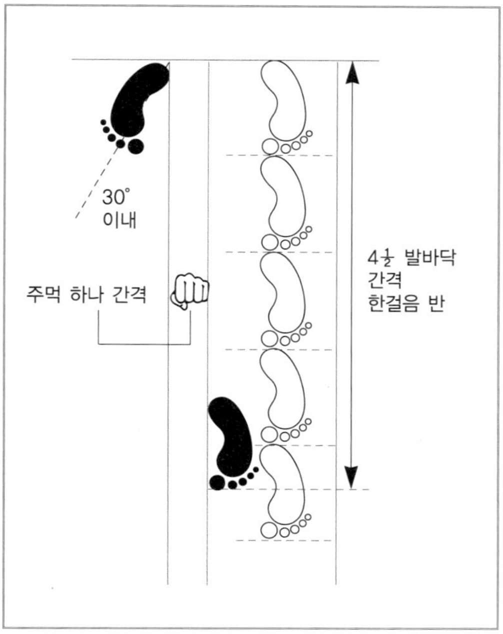

5. 오른(왼)서기 Oreun(wen) seogi
(Posición izquierda/derecha)

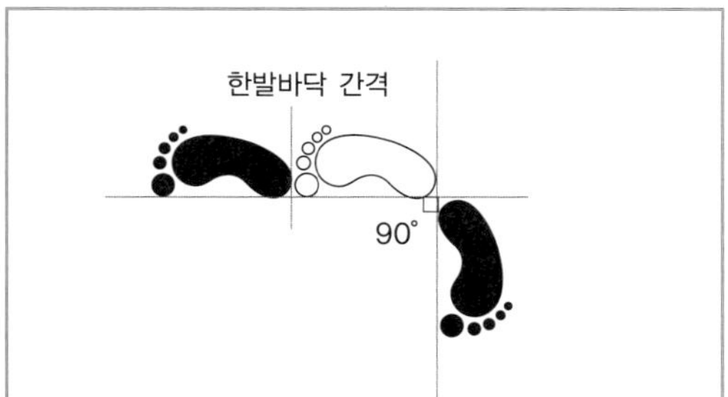

Oreun seogi

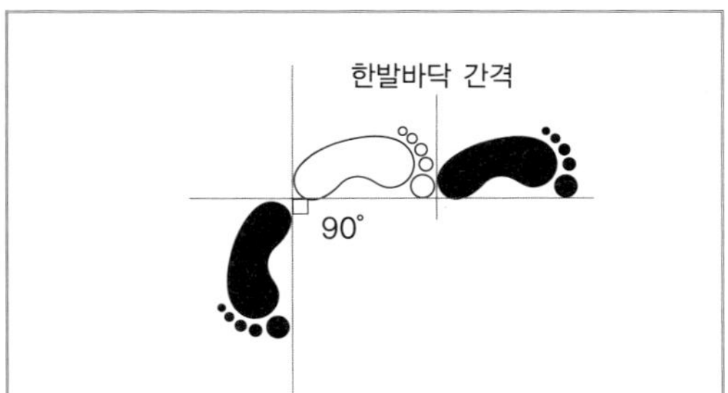

wen seogi

태극3장(이) ☲

(Teguk 3 jang "Yi")

태극 3 장은 "이"를 의미하며 "이"는 불을 나타내고 뜨겁고 밝음을 지닌다.
태권도 품새 수련을 통한 불같은 정의심과 수련의욕이 생겨난다. 불은 밝음과 열기와 활력의 상징을 의미하며 다양하고 활기 있게 수련해야 한다. 특징은 아래 막고 지르기, 손날목치기, 한손날 바깥 막기이고 새로운 서기는 뒷굽이이고 기술은 연속 막고 차기와 연속 지르기가 특징이다. 빠른 속도로 상대로부터 차기를 막고 되 치는 기술의 힘을 중요시한다.

Teguk 3 jang simboliza el "Yi", uno de los 8 signos divinos, el cual representa "cálido y brillante". Esto es para alentar a los aprendices a albergar un sentido de justicia y pasión por el entrenamiento. Una realización correcta de este poomsae dará a los aprendices una promoción al cinturón azul. Las nuevas acciones son sonnal mok chigi y sonnal makki, y la postura dwitkubi. Este poomsae se caracteriza por sucesivos makkis y chigis, y chagis y continuos jireugis. Se hace hincapié en el contraataque contra el chigi del oponente.

태극3장에서는 품새에서 중요한 자세중 하나인 뒷굽이 자세를 배운다. 정확한 뒷굽이 자세를 몸에 익힌다. 동작의 연결을 정확하고 빠르게 하는 기술을 숙달한다.

Teguk 3 jang se centra en uno de los movimientos más importantes, la postura "Dwitkubi", el aprendiz tiene que ser hábil en obtener la forma precisa de la postura dwitkubi y en la combinación rápida de los movimientos.

♣ 태극3장에서 새로 나오는 동작

♣ 태극3장 품새진행선

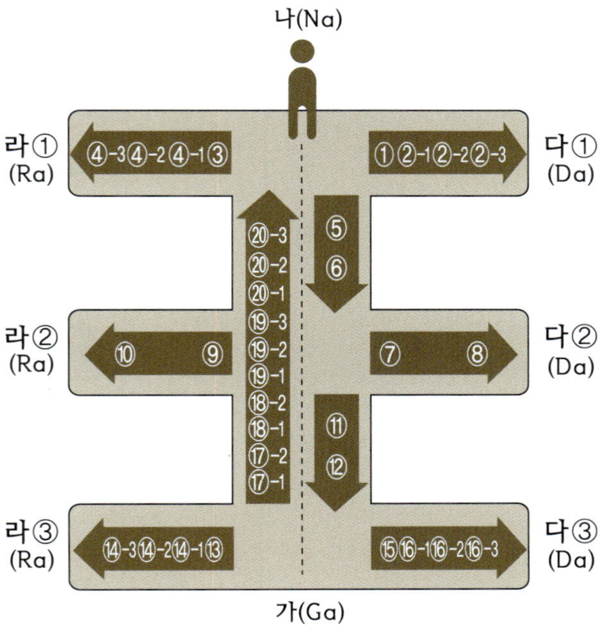

태극3장(이)
(Teguk 3 jang "Yi")

준비 기본준비서기

Jumbi: desde la posición "Na", mirar en dirección de "Ga" y realizar kibon jumbi seogi.

1 "다1" 방향 왼발 내디뎌 왼 앞서기 아래막기

Poner el pie izquierdo adelante en la dirección de "Da1", hacer wen ap seogi, y realizar arae makki.

2-1 "다1" 방향 오른발 앞차고 내디뎌

Ejecutar ap chagi derecho hacia "Da1", bajar el pie para hacer oreun ap kubi, y realizar momtong dubon (dos veces) jireugi.

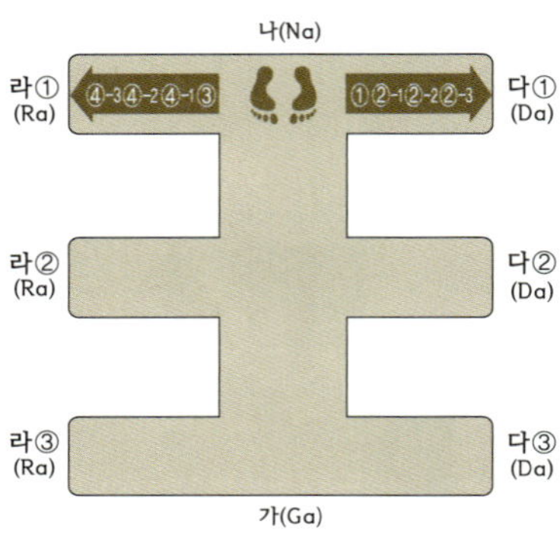

<서기 제자리>

4-3 (몸통 바로지르기)

앞차기와 두번지르기가 끊기지 않고 연결되는 것이 숙련된 동작이다.

4-2 왼 앞굽이 몸통두번지르기 (몸통반대지르기)

2-2 **오른 앞굽이 몸통두번 지르기 (몸통반대지르기)**

Cuando se realiza el dubon jireugi después de la patada, el puño del lado de la pierna que patea realiza el primer jireugi. (2-2 y 2-3)

2-3 **(몸통반대지르기)**

앞차기 발을 놓으면서 동시에 두 번 지르기
Terminando la patada frontal, comienzan los dos puños en una fila.

두번지르기는 한번지르기의 속도로 두 번을 지르되 두 번 다 지르기의 힘이 같아야 한다.
Ambos puños deben realizarse en una sola respiración, pero ambos deben tener la misma velocidad y potencia.

주의! 어깨에 너무 힘이 들어가면 지르기의 속도가 줄기 때문에 빠르게 지를 수가 없다.
Tener cuidado de no poner los hombros demasiado rígidos. Esto reducirá la velocidad.

가격 부위는 명치, 지를 때 들어오는 팔의 팔꿈치로 뒤를 가격하듯(당겨치기) 생각하고 힘차게 당기면 작용 반작용의 법칙으로 지르는 손도 힘과 속력이 증가한다.
El objetivo es la boca del estómago. Retirando el puño, se puede golpear directamente a alguien detrás de usted con el codo. Si utiliza el impulso, puede aumentar la velocidad y la potencia.

4-1 **"라1" 방향 왼발 앞차기 차고 내디뎌**

Ejecutar ap chagi izquierdo hacia "Ra", bajar el pie para hacer wen ap kubi, y ejecutar un momtong dubon jireugi. (4-1, 4-2 y 4-3)

3 **"라1" 방향 오른발옮겨 뒤로돌아 오른앞서기 아래막기**

Mover el pie derecho hacia "Ra1" para dar la vuelta, hacer oreun ap seogi, y realizar arae makki.

손날목치기를 할 때 손목이 꺾이거나 구부러지지 않게 팔꿈치는 자연스럽게 펴진 상태로 목높이를 가격한다.
이 때 상체는 비틀어져야 한다 (약 30° 정도)

Haciendo el golpe cuchillo al cuello (sonnal mok chigi), estirar el codo y golpear el cuello del oponente. La parte superior del cuerpo debe estar girada (alrededor de 30 grados).

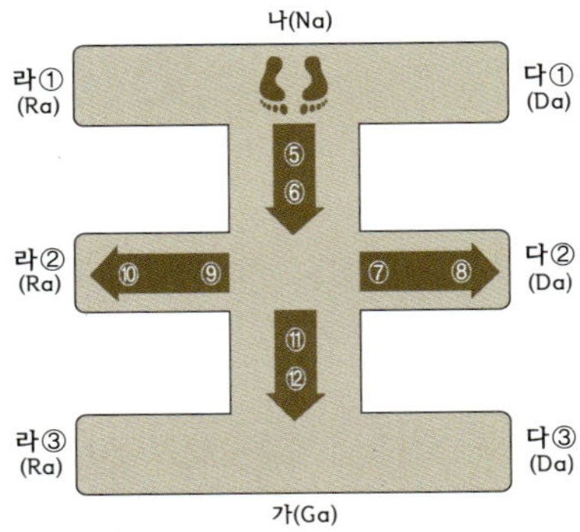

5 **"가" 방향 왼발 옮겨딛고 왼앞서기 손날 목치기**

Mover el pie izquierdo hacia "Da2", hacer wen ap seogi, y ejecutar un sonnal mok chigi.

치기 : 몸의 회전력을 이용해 팔 공격을 할 때. 손날이나 주먹이 팔굽을 굽힌 채로 또는 뻗어 원을 그리며 움직여 목표를 가격하였을 때.

6 **"가" 방향 오른발 내디뎌 오른 앞서기 손날 목치기**

Poner el pie derecho adelante hacia "Ga" para hacer oreun ap seogi, y ejecutar sonnal mok chigi.

막기에는 양손날을 기본으로 하기 때문에 손날막기하면 두손이 기본인데 공격시에는 막기가 아니므로 손날치기하면 한손날로 치는 동작을 말함.

한손날몸통바깥막기는 손날로 막는 부위가 명치 높이에 위치해야하므로 손끝의 높이는 어깨 정도이다. 이 때 손목이 꺾이거나 구부러지지 않게 손바닥이 정면에서 보이게 손바닥이 정면을 향하여 막는다.

ara el bloqueo medio con mano-cuchillo hacia afuera (hansonnal momtong bakkat makki), la parte que bloquea debe estar a la altura del pecho, por lo que la altura de la punta de los dedos debe estar en línea con los hombros. Sin doblar la muñeca, presionar la parte inferior de la mano hacia el frente.

뒷굽이에서 앞굽이 전환 시 앞으로 반발바닥 정도만 앞발을 움직여 놓고 뒷발은 앞축을 중심으로 뒤축을 틀어준다.
***주의!** 이 때 앞발을 직선 그대로 앞으로 이동

Cuando se cambia de la postura hacia atrás (dwitkubi) a ap kubi, mover el pie de adelante medio pie de distancia y girar el talón utilizando el metatarso como eje.

7 **"다2" 방향 왼발 옮겨 오른 뒷굽이 한손날 몸통 바깥막기**

Mover el pie izquierdo hacia "Da2" para hacer oreun dwitkubi, y ejecutar un hansonnal momtong bakkat makki.

8 **"다2" 방향 오른발 제자리 왼발 밀어 디뎌 왼앞굽이 몸통바로지르기**

Con el pie derecho en su lugar mirando hacia "Da2", empujar el pie izquierdo medio paso hacia adelante para hacer wen ap kubi y ejecutar momtong baro jireugi.

뒷굽이 넓이는 한걸음(약 3발바닥)
El ancho del dwitkubi deberá ser de 3 pies.

*** 주의할 동작의 예시**
Precauciones:

1. 앞발의 발날등선이 뒷발 뒤꿈치선에 위치.(앞발이 안으로 들어와 ㅗ자 형태는 잘못)
   El dedo del pie debe encontrarse con el talón del otro pie. (el dedo no deberá apuntar en dirección del talón).
2. 뒷다리의 발, 무릎, 엉덩이, 어깨가 같은 선상에 위치한다. 양발, 양무릎의 방향각도는 90도가 되어야 한다. (몸의 무게중심이 뒤쪽에 70% 정도)
   El pie de atrás, la rodilla, el glúteo y el hombro deben estar en la misma línea (70% del peso del cuerpo debe estar hacia atrás).
3. 발의 넓이가 너무 넓거나 몸의 중심을 낮추지 않는다면, 앞다리 무릎이 펴진다. 틀리지 않도록 주의한다.
   Si el ancho es muy grande y la rodilla no está lo suficientemente doblada, entonces la rodilla de adelante estará extendida. Esto está mal.
4. 몸의 방향은 약 45도 방향을 바라본다.

10 "라2" 방향 왼발 제자리 오른발 밀어 디뎌 오른앞굽이 몸통바로지르기

Con el pie izquierdo en su lugar mirando
Con el pie izquierdo en su lugar mirando hacia "Ra2", empujar el pie derecho hacia adelante medio paso para hacer oreun ap kubi y ejecutar momtong baro jireugi.

9 "라2" 방향 왼발 제자리 방향바꿔 왼 뒷굽이 한손날 몸통바깥막기

Con el pie izquierdo en su lugar mirando hacia "Ra2", girar la dirección para hacer wen dwitkubi y ejecutar hansonnal momtong bakkat makki.

무릎높이는 주춤서기가 기본높이:
Para cada movimiento, la altura de la rodilla debe ser básicamente como la del juchum seogi.

주춤서기는 두발바닥 넓이로 벌린 상태에서 힘을 빼고 아래로 내려간 상태의 높이로 몸통을 반듯하게 서서 땅을 내려다 봤을 때 무릎과 발끝이 일치되도록 해야 한다. 주춤서기, 뒷굽이, 앞굽이 무릎높이 같게한다.
Para el juchum seogi, doblar cómodamente la rodilla en una forma relajada. Se recomienda comparar las alturas entre juchum seogi, dwitkubi y ap kubi.

서기 Posición

***앞굽이 Ap kubi**

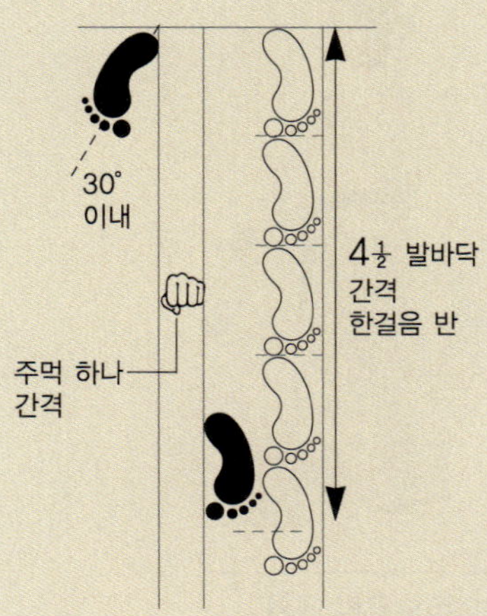

11 "가" 방향 왼발 옮겨 딛고 왼앞서기 몸통안막기

Mover el pie izquierdo hacia "Ga" para hacer wen ap seogi y ejecutar momtong an makki.

12 "가" 방향 오른발 내디뎌 오른앞서기 몸통안막기

Poner el pie derecho adelante hacia "Ga" para hacer oreun ap seogi y ejecutar momtong an makki.

<서기 제자리>

14-1 **“라3” 방향 오른발 앞차고 내디뎌**

Ejecutar ap chagi derecho hacia “Ra3”, bajar el pie para hacer oreun ap kubi y ejecutar momtong dubon jireugi. (14-1, 14-2 y 14-3)

14-2 **오른앞굽이 몸통두번지르기(몸통 반대지르기)**

14-3 **(몸통 바로지르기)**

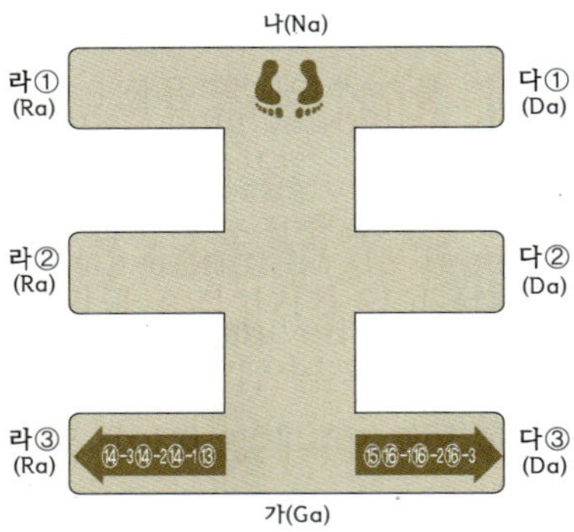

서기 Posición

***앞서기 Ap seogi**

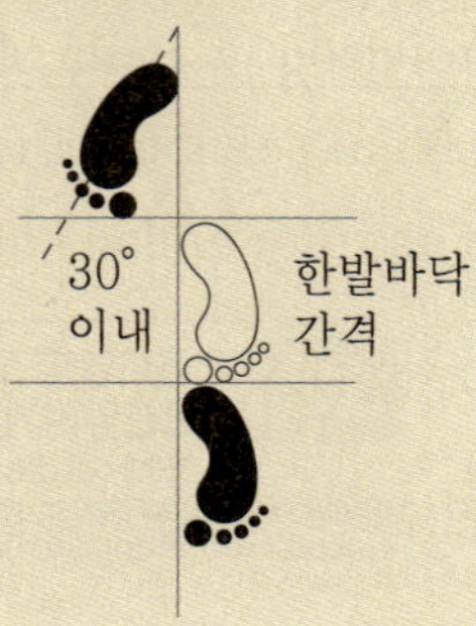

15

15 **“다3” 방향 오른발 옮겨 뒤로 돌아 오른 앞서기 아래막기**

Mover el pie derecho hacia “Da3” para dar la vuelta, hacer oreun ap seogi y ejecutar arae makki.

13 **"라3" 방향 왼발 옮겨 돌아 왼앞서기 아래막기**

Mover el pie izquierdo hacia "Ra3" para dar la vuelta, hacer wen ap seogi y ejecutar arae makki.

감점동작의 예 Factores de deducción

차기Chagi (Patada)

- 발차기 시 무릎접기 후 의식적으로 멈추는 동작이 나타나면 감점이다.
- 차기의 정점이 분명하게 표현되어야 한다. 그러나 이를 강조하기 위하여 의식적으로 정지할 때 감점이다.
- 차기시 차는 다리와 상체가 적절한 각도를 이루어야 한다. 상체의 중심이 흔들리거나 상체가 지나치게 떨어지면 감점이다.
- Si se muestra intencionalmente una pausa al doblar la rodilla cuando se realiza la patada.
- Si la patada se retiene intencionalmente; la patada debe mostrarse claramente.
- Si la parte superior del cuerpo baja mucho o no se mantiene el equilibrio; la pierna con la que se patea y la parte superior del cuerpo deberán estar en un ángulo apropiado.

16-1 **"다3" 방향 왼발 앞차고 내디뎌**

Ejecutar ap chagi izquierdo hacia "Da3", bajar el pie para hacer wen ap kubi y ejecutar momtong dubon jireugi. (16-1, 16-2 y 16-3)

16-2 **왼 앞굽이 몸통 두번지르기 (몸통 반대지르기)**

16-3 **(몸통 바로지르기)**

<서기 제자리>

<서기 제자리>

17-1 "나" 방향 왼발 옮겨 돌아 왼앞서기 아래막기

Mover el pie izquierdo hacia "Na" para dar la vuelta, hacer wen ap seogi, ejecutar arae makki y enseguida momtong baro jireugi. (17-1 y 17-2)

17-2 이어서 몸통 바로지르기 (서기 그대로)

아래막고 지르기를 빠르고 강하게 연속으로 하는 기술을 아주 많이 연습하여 숙달시키세요.
동작의 연결 연습.

Se debe practicar en gran escala la combinación de bloqueos bajos y puños para obtener la habilidad suficiente.

18-1 "나" 방향 오른발 내디뎌 오른앞서기 아래막기

Poner el pie derecho adelante hacia "Na" para hacer oreun ap seogi, ejecutar arae makki y enseguida momtong baro jireugi. (18-1, 18-2)

18-2 이어서 몸통 바로지르기 (서기 그대로)

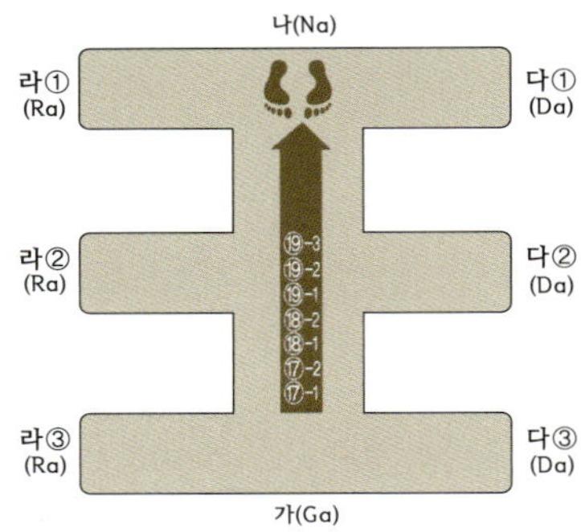

17-1, 17-2

<서기 제자리>

<서기 제자리>

17-1 「옆모습」 Vista lateral

17-2 「옆모습」 Vista lateral

18-1 「옆모습」 Vista lateral

18-2 「옆모습」 Vista lateral

<서기 제자리>

19-1 **"나" 방향 왼발 앞차고 내디뎌**

Ejecutar wenbal (izquierdo) ap chagi hacia "Na", bajar el pie para hacer wen ap seogi, ejecutar arae makki y enseguida momtong baro jireugi. (19-1, 19-2 y 19-3)

19-2 **왼 앞서기 아래막고**

다시 한번 기억!
아래막기 손의 시작점은 반대팔쪽 어깨 견봉점 위에 메주먹이 위치, 반대손은 자연스럽게 아래를 향해 준다. 아래손을 허리로 당겨주면서 동시에 아래막기를 한다. 아래막은 손의 위치는 앞발 대퇴부 위쪽에 위치.

19-3 **이어서 몸통 바로지르기 (서기자세 그대로)**

동작의 끝은 다음 동작의 시작임을 명심하자.
순간적인 힘의 집중(강)을 부드러움(유)으로 자연스럽게 전환하여 연결하면 숙련도가 높은 동작이다.

<서기 제자리>

19-1 「옆모습」 Vista lateral

19-2 「옆모습」 Vista lateral

19-3 「옆모습」 Vista lateral

20-1 **"나" 방향 오른발 앞차고 내디뎌**

Ejecutar oreunbal (derecho) ap chagi hacia "Na", bajar el pie para hacer oreun ap seogi, ejecutar arae makki y enseguida momtong baro jireugi (realizando el Kiap). (20-1, 20-2 y 20-3)

20-2 **오른 앞서기 아래막고**

20-3 **이어서 몸통 바로지르기 (서기 그대로) -기합**

바로 **오른발 제자리 "나" 의 위치에서 왼발을 끌어 시계 반대방향(왼쪽)으로 몸을 돌려 앞("가" 방향)을 보며 기본준비서기**

Baro: con el pie derecho en su lugar, girar el cuerpo hacia la izquierda desde la posición "Na", arrastrar el pie izquierdo mirando hacia la dirección de "Ga" y regresar al kibon jumbi seogi.

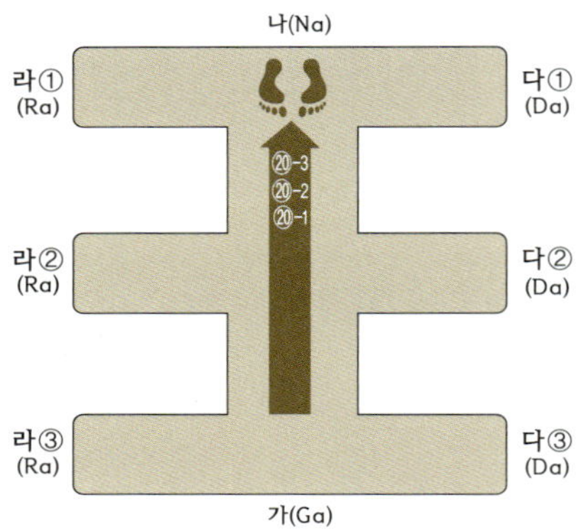

20-1 「옆모습」 Vista lateral

20-2 「옆모습」 Vista lateral

20-3 「옆모습」 Vista lateral

6. 꼬아서기 Kkoa seogi
(Posición cruzada)

1) 뒤꼬아서기 Dwikkoa seogi
(Posición cruzada por atrás)

앞으로 접근하거나 짓찧기 때 사용한다.

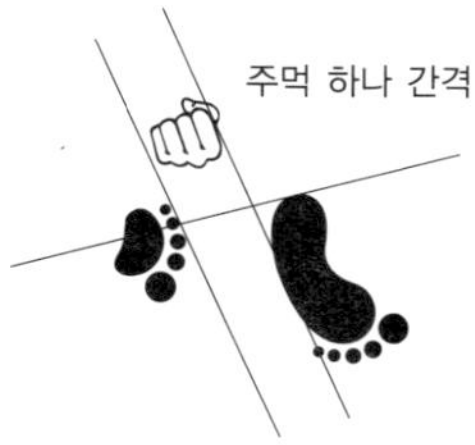

2) 앞꼬아서기 Apkkoa seogi
(Posición cruzada por adelante)

몸을 옆으로 이동할 때 사용한다.

7. 범서기 Beom seogi
(Posición del tigre)

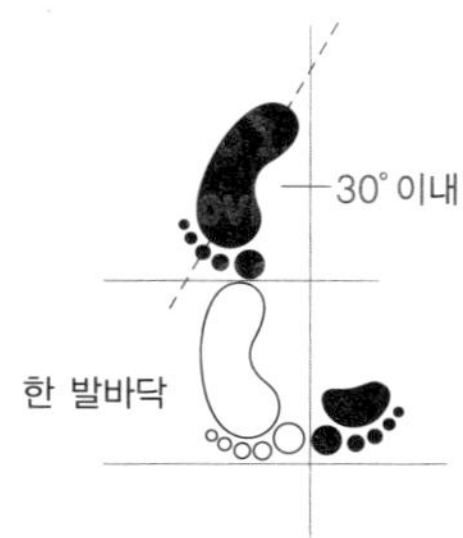

8. 모아서기 Moa seogi
(Posición cerrada)

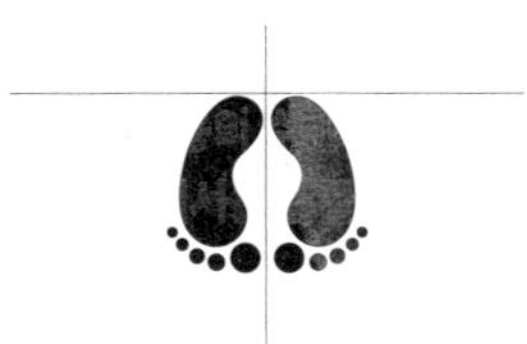

9. 주춤서기 Juchum seogi
(Posición de montar)

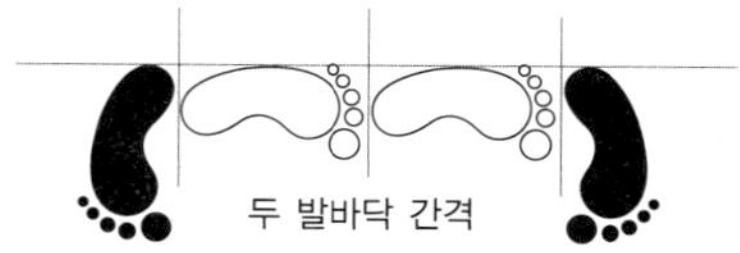

10. 학다리서기 Hakdari seogi
(Posición de la grulla)

반대발의 발날등이 중심을 지지하는 발 무릎에 가볍게 붙인다.

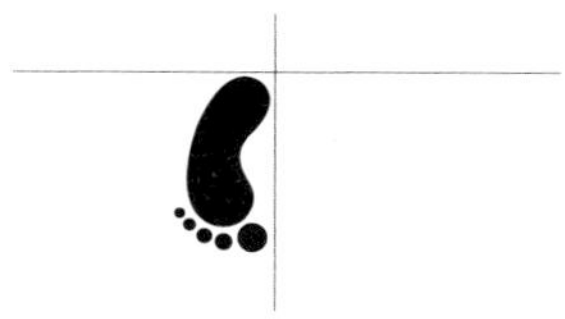

11. 곁다리서기 Kyotdari seogi
(Posición de asistencia)

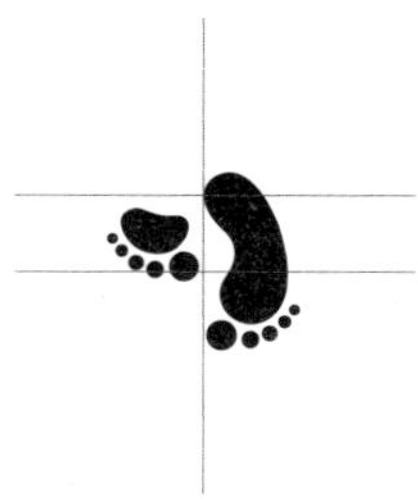

12. 오금서기 Ogeum seogi
(Posición de la grulla inversa)

학다리서기와 같으나 반대발이 중심을 지지하는 발 오금에 발등을 가볍게 붙인다.

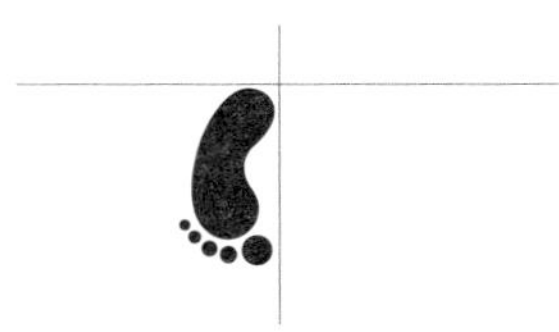

태극4장(진) ☳
(Teguk 4 jang "Jin")

태극 4 장은 "진"을 의미하며 "진"은 우레를 나타내고 큰 힘과 위엄 있는 뜻을 지니고 있다. 차원 높은 기술과 동작이 많으므로 겨루기에 대비하는 각종 동작과 서기가 특징이다. 또한 무겁고 힘찬 것을 뜻하기도 한다. 태극 4 장에서는 뇌성(우레)에 대하여 생각해 보고 연습해 보자. 특징은 손날막기, 편손끝 찌르기, 제비품 목치기, 옆차기, 몸통 바깥막기, 등주먹 얼굴 앞치기가 있다. 겨루기에 대비한 각종동작과 뒷굽이 서기가 많다는 것이 특징이다.

Teguk 4 jang simboliza el "Jin", uno de los 8 signos divinos, el cual representa el trueno, significando el gran poder y dignidad. Las nuevas técnicas son sonnal momtong makki, pyonsonkkeut tzireugi, jebipum mok chigi, yop chagi, momtong bakkat makki, dungjumok olgul ap chigi. Se caracteriza por varios movimientos de preparación para el kyorugi y gran cantidad de dwitkubi seogi.

♣ 태극4장에서 새로 나오는 동작

♣ 태극4장 품새진행선

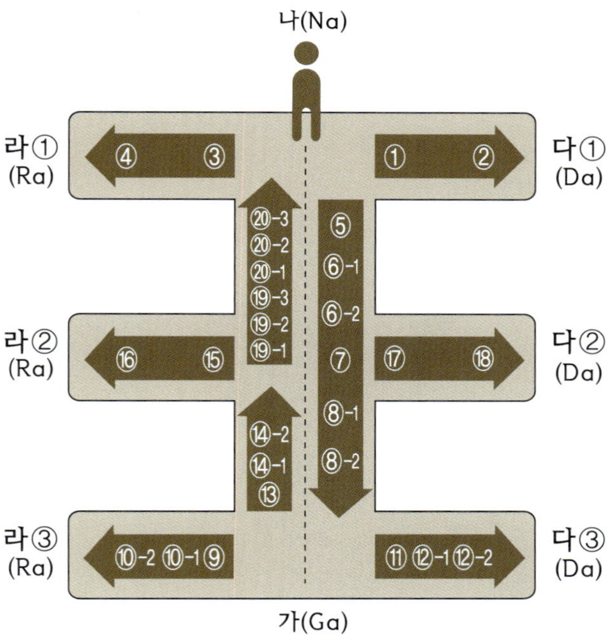

태극4장(진)
(Teguk 4 jang "Jin")

준비 **기본준비서기**
Jumbi: desde la posición "Na", mirando en dirección de "Ga" y realizar el kibon jumbi seogi.

1 **"다" 1방향 왼발 내디뎌 오른 뒷굽이 손날 막기**
Poner el pie izquierdo adelante hacia "Da1", hacer oreun dwitkubi y realizar sonnal makki.

2 **"다" 1방향 오른발 내딛으며 눌러막는 동시에 오른앞굽이 편손끝 세워찌르기**
Poner el pie derecho adelante hacia "Da1", realizar nulo makki, oreun ap kubi y ejecutar pyonsonkkeut sewo tzireugi.

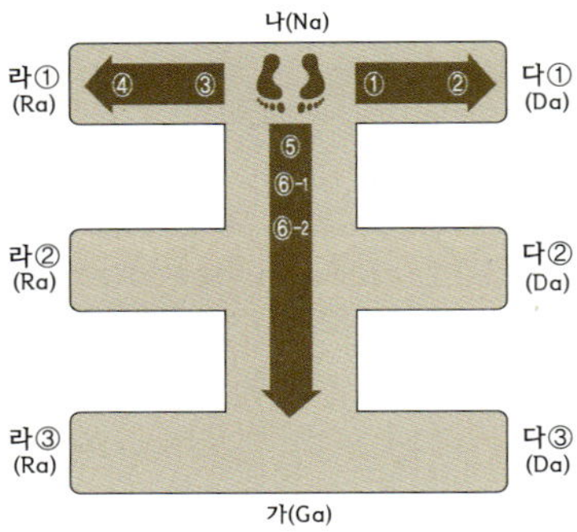

3 **"라1" 방향 오른발 옮겨 뒤로돌아 왼뒷굽이 손날 막기**
Mover el pie derecho hacia "Ra1" para dar la vuelta, hacer wen dwitkubi y ejecutar sonnal makki.

편손끝 세워찌르기- 찌르는 손과 누르는 손이 동시에, 즉 누름과 동시에 허리에서 앞으로 명치를 향하여 빠르게 찌르기를 한다.
Pyonsonkkeut sewo tzireugi – ambas manos deben estar sincronizadas.

4 **"라1" 방향 왼발 내딛으며 눌러막는 동시에 왼앞굽이 편손끝 세워찌르기**
Poner el pie izquierdo adelante hacia "Ra1", realizar nulo makki, wen ap kubi y ejecutar pyonsonkkeut sewo tzireugi.

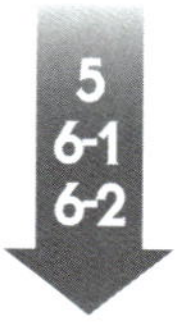

5 "가" 방향 왼발 옮겨돌아 왼앞굽이 제비품목치기

Mover la pierna izquierda para hacer ap kubi y ejecutar jebipum mok chigi.

규정동작 Movimiento

눌러 막고 편손끝 세워 찌르기
Nulo makki pyonsonkkeut sewo tzireugi (Bloqueo hacia abajo y mano de lanza)

- 손날 막고 눌러 막으며 편 손끝 세워 찌르기를 동시에 한다.
- Después del sonnal makki, hacer nulo makki y el pyonsonkkeut sewo tzireugi al mismo tiempo.

감점동작의 예 Factores de deducción

눌러 막고 편손끝 세워 찌르기
Nulo makki pyonsonkkeut sewo tzireugi (Bloqueo hacia abajo y mano de lanza)

- 눌러 막는 동시에 찌르기를 하지 않는 경우.
- 이 밖에 규정동작이 아닌 행위는 감점이 된다.
- Si no se ejecuta el nulo makki y el tzireugi al mismo tiempo.
- Cualquier otro movimiento que no se ha indicado anteriormente será un factor de deducción.

6-1 "가" 방향 오른발 앞차고 내디뎌

Ejecutar ap chagi derecho hacia "Ga", bajar el pie para hacer oreun ap kubi y ejecutar momtong baro jireugi. (6-1 y 6-2)

6-2 오른앞굽이 몸통 바로지르기

옆차기 찰 때 딛는 발 축의 회전과 (앞축을 중심으로) 허리 틀어짐이 동시에 이루어져야 강한 힘이 나온다.
Cuando ejecute la patada lateral (yop chagi), el eje debe ser utilizado con fuerza.

무릎을 들어서 찬다.
접을 때도 무릎이 아래로 향하지 않게

7 **"가" 방향 왼발 옆차기 차고**
En dirección de "Ga", realizar wenbal yop chagi.

7 / 8-1 / 8-2

연속 두 번 옆차기가 정확하고 빠르게 이어져야 숙련도가 높다.
Las dos patadas laterales en una fila deben ejecutarse rápidamente, lo cual se puede lograr sólo con gran esfuerzo y maestría.

양손은 가슴앞에 위치

8-1 **이어, 오른발 옆차기차고 내디뎌(왼발, 오른발 이어 옆차기)**
Ejecutar yop chagi derecho, bajar el pie (inmediatamente después del yop chagi izquierdo, realizar el yop chagi derecho), hacer wen dwitkubi y ejecutar sonnal makki. (8-1 y 8-2)

8-2 **"가" 방향 왼뒷굽이 손날막기**

규정동작 Movimiento

앞차고 몸통 안막기
Ap chago momtong an makki (Patada frontal y bloqueo del cuerpo hacia adentro)

- 물러 닫을 때 미끄럼 발을 하지 않는다.
- 막는 동작의 손발이 동시에 이뤄진다.
- 뒷굽이 몸통안막기가 바르게 이뤄진다.
- Al caer del ap chagi, no jalar el pie de base.
- La mano y el pie deben llegar al mismo tiempo.
- Dwtikubi momtong an makki se muestra correctamente.

감점동작의 예 Factores de deducción

앞차고 몸통 안막기
Ap chago momtong an makki (Patada frontal y bloqueo del cuerpo hacia adentro)

- 앞발을 뒤로 당기는 행위.
- 서기를 한 후 막는 행위.
- 뒷굽이가 정확하게 안 이루어진 경우.
- 이 밖에 규정동작이 아닌 행위는 감점이 된다.
- Si se jala el pie de base al caer del ap chagi.
- Si el makki se ejecuta después del seogi.
- Si el dwitkubi no es correcto.
- Cuando ejecute la patada lateral (yop chagi), el eje debe ser utilizado con fuerza.

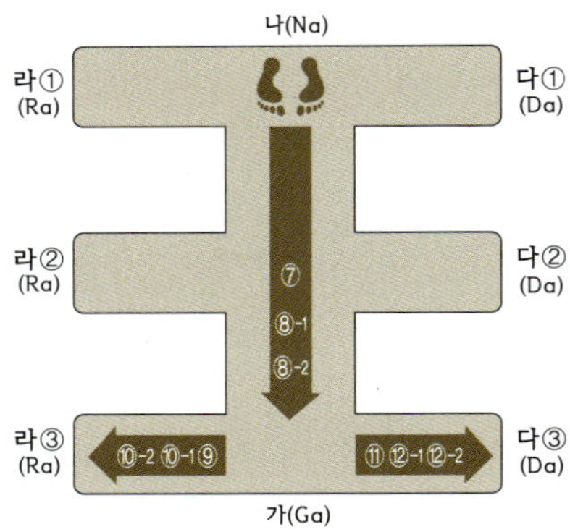

막을 때 상체가 안으로 틀어지지 않도록 뒷굽이 자세에서 몸의 방향은 약45도에서 막는다. 그 자세에서 몸통막기가 인체의 중앙에 오면 된다.
Al bloquear, para no girar la parte superior del cuerpo, se deberá mantener un ángulo de 45 grados en la postura de atrás.

막을 때 상체가 너무 틀어지지 않도록 (뒷굽이 상체 방향 45도 유지)
Al bloquear con una mano, el hombro del lado opuesto no debe inclinarse hacia atrás (mantener la parte superior del cuerpo en un ángulo de 45 grados en la postura de atrás).

10-2 제자리 물러디뎌 오른뒷굽이 몸통 안막기

손과 발이 동시에 이루어지도록. 그러기 위해서 앞차고 무릎을 접어주세요.

10-1 "라3" 방향 오른발 앞차고

Ejecutar ap chagi derecho hacia "Ra3", regresar el pie a la posición original para hacer oreun dwitkubi y ejecutar momtong an makki. (10-1, 10-2)

9 "라3" 방향 왼발 옮겨돌아 오른뒷굽이 몸통 바깥막기

Mover el pie izquierdo adelante hacia "Ra3" para girar, hacer oreun dwitkubi y ejecutar momtong bakkat makki.

11 "다3" 방향 두발 제자리 방향 바꿔 왼 뒷굽이 몸통 바깥막기

Manteniendo los dos pies en su posición, girar hacia "Da3" para hacer wen dwitkubi y ejecutar momtong an makki.

▶ 11
방향 전환 시 뒷굽이에서 뒷굽이 이므로 높이 변화(상,하)가 없이 할 것.
La altura no deberá variar al cambiar de dirección de una postura a otra.

12-1 "다3" 방향 왼발 앞차고

Ejecutar ap chagi izquierdo hacia "Da3", retroceder el pie (12-1), hacer wen dwitkubi y realizar momtong an makki. (12-2)

12-2 제자리 물려디뎌 왼 뒷굽이 몸통 안막기

▶ 12-2
발차고 뒤로 발을 뺐을 때 뒷굽이 자세에 유의!(빼는 힘에 의해 중심이 너무 뒤로 쏠리지 않도록 주의)
Tener cuidado de no perder el equilibrio de la postura de atrás al recoger la patada (no permitir que el impulso al recoger la patada lo incline para atrás).

13 "나" 방향 왼발 옮겨 디뎌 왼앞굽이 제비품목치기

Mover el pie izquierdo adelante hacia "Na", hacer wen ap kubi y ejecutar jebipum mok chigi.

제비품목치기 :
얼굴막기와 손날목치기 동시에 허리를 비틀어 주면 강한 동작이 나온다.

14-1 "나" 방향 오른발 앞차고 내디뎌

Ejecutar ap chagi derecho hacia "Na", bajar el pie para hacer oreun ap kubi y ejecutar dungjumok ap chigi. (14-1 y 14-2)

14-2 오른앞굽이 등주먹 앞치기

13 「옆모습」 vista lateral

14-1 「옆모습」 vista lateral

14-2 「옆모습」 vista lateral

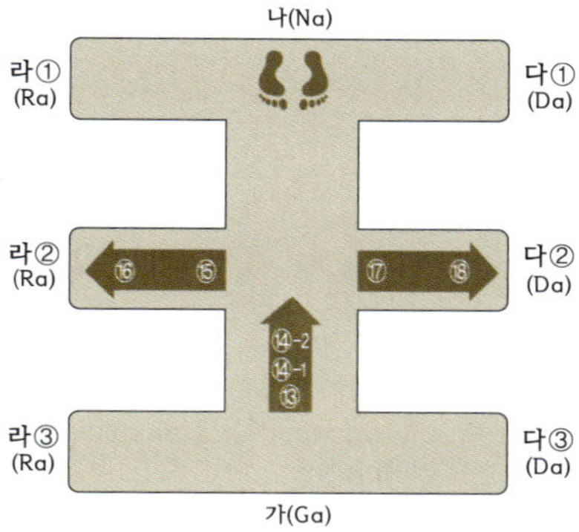

규정동작 Movimiento

등주먹 앞치기
Dungjumok ap chigi (Golpe en la cara con los nudillos)

- 치는 팔은 당기는 팔의 안쪽에서 행한다.
- 손목이 바르게 되어야 한다.
- El brazo que ataca se prepara desde el interior del brazo que se jala.
- La muñeca se muestra correctamente.

감점동작의 예 Factores de deducción

등주먹 앞치기
Dungjumok ap chigi (Golpe en la cara con los nudillos)

- 치는 팔이 당기는 팔의 바깥에서 하는 경우.
- 등주먹의 손목이 꺾여 있는 경우.
- 이 밖에 규정동작이 아닌 행위는 감점이 된다.
- Si el brazo que ataca se preparer desde el exterior del brazo que jala.
- Si la muñeca no está recta en dungjumok.
- Cualquier otro movimiento que no se ha indicado anteriormente será un factor de deducción

16 **"라2" 방향 두발제자리 왼 앞서기(그대로) 몸통 바로지르기**

Manteniendo los dos pies en su lugar hacia "Ra2", en wen ap seogi, ejecutar momtong baro jireugi.

15 **"라2" 방향 왼발 옮겨 딛고 왼 앞서기 몸통막기**

Mover el pie izquierdo hacia "Ra2", hacer wen ap seogi y ejecutar momtong an makki.

17 **"다2" 방향 제자리 방향바꿔 오른 앞서기 몸통막기**

Manteniendo la posición hacia "Da", hacer oreun ap seogi y ejecutar momtong an makki y baro jireugi.

18 **"다2" 방향 두발제자리 오른앞서기 (그대로) 몸통 바로지르기**

Manteniendo los dos pies en su lugar hacia "Da", en oreun ap seogi, ejecutar momtong baro jireugi.

19-3 **(몸통반대지르기)**

「옆모습」
Vista lateral

동작의 연결은
부드럽고, 빠르고, 강하게
combinación de los movimientos debe ser natural.

19-2 **몸통 두번지르기**
(몸통바로지르기)

「옆모습」
Vista lateral

19-1 **"나" 방향 왼발 옮겨디뎌 왼앞굽이 몸통막기하고 이어서**

Mover el pie izquierdo hacia "Na", hacer wen ap kubi, realizar momtong makki y enseguida ejecutar momtong dubon (dos veces) jireugi. (19-1, 19-2, 19-3)

「옆모습」
Vista lateral

19-1·2·3 동작은 연결해서 한다.

20-3 (몸통반대지르기) 기합

「옆모습」
Vista lateral

바로 오른발 제자리 "나의 위치" 에서 몸 왼쪽으로 돌며"가" 방향 바라보며 기본준비서기

Baro: manteniendo el pie derecho en su lugar, girar el cuerpo hacia la izquierda desde la posición "Na", mirar hacia "Ga" y regresar al kibon jumbi seogi.

20-2 몸통두번지르기
(몸통바로지르기)

「옆모습」
Vista lateral

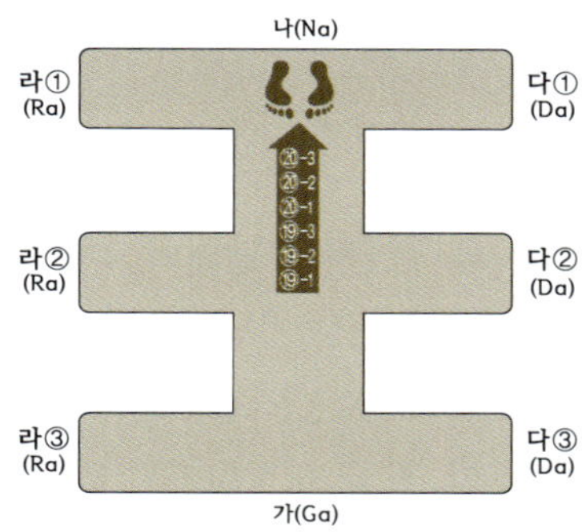

20-1 "나" 방향 오른발 옮겨디뎌
오른 앞굽이 몸통막기 이어서

「옆모습」
Vista lateral

Mover el pie derecho hacia "Na", hacer oreun ap kubi, realizar momtong makki y enseguida ejecutar momtong dubon (dos veces) jireugi. (20-1, 20-2, 20-3)

20-1·2·3 동작은 연결해서 한다.

태극5장(손) ☴
(Teguk 5 jang "Son")

태극 5 장은 팔괘의 "손"을 의미하여 "손"은 바람을 나타내고 바람의 강약에 따라 위세와 고요의 뜻을 지닌다.
힘의 강약을 조절할 수 있는 수련단계라 할 수 있다. 특징은 메 주먹 내려치기, 팔굽 돌려 치기, 팔굽 표적치기가 있고 서기는 꼬아서기와 왼, 오른 서기가 있다. 차기를 한 후에 아래 막고 몸통 막기가 연속되는 동작과 뛰어 구르면서 치는 동작이 특수하고 표적치기 시에는 표적이 움직이지 않게 주의해야 한다.

Teguk 5 jang simboliza el "Son", uno de los 8 signos divinos, el cual representa el viento, significa tanto la fuerza y la calma, según su fortaleza y debilidad.
Las nuevas técnicas son mejumeok nerio chigi, palkup dollyo chigi, palkup pyojeok chigi y posiciones como kkoa seogi, wen seogi y oreun seogi. Se caracteriza por los makkis continuos como el arae makki y momtong makki y también el chigi que cae tras correr.cae tras correr.

♣ 태극5장에서 새로 나오는 동작

♣ 태극5장 품새진행선

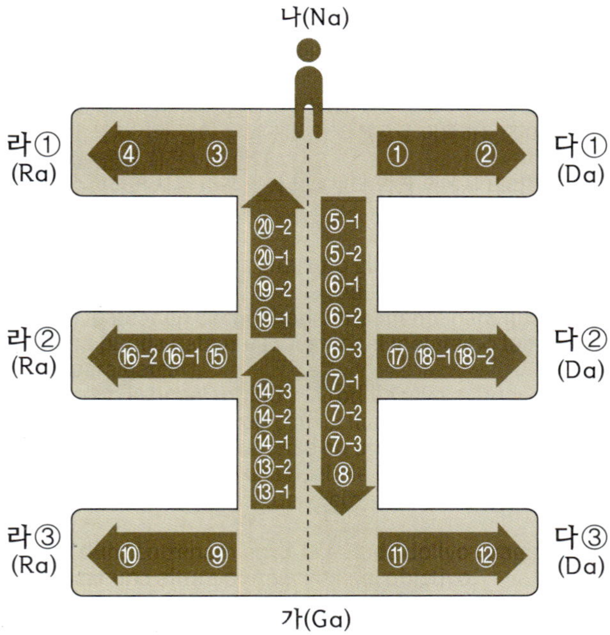

태극5장(손)
(Teguk 5 jang "Son")

준비 **기본준비서기**
Jumbi: desde la posición "Na", mirando en dirección de "Ga" y realizar el kibon jumbi seogi.

1 **"다1"방향 왼발 옮겨디뎌 왼앞굽이 아래막기**
Mover el pie izquierdo hacia "Da1", hacer wen ap kubi y ejecutar arae makki.

2 **"다1"방향 왼발 반걸음 끌어들여 왼서기 메주먹내려치기**
Arrastrar un paso el pie izquierdo hacia "Da1" para hacer wen seogi y realizar mejumeok neryo chigi.

4 **"라1"방향 오른발 반걸음 끌어들여 오른서기 메주먹내려치기**
En dirección de "Ra", arrastrar el pie derecho en un paso, hacer oreun seogi y ejecutar mejumeok neryo chigi.

3 **"라1"방향 오른발 내디뎌 방향바꿔 오른앞굽이 아래막기**
Poner el pie derecho adelante hacia "Ra1" cambiando de dirección, hacer oreun ap kubi y ejecutar arae makki.

5-1
5-2
6-1
6-2
6-3

5-1 **"가"방향 왼발 내디뎌 왼앞굽이 몸통막기**

En dirección de "Ga", poner el pie izquierdo adelante para hacer wen ap kubi, ejecutar momtong makki y enseguida otro momtong makki. (5-1 y 5-2)

5-2 **이어서 몸통안막기**

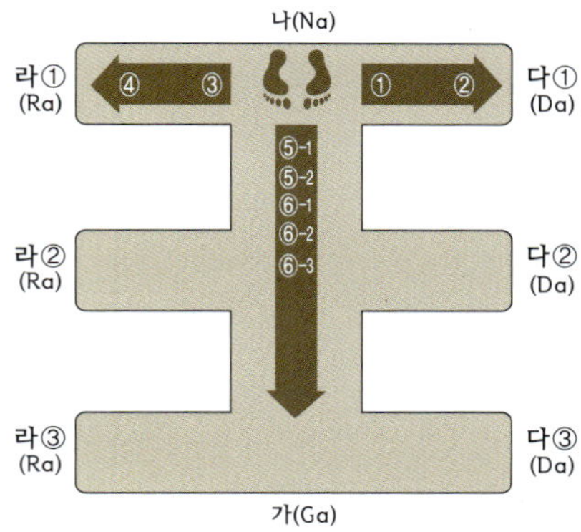

6-1 **"가"방향 오른발 앞차기 차고 내딛으며**

En dirección de "Ga", ap chagi derecho, luego caer en oreun ap kubi, realizar dungjumok ap chigi y enseguida momtong makki. (6-1, 6-2 y 6-3)

(중간동작)

6-2 **오른 앞굽이 등주먹 앞치기**

6-3 **이어서 몸통 안막기**

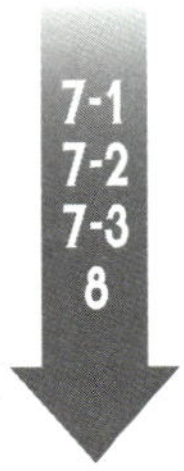

7-1 **"가"방향 왼발 앞차기 차고 내딛으며**

En dirección de "Ga", ap chagi izquierdo, caer en wen ap kubi, realizar dungjumok ap chigi y enseguida momtong makki. (7-1, 7-2 y 7-3)

(중간동작)

서기 Seogi

***앞굽이 Ap kubi**

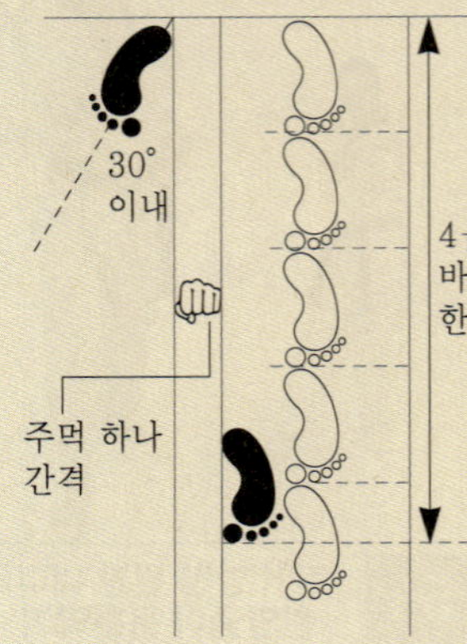

***뒷굽이 Dwitkubi**

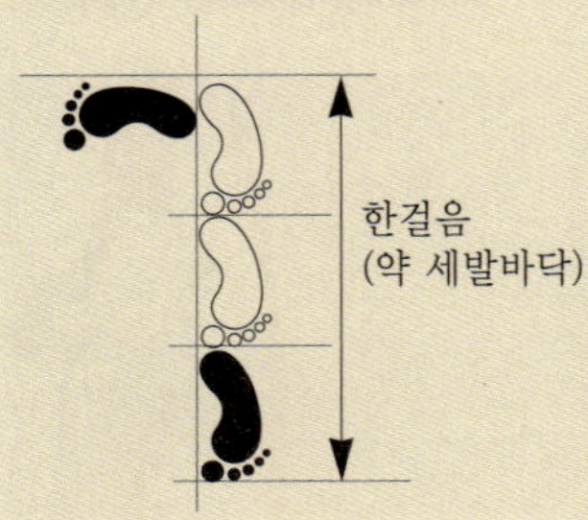

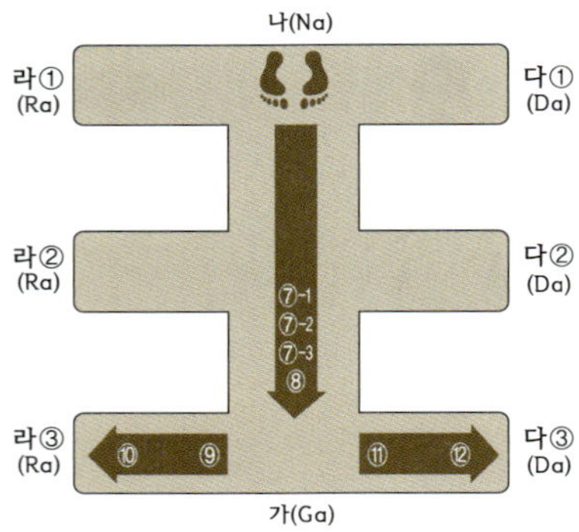

7-2 **왼 앞굽이 등주먹앞치기**

<서기 제자리>

7-3 **이어서 몸통안막기**

8 **"가"방향 오른발 내디뎌오른앞굽이 등주먹앞치기**

En dirección de "Ga", poner el pie derecho adelante para hacer oreun ap kubi y ejecutar dungjumok ap chigi.

규정동작 Movimiento

한손날막고 팔굽 얼굴 돌려치기
Hansonnal mako palkup olgul dollyo chigi (Bloqueo cuchillo con una sola mano y golpe a la cara con el codo)

- 한손날 바깥막기 후 가슴 앞에서 오른 주먹을 왼 손바닥에 가볍게 대고 팔굽은 어깨높이로 돌려친다.
- hansonnal bakkat makki, colocar el puño derecho en la mano izquierda delante del pecho y golpear con el codo a la altura del hombro.

10 **"라3"방향 오른발 내디뎌 오른앞굽이 팔굽 돌려치기**

En dirección de "Ra3", poner el pie derecho adelante para hacer oreun ap kubi y ejecutar palkup dollyo chigi.

9 **"라3"방향 왼발 옮겨돌아 오른뒷굽이 한손날바깥막기**

En dirección de "Ra3", mover el pie izquierdo para girar en oreun dwitkubi y ejecutar hansonnal bakkat makki.

▲방향전환 시 높이 유지하면서 회전한다. - 앞축을 사용하여 회전

감점동작의 예 Factores de deducción

한손날막고 팔굽 얼굴 돌려치기
Hansonnal mako palkup olgul dollyo chigi (Bloqueo cuchillo con una sola mano y golpe a la cara con el codo)

- 막은 손을 당겨서 공격 손의 주먹을 잡거나 허리가 틀어지지 않은 경우.
- 이 밖에 규정동작이 아닌 행위는 감점이 된다.
- Si se sostiene el puño jalando la mano de bloqueo o si no se gira la cintura.
- Cualquier otro movimiento que no se ha indicado anteriormente será un factor de deducción.

11 **"다3"방향 오른발 옮겨 뒤로 돌아 왼뒷굽이 한손날 바깥막기**

En dirección de "Da3", mover el pie derecho para girar en wen dwitkubi y ejecutar hansonnal bakkat makki.

12 **"다3"방향 왼발 내디뎌 왼 앞굽이 팔굽돌려치기**

En dirección de "Da3", poner el pie izquierdo adelante para hacer wen ap kubi y ejecutar palkup dollyo chigi.

팔굽돌려치기(요령) : 팔굽치기를 강하게 하려면 공격시 팔굽으로만 치려 하지 말고 허리를 틀어주며 공격한다.

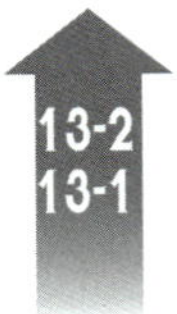

<서기 제자리>

13-1 **"나"방향 왼발 옮겨돌아 왼앞굽이 아래막기 이어서**

En dirección de "Na", mover el pie izquierdo para girar en wen ap kubi, ejecutar arae makki y luego momtong makki. (13-1 y 13-2)

13-2 **몸통안막기**

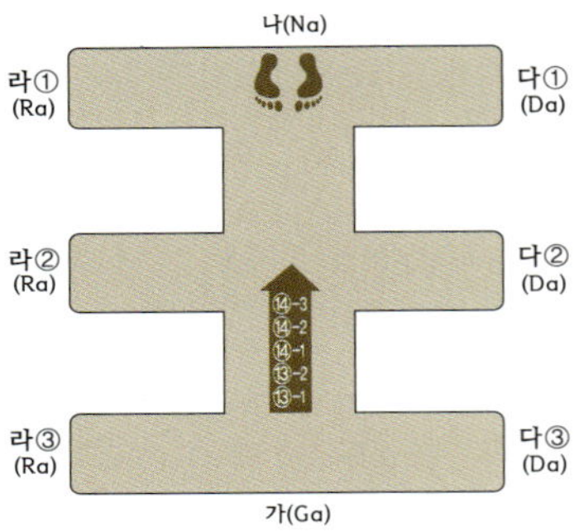

13-1 「옆모습」 Vista lateral

<서기 제자리>

13-2 「옆모습」 Vista lateral

<서기 제자리>

14-1 **"나"방향 오른발 앞차기 차고, 내딛으며**

En dirección de "Na", ap chagi derecho, caer en oreun ap kubi, ejecutar arae makki y luego momtong makki. (14-1, 14-2 y 14-3)

14-2 **오른앞굽이 아래막기**

14-3 **이어서 몸통 안막기**

<서기 제자리>

14-1 「옆모습」
Vista lateral

14-2 「옆모습」
Vista lateral

14-3 「옆모습」
Vista lateral

팔굽표적치기 Golpe con el codo

1. 옆차기 차고 접어서 놓으면서 동시에 팔굽표적치기를 한다.
   Al finalizar la patada lateral, ejecutar el golpe con el codo.
2. 어깨와 팔굽으로만 팔굽치기를 치지 말고 허리를 돌려주면서 친다.
   No utilizar solo el codo, sino girar la cintura al golpear.
3. 옆차기 후 뻗었던 팔의 손을 펴서 손바닥에 허리를 틀며 팔꿈치로 친다.
   Abrir la mano que se estira al patear, golpear la palma con el codo.
4. 팔꿈치가 명치를 향하도록 허리를 틀어야 한다.
   Deberá girar la cintura para que el codo apunte la boca del estómago.

옆차기 후 발을 놓을 때 앞굽이 자세가 정확히 나오도록 한다.
Al finalizar la patada lateral, deberá intentar tomar una postura precisa hacia adelante (apkubi).

다리와 팔이 나란히 수평이 되게 뻗어준다
El brazo y la pierna deberán estar horizontalmente rectos.

옆차기와 동시에 메주먹으로 바깥을 친다
Con la patada lateral sincronizada con el puño martillo (mejumeok), el puño se estira como si se golpeara hacia afuera.

16-2 오른앞굽이 팔굽표적치기

16-1 "라2" 방향 오른발 옆차기차고 내디뎌
En dirección de "Ra2", yop chagi derecho, caer en oreun ap kubi y ejecutar palkup pyojeok chigi. (16-1 y 16-2)

15 "라2" 방향 왼발 옮겨디뎌 왼앞굽이 얼굴막기
En dirección de "Ra2", mover el pie izquierdo hacia adelante en wen ap kubi y ejecutar olgul makki.

17 "다2" 방향 오른발 옮겨 뒤로돌아 오른 앞굽이 얼굴막기
En dirección de "Da2", mover el pie derecho para dar la vuelta, hacer oreun ap kubi y ejecutar olgul makki.

18-1 "다2" 방향 왼발 옆차기 차고 내디뎌
En dirección de "Da2", yop chagi izquierdo, caer en wen ap kubi y ejecutar palkup pyojeok chigi. (18-1y 18-2)

18-2 왼 앞굽이 팔굽 표적치기

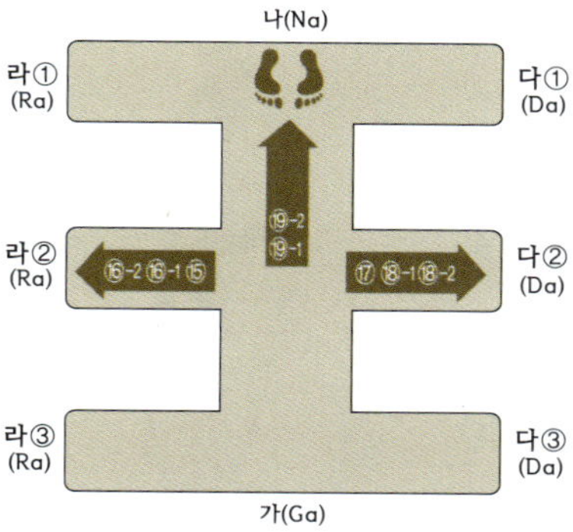

19-2 **이어 몸통안막기**

「옆모습」
Vista lateral

규정동작 Movimiento

옆차고 팔굽표적치기
Yop chago palkup pyojeok chigi
(Patada lateral y golpe con el codo)

- 옆차기 찰 때 차는 발쪽 팔을 메주먹 돌려 치는 형태로 팔을 펴준다.
- 허리를 틀며 팔굽을 친다.
- Cuando se ejecute el yop chagi, el brazo del lado que patea se estira en forma de mejumeok dollyo chigi, paralelo a la patada.
- Girar la cintura y golpar con el codo.

감점동작의 예 Factores de deducción

옆차고 팔굽표적치기
Yop chago palkup pyojeok chigi
(Patada lateral y golpe con el codo)

- 메주먹을 돌려 치지 않거나 주먹을 지르는 행위.
- 허리는 틀지 않고 표적만 당겨 치는 행위.
- 이 밖에 규정동작이 아닌 행위는 감점이 된다.
- Si se golpea el mejumeok girando o como puño.
- Si el golpe se realiza jalando el objetivo y no girando la cintura.
- Cualquier otro movimiento que no se ha indicado anteriormente será un factor de deducción.

19-1 **"나" 방향 왼발 옮겨돌아 왼앞굽이 아래막기**

En dirección de "Na", mover el pie izquierdo para girar en wen ap kubi, ejecutar arae makki y enseguida el momtong makki. (19-1 y 19-2)

「옆모습」
Vista lateral

20-2 **내려 짓찌며 뒤꼬아서기 등주먹 앞치기 기합**

「옆모습」 Vista lateral

「앞모습」 Vista frontal

뒤꼬아서기 Posición cruzada por atrás

1. 찬 발 발날로 짓찧기를 하면서 빠르게 뒷발이 따라와 제동을 걸어준다.
   Pisar el suelo con la parte externa del pie y deberá cortar rápidamente el impulso de su cuerpo con el pie trasero.
2. 무릎과 무릎 사이는 주먹하나 간격
   La distancia entre ambas piernas es de un puño.
3. 몸방향 약 45°정도. 앞발 발끝도 약 45도 방향 정도를 향한다.
   El cuerpo deberá estar inclinado al lado, y la punta del pie de adelante también deberá estar orientada hacia el mismo lado.

규정동작 Movimiento

등주먹 앞치기
Dungjumok ap chigi (Golpe con los nudillos)

- 발날로 내려 짓찧고 뒤꼬아서며 동시에 등주먹을 친다.
- Pisar con el borde del pie y ejecutar el dwikkoa seogi y el dungjumok ap chigi al mismo tiempo.

감점동작의 예 Factores de deducción

등주먹 앞치기
Dungjumok ap chigi (Golpe con los nudillos)

- 메뒤꼬아선 앞발의 발끝이 상대방과 직선상에 있거나 두발이 동시에 공중에 뜬 경우.
- 이 밖에 규정동작이 아닌 행위는 감점이 된다.
- Si el pie de adelante del dwikkoa seogi está mirando hacia la dirección en línea recta o si ambos pies están en el aire.
- Cualquier otro movimiento que no se ha indicado anteriormente será un factor de deducción.

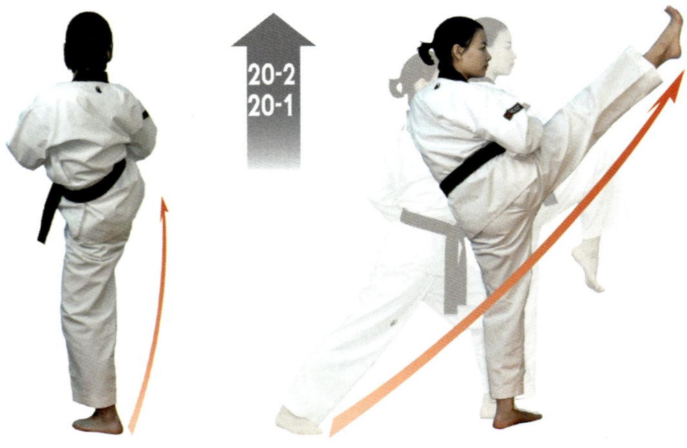

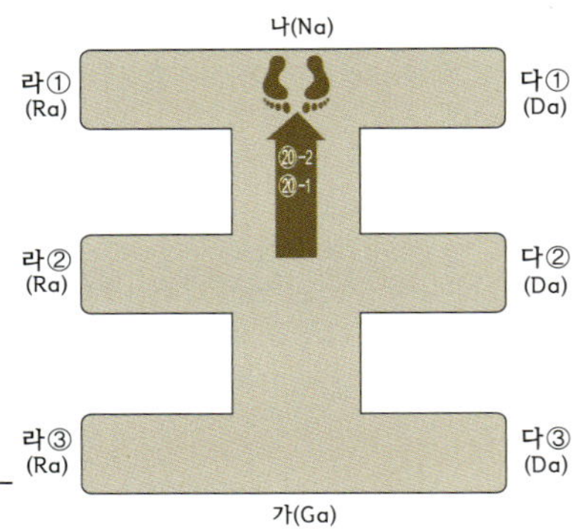

20-1 **"나" 방향 오른발 앞차기차고 한걸음 뛰어나가**

En dirección de "Na", ap chagi derecho, saltar un paso hacia adelante, bajar pisando fuerte en dwikkoa seogi y ejecutar dungjumok ap chigi (realizando el Kiap). (20-1 y 20-2)

「옆모습」 Vista lateral

바로 **바로 "나" 의 위치에서 몸을 왼쪽으로 돌려 "가"방향을 바라보며 (기본준비서기)**

Baro: Posición "Na", girar por la izquierda hacia "Ga" y realizar kibon jumbi seogi.

앞차기 Ap Chagi (Patada frontal)

규정동작 Movimiento

앞차기 Ap Chagi (Patada frontal)

가. 차는 다리의 무릎을 접어 끌어올려 가슴에 가까이 올 때 접었던 무릎을 펴면서 앞으로 내뻗는다. 발의 이동 궤도는 목표를 향하여 일직선이다.
나. 발가락을 젖힌 앞축으로 목표를 맞춘다.
다. 찬 발은 반작용으로 무릎을 접어 끌면서 먼저 자리에 놓는다.
라. 딛고 있는 다리는 차기 전이나 찬 후 무릎을 펴면 중심이 위로 떠서 힘이 약하며 넘어지기 쉽다. 또는 후속 조치를 취하기가 불리하다.
마. 딛고있는 다리의 뒤축은 바닥에서 떨어지게 하고 앞축을 축으로 발바닥이 회전할 수 있도록 도와주었다가 차고 난 다음 다시 원위치로 돌아오게 한다.

a. Primero, levantar la rodilla flexionada hasta el pecho e inmediatamente empujar el pie hacia adelante, estirando totalmente la pierna. La trayectoria de la patada debe ser en línea recta.
b. Patear el objetivo con el metatarso. La ingle, el abdomen, la boca del estómago, el mentón, etc., son puntos objetivos.
c. La pierna con la que se patea regresa por reacción a la posición original; sin embargo, el pie puede ser ubicado donde al atacante le resulte más fácil realizar el siguiente movimiento. Si el atacante pierde el equilibrio durante la patada o retira el pie, la patada no es perfecta.
d. La pierna de apoyo en el suelo no deberá estar con la rodilla totalmente estirada antes y durante la patada porque al estar en una posición vertical es más probable una caída del atacante o una disminución en el impacto de la patada. Tampoco es fácil realizar el siguiente movimiento.
e. Si la pierna de base está apoyada por la planta del pie, el peso se aplica en la articulación de la cadera y de la rodilla, en este caso, la patada es lenta y sin potencia. A veces, la articulación de la rodilla o de la cadera se rompe, por eso, es necesario levantar ligeramente el talón estirando el tobillo para que la planta anterior pueda girar en el momento de la patada y luego la planta trasera tocará el suelo nuevamente después de la patada. Sin embargo, uno debe tener cuidado de no estirar demasiado el tobillo porque puede levantar el peso centro.

감점동작의 예 Factores de deducción

앞차기 Ap Chagi (Patada frontal)

가. 규정동작과 다를 때.
a. Cualquier otro movimiento que no se ha indicado anteriormente será un factor de deducción.

태극6장(감) ☵
(Teguk 6 jang "Kam")

태극 6 장은 "감"을 의미하며 "감"은 물을 나타내고 끊임없이 흐르는 유연함을 뜻한다. 만물의 생명원인 물의 특성처럼 기술의 연결이 물 흐르듯 해야 한다. 또한 물의 흐름은 "정" 적인 것이다. 그러나 그 물은 자연의 섭리에 따라서 성질을 달리하게 한다. 특징은 얼굴 비틀어막기, 돌려차기, 얼굴 바깥막기, 바탕손 몸통막기가 있고 품새의 중간에 나란히 서기가 나온다. 유의할 점은 돌려 차고 난 다음에 찬 발을 정확히 앞으로 내딛기와 바탕손 몸통막기를 할 때에 막는 부위가 명치와 같은 높이가 되게 한다.

Teguk 6 Jang simboliza el "Kam", uno de los 8 signos divinos, el cual representa el agua, significando el flujo continuo del caudal y suavidad. Las nuevas técnicas son hansonnal olgul bakkat makki, dollyo chagi, olgul bakkat makki, batangson momtong an makki y un naranhi seogi en la mitad del poomsae. Tener cuidado al bajar el pie correctamente después del dollyo chagi y al ejecutar el batangson momtong makki, la altura de la mano tiene que estar a la altura de la boca del estómago.

♣ 태극6장에서 새로 나오는 동작

♣ 태극6장 품새진행선

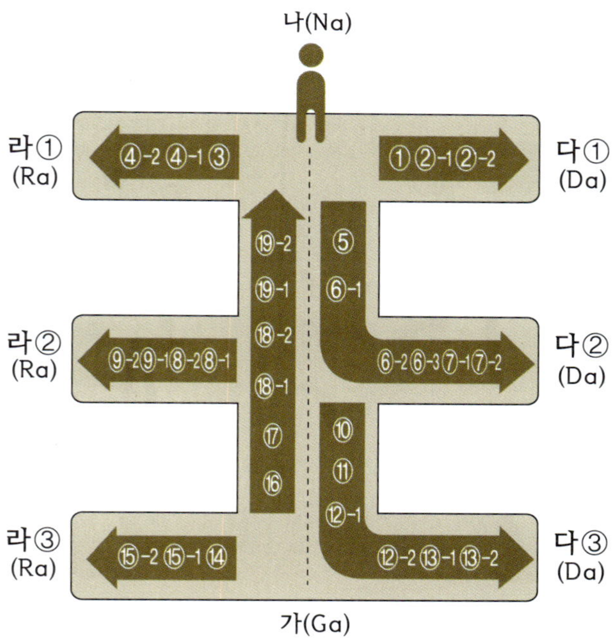

태극6장(감)
(Teguk 6 jang "Kam")

준비 기본준비서기

Jumbi: desde la posición "Na", mirar hacia la dirección de "Ga" y realizar el kibon jumbi seogi.

규정동작 Movimiento

앞차기·몸통바깥막기
Apchagi · Momtong Bakkatmakki(Patada frontal Bloqueo externo del cuerpo)

- 앞차기 후 물려디뎌 오른뒷굽이 몸통바깥막기를 연속으로 이어서 해야 한다.(바깥막기 손과 뒷굽이 딛는 발이 동시에 한다)
- Después del ap chagi, al realizar el oreun dwitkubi, el momtong bakkat makki se ejecuta de inmediato. (la mano del bakkat makki y la caída del pie del dwitkubi tienen que realizarse al mismo tiempo).

감점동작의 예 Factores de deducción

앞차기·몸통바깥막기
Apchagi · Momtong Bakkatmakki(Patada frontal Bloqueo externo del cuerpo

- 찬 발의 착지와 막기동작이 동시에 이루어지지 않을 때.
- 이밖에 규정동작이 아닌 행위는 감점이 된다.
- Si el pie que cae después de patear y el makki no terminan al mismo tiempo.
- Cualquier otro movimiento que no se ha indicado anteriormente será un factor de deducción.

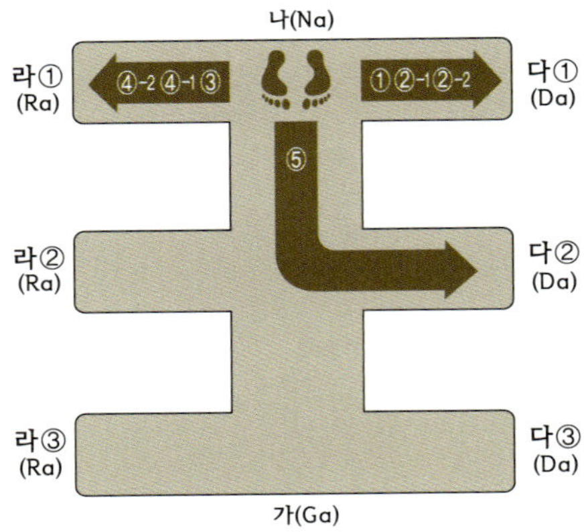

1, 2-1, 2-2

1 "다1 "방향 왼발 내디뎌 왼앞굽이 아래막기

En dirección de "Da1", poner el pie izquierdo adelante en wen ap kubi y ejecutar arae makki.

2-1 "다1"방향 오른발 앞차기 차고

En dirección de "Da1", ap chagi derecho, regresar el pie hacia atrás para hacer oreun dwitkubi y ejecutar momtong bakkat makki. (2-1 y 2-2)

2-2 물려디뎌 오른뒷굽이 몸통바깥막기

3 **"라1" 방향 오른발 반 발바닥 내디뎌 방향바꾸어 오른앞굽이 아래막기**

En dirección de "Ra1", poner el pie derecho medio paso adelante, cambiando de dirección en oreun ap kubi y ejecutar arae makki.

4-1 **"라1" 방향 왼발 앞차기 차고**

En dirección de "Ra1", ap chagi izquierdo, regresar el pie hacia atrás para hacer wen dwitkubi y ejecutar momtong bakkat makki. (4-1, 4-2)

4-2 **물러디뎌 왼뒷굽이 몸통바깥막기**

각 무릎도 발의 방향과 같게 90°유지

앞차고 찬발을 뒤로 놓을 때 뒷굽이자세 유의해서 발을 놓아야 한다.

뒷굽이 자세 연습하기는 체중이 뒷다리에 많이 실리므로 뒤로 이동하는데 편리하여 방어에 많이 사용된다.
서기 명칭의 기준은 두다리를 앞뒤로 벌려 설때는 오른서기와 왼서기로 구별되는데 모두 앞에 나와 있는 다리를 기준으로 한다.
그런데 뒷굽이만은 예외로 뒤에 있는 다리를 기준으로 표시한다. 예로 왼다리가 앞에 있고 오른다리가 뒤에 있으면 오른뒷굽이,
반대로 오른 다리가 앞에 있고 왼다리가 뒤에 있으면 왼뒷굽이로 표현한다.

손날이 인중 높이에 위치, 바깥막기의 끝선인 어깨선과 일치

El borde externo de la mano deberá estar sobre el labio y en la misma línea del hombro.

비틀어막기이므로 허리를 틀어 줌

Se debe girar la cintura porque es un bloqueo utilizando el giro.

5 **"가" 방향 왼발 옮겨 디뎌 왼앞굽이 오른 한손날 얼굴비틀어막기**

En dirección de "Ga", mover el pie izquierdo para hacer wen ap kubi y ejecutar oreun hansonnal bitro makki.

규정동작 Movimiento

한손날 얼굴비틀어 막기
Hansonnal olgul bitro makki (bloqueo cuchillo con una mano, girando el cuerpo)

- 앞굽이 비틀어막기는 손을 교차하여 손날이 얼굴높이가 되어야 하며 어깨선이 45°정도 된다.
- Ap kubi bitro makki se ejecuta cruzando la mano y bloqueando a la altura del rostro. La línea del hombro está es 45 grados.

감점동작의 예 Factores de deducción

한손날 얼굴비틀어 막기
Hansonnal olgul bitro makki (bloqueo cuchillo con una mano, girando el cuerpo)

- 손날막기를 한손으로만 하는 행위.
- 팔굽이 바깥쪽으로 들리는 행위.
- 비틀어막기의 어깨가 충분히 틀어지지 않는 동작이나 막기가 몸의 바깥으로 나가는 동작.
- 이 밖에 규정동작이 아닌 행위는 감점이 된다.
- Si al ejecutar el sonnal makki se usa solo una mano.
- Si el codo está levantado hacia afuera.
- Si al hacer el bitro makki el hombro no se gira lo suficiente hacia adentro o si el makki sale de la línea del cuerpo.
- Cualquier otro movimiento que no se ha indicado será un factor de deducción.

태극6장은 유일하게 돌려 차기가 나오는 품새
Teguk 6 jang es el único poomsae que tiene dollyo chagi.

얼굴돌려차기라 명시되어 있으므로 얼굴을 가격하여야 한다.
El objetivo de la patada es a la cara.

6-1, 6-2, 6-3 동작은 연결동작이다.
끊어짐이 없이 자연스럽게 연결 되야 숙련된 동작이다.

<서기 제자리>

6-1 "가" 방향 오른발 얼굴돌려차고 "가" 방향으로 한걸음 반 내딛고

En dirección de "Ga", dollyo chagi derecho, poner el pie un paso y medio adelante hacia "Ga", mover el pie izquierdo hacia "Da2" para hacer wen ap kubi y ejecutar olgul bakkat makki seguido de momtong baro jireugi. (6-1, 6-2 y 6-3)

6-2 이어 "다2" 방향으로 왼발 옮겨딛고 왼앞굽이 얼굴바깥막기

6-3 이어 몸통 바로지르기

대부분의 발차기는 높이가 명시되어 있지 않다. 본인의 능력을 허용범위로 두었기 때문이다. 몸통이든지 얼굴이든지 상관없다. 그러나 명시되어 있는 발차기는 명시된 부위를 차야한다. 품새대회에서는 얼굴을 기준으로 한다.

La mayoría de las patadas no tienen un criterio de altura fija, esto es porque puede variar de persona en persona, pero algunas patadas tienen los objetivos fijos como "cara" o "tronco". Para estas patadas, deberá apuntar a dichas alturas.

규정동작 Movimiento

얼굴돌려차기
Olgul dollyo chagi
(Patada circular a la cara)

- 얼굴돌려차기 후 착지는 한걸음반 앞으로 내디기로 한다.(시선은 정면을 향해서 보며 정확히 한다)
- Después del olgul dollyo chagi, caer un paso y medio hacia adelante (mantener la mirada hacia adelante y realizar el movimiento con precisión)

얼굴바깥막기·몸통지르기
Olgul Bakkatmakki, Momtong Jireugi
(Bloqueo a la cara hacia afuera, puño al cuerpo)

- 얼굴바깥막기와 몸통지르기는 연결 동작으로 이루어져야 한다.
- El olgul bakkat makki y el momtong jireugi se realizan en movimientos continuos.

감점동작의 예 Factores de deducción

얼굴돌려차기
Olgul dollyo chagi
(Patada circular a la cara)

- 돌려차기를 한 후 착지시 두발을 모으는 행위.
- 차기후 전방으로 착지를 하지 않고 도는 방향으로 바로 착지하는 경우.
- 이 밖에 규정동작이 아닌 행위는 감점이 된다.
- Si al bajar del dollyo chagi, ambos pies están juntos.
- Si el pie que patea, al bajar, se coloca en la dirección del giro y no hacia adelante.
- Cualquier otro movimiento que no se ha indicado anteriormente será un factor de deducción.

얼굴바깥막기·몸통지르기
Olgul Bakkatmakki, Momtong Jireugi
(Bloqueo a la cara hacia afuera, puño al cuerpo)

- 얼굴바깥막기를 한손으로만 하는 행위
- 잘못된 얼굴바깥막기 동작을 취했을 때
- 이 밖에 규정동작이 아닌 행위는 감점이 된다.
- Si al ejecutar el olgul bakkat makki se usa una sola mano.
- Si se realiza incorrectamente el olgul bakkat makki.
- Cualquier otro movimiento que no se ha indicado anteriormente será un factor de deducción.

9-2 내디뎌 왼앞굽이 몸통바로지르기

7-1, 7-2

7-1 **"다2" 방향 오른발 앞차기 차고**
En dirección de "Da2", ap chagi derecho.

7-2 **내디뎌 오른앞굽이 몸통바로지르기**
Oreun ap kubi y momtong baro jireugi.

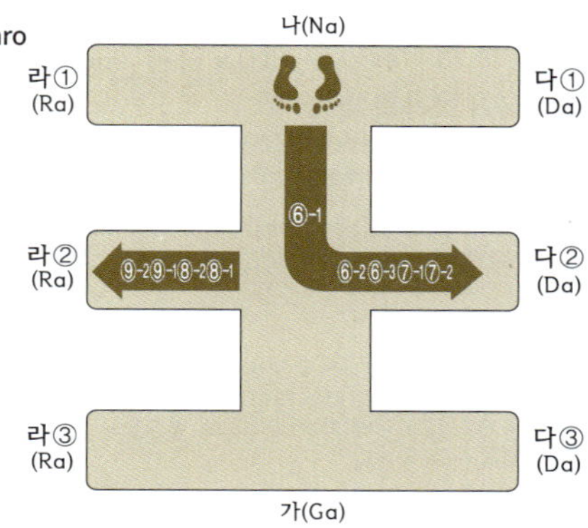

9-1,8-2,8-2

9-1 **"라2" 방향 왼발 앞차기 차고**
En dirección de "Ra2", ap chagi izquierdo, caer en wen ap kubi y realizar momtong baro jireugi. (9-1 y 9-2)

8-2 **이어서 몸통바로지르기**

8-1 **"라2" 방향 오른발 옮겨 뒤로돌아 오른앞굽이 얼굴바깥막기**
En dirección de "Ra2", mover el pie derecho para dar la vuelta en oreun ap kubi, ejecutar olgul bakkat makki seguido de momtong baro jireugi. (8-1 y 8-2)

10 "가" 방향 바라보며 오른발 제자리 왼발 끌어옮겨 "다2" 선상에 딛고 나란히 서기 아래헤쳐막기

Mirando hacia "Ga", con el pie derecho en su posición, desprender el pie izquierdo y trasladarlo a un paso en la línea "Da2" para hacer naranhi seogi y ejecutar arae hecho makki.

아래헤쳐막기시작점은 양손을 가슴앞에서 교차한 다음(등주먹이 앞을 향하게) 두 주먹을 아랫배 가까이 내리며 옆으로 헤쳐 아래 막는다.

동작은 천천히 호흡 조절을 하면서 시선은 수평으로 온 주위를 주시하면서 위엄있는 태도로 행한다.

Movimiento lento, control de la respiración, línea de los ojos horizontal, observar alrededor y una actitud digna, deberán destacar en la práctica.

11 "가" 방향 오른발 내디뎌 오른 앞굽이 왼한손날 얼굴 비틀어막기

En dirección de "Ga", poner el pie derecho hacia adelante en oreun ap kubi y ejecutar wen hansonnal bitro makki.

12-1 "가" 방향 왼발 돌려차고 순간 "기합" 한걸음 반 내딛고 이어서 몸을 오른쪽으로 돌아

규정동작 Movimiento

아래헤쳐막기 Arae hecho makki (Bloqueo inferior con ambas manos)

- 아래헤쳐막기 동작은 양손을 교차해 천천히(5초 정도)한다.
- El arae hecho makki se realiza cruzando las manos y abriéndolas lentamente (unos 5 segundos).

감점동작의 예 Factores de deducción

아래헤쳐막기 Arae hecho makki (Bloqueo inferior con ambas manos)

- 동작을 빠르게 한 행위.
- 이 밖에 규정동작이 아닌 행위는 감점이 된다.
- Si el movimiento se realiza rápido.
- Cualquier otro movimiento que no se ha indicado anteriormente será un factor de deducción.points.

규정동작 Movimiento

얼굴돌려차기 Olgul dollyo chagi (Patada circular a la cara)

- 얼굴돌려차기 후 착지는 한걸음반 앞으로 내디기로 한다.(시선은 정면을 향해서 보며 정확히 한다)
- Después del olgul dollyo chagi, caer un paso y medio hacia adelante (mantener la mirada hacia adelante y realizar el movimiento con precisión).

감점동작의 예 Factores de deducción

얼굴돌려차기 Olgul dollyo chagi (Patada circular a la cara)

- 돌려차기를 한 후 착지시 두발을 모으는 행위.
- 차기후 전방으로 착지를 하지 않고 도는 방향으로 바로 착지하는 경우.
- 이 밖에 규정동작이 아닌 행위는 감점이 된다.
- Si al bajar el dollyo chagi, ambos pies están juntos.
- Si el pie que patea, al bajar, se coloca en la dirección del giro y no hacia adelante.
- Cualquier otro movimiento que no se ha indicado anteriormente será un factor de deducción.

12-2 **오른발 "다3" 방향 옮겨 디디며 오른 앞굽이 아래막기**

En dirección de "Ga", dollyo chagi izquierdo, poner el pie un paso y medio hacia adelante, girar el cuerpo por la derecha, el pie derecho moverlo hacia "Da3" en oreun ap kubi y ejecutar arae makki. (12-1 y 12-2)

13-1 **"다3" 방향 왼발 앞차기 차고**

En dirección de "Da3", ap chagi izquierdo, regresar el pie hacia atrás para hacer wen dwitkubi y ejecutar momtong bakkat makki. (13-1 y 13-2)

13-2 **물러디뎌 왼뒷굽이 몸통바깥막기**

차고 접어 놓으면서 몸통바깥막기를 동시에 (손·발 일치)

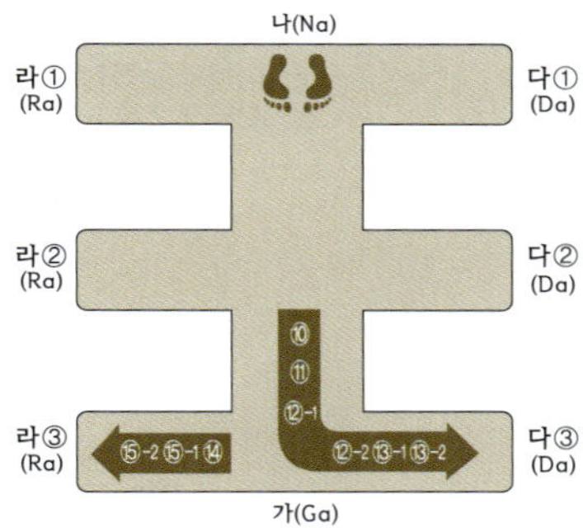

15-2 **물러디뎌 오른뒷굽이 몸통 바깥막기**

15-1 **"라3" 방향 오른발 앞차기 차고**

En dirección de "Ra3", ap chagi derecho, regresar el pie hacia atrás para hacer oreun dwitkubi y ejecutar momtong bakkat makki. (15-1 y 15-2)

14 **"라3" 방향 왼발 반 발바닥 옮겨디뎌 방향 바꾸어 왼앞굽이 아래막기**

En dirección de "Ra3", poner el pie izquierdo medio paso adelante, cambiando de dirección en wen ap kubi y ejecutar arae makki.

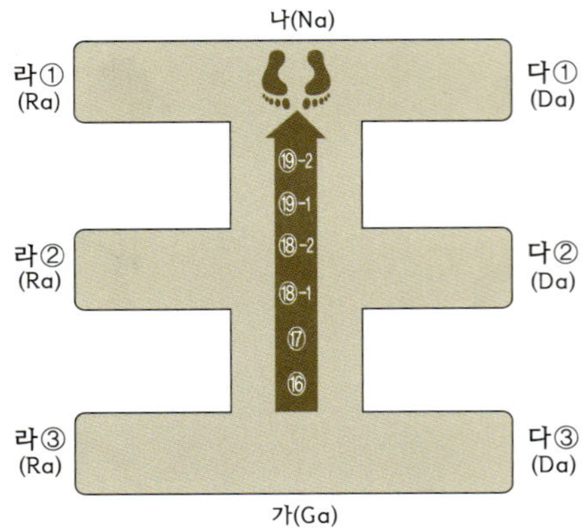

17 "나" 방향으로 왼발 물러딛고(시선"가"방향) 왼뒷굽이 손날막기

Regresar el pie izquierdo hacia "Na" (mirando hacia "Ga") para hacer wen dwitkubi y ejecutar sonnal makki.

- 중심이동과 축 회전은 동시에 이뤄진다.
- 중심이동 없이 축이 되는 발이 움직일 때가 이중동작이다.

◀ 손날막기의 손날은 날카로우나 손목관절이 있으므로 막는 힘이 손실되어 불안하다. 그러므로 다른 손이 언제나 보조로 따라다니는 것을 원칙으로 한다.

손날막기는 두손이 함께 행동하는 것이 원칙인데 한쪽 손날로도 자신있게 완전한 막기를 할 수 있을 때는 한손날막기라고 이름이 따로 붙게 된다.

16 "나" 방향으로 오른발 옮겨 딛고 (시선"가"방향) 오른뒷굽이 손날막기

Mover el pie derecho hacia "Na" (mirando en dirección de "Ga") para hacer oreun dwitkubi y ejecutar sonnal makki.

바탕손 부위로 쳐내며 막는 동작이므로 손목을 약간 꺾어서 바탕손 부위가 돌출되도록 한다. 바탕손이 명치선에 위치(높이 중요)

Al golpear con la palma, doblar un poco la muñeca y la mano deberá estar a la altura de la boca del estómago.

뒷무릎이 펴지도록 앞굽이 간격을 주의하여 유지 할 것

Intentar mantener el ancho de la postura hacia adelante para que la pierna trasera esté estirada.

<서기 제자리>

19-1 "나" 방향으로 왼발 물러딛고 (시선"가"방향) 오른앞굽이 오른바탕손 몸통막기

Regresar el pie izquierdo hacia "Na" (mirando hacia "Ga") para hacer oreun ap kubi, ejecutar oreun batangson momtong an makki seguido de momtong baro jireugi. (19-1 y 19-2)

19-2 이어서 몸통 바로지르기

바로 바로 "나" 의 위치에서 왼발 그대로 오른발 안으로 끌어들여 "가" 방향 바라보며 (기본준비서기)

Baro: Posición "Na", con el pie izquierdo en su sitio jalar el pie derecho, mirando hacia "Ga" y realizar kibon jumbi seogi.

▲ 앞발은 뒤로 끌어들여 바로하는 것에 주의!

▶ 19-1 and 19-2

뒷굽이, 앞굽이를 뒤로 빠지면서 하는 기술 (몸의 중심이동을 다양하게 수련 한다)

Es una técnica en la que se retrocede haciendo una postura hacia atrás y una postura hacia adelante (deberá practicar las distintas formas del movimiento del peso del cuerpo).

<서기 제자리>

18-1 "나" 방향 오른발 물러딛고 (시선"가"방향) 왼앞굽이 왼바탕손 몸통막기 이어서

Regresar el pie derecho hacia "Na" (mirando hacia "Ga") para hacer wen ap kubi, ejecutar wen batangson momtong an makki seguido de momtong baro jireugi. (18-1 y 18-2)

18-2 몸통 바로지르기

규정동작 Movimiento

바탕손막기 · 몸통지르기
Batangson makki / momtong jireugi (Bloqueo con la palma de la mano / puño al cuerpo)

- 바탕손을 어깨높이로 올려 뒤로 젖혔다가 명치 앞으로 쳐 막는다.
- Colocar la palma del batangson hacia arriba a la altura del hombro y bloquear hacia abajo a la altura de la boca del estómago.

감점동작의 예 Factores de deducción

바탕손막기 · 몸통지르기
Batangson makki / momtong jireugi (Bloqueo con la palma de la mano / puño al cuerpo)

- 바탕손막기를 눌러막기 동작으로 하는 행위.
- 이 밖에 규정동작이 아닌 행위는 감점이 된다.
- Si el batangson makki se ejecuta como nulo makki.
- Cualquier otro movimiento que no se ha indicado anteriormente será un factor de deducción.

태극7장(간) ☶
(Teguk 7 jang "Kan")

태극 7 장은 "간"을 의미하며 산을 나타내고 육중함과 굳건하다는 뜻을 지닌다. 태권도의 수련이 깊어 갈수록 흔들리지 않는 수련의식과 기술 습득으로 인한 무게를 지닐 수 있다. 또한 멈춘다는 의미도 포함되어 있다. 산은 우리 삶의 형태와 같다. 육중함을 의미하는 산은 자기의 신념을 말한다. 특징은 손날 아래막기, 바탕손 거들어막기, 보주먹, 가위막기, 무릎치기, 몸통 헤쳐막기, 젖힌 두 주먹 몸통지르기, 엇걸어 아래막기, 표적치기, 옆지르기가 있고 범서기와 주춤서기가 있다. 동작이 다양하므로 연결성에 중점을 두고 수련해야 한다.

Teguk 7 Jang simboliza el "Kan", uno de los 8 signos divinos, el cual representa la montaña, significando el poder y la firmeza. Las nuevas técnicas son sonnal arae makki, batangson koduro makki, bojumeok, kawi makki, murup chigi, momtong hecho makki, hechin dujumok momtong jireugi, otkoro arae makki, pyojeok chigi, yop jireugi y posiciones como beom seogi, y juchum seogi. La conexión fluida de los movimientos es importante para el entrenamiento.

> 태극7장은 불안정한 자세에서의 동작 수련이 많이 나온다.
> (균형 감각과 힘쓰는 방법을 익히자.)
> Teguk 7 Jang tiene muchos movimientos desequilibrados (se tiene que practicar el sentido del equilibrio y manejar el flujo de la energía muscular).

♣ 태극7장에서 새로 나오는 동작

♣ 태극7장 품새진행선

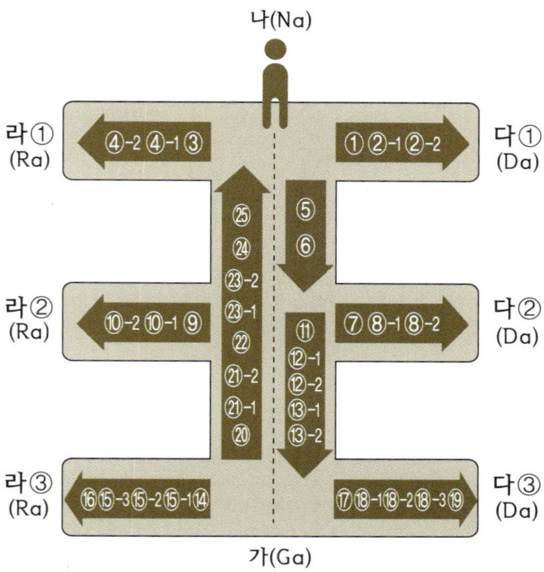
나(Na)
라① (Ra)
④-2 ④-1 ③
① ②-1 ②-2
다① (Da)
⑤ ⑥
㉕ ㉔ ㉓-2 ㉓-1 ㉒ ㉑-2 ㉑-1 ⑳
라② (Ra)
⑩-2 ⑩-1 ⑨
⑦ ⑧-1 ⑧-2
다② (Da)
⑪ ⑫-1 ⑫-2 ⑬-1 ⑬-2
라③ (Ra)
⑯ ⑮-3 ⑮-2 ⑮-1 ⑭
⑰ ⑱-1 ⑱-2 ⑱-3 ⑲
다③ (Da)
가(Ga)

태극7장(간)
(Teguk 7 jang "Kan")

규정동작 Movimiento

앞차기, 몸통막기 Ap chagi, momtong makki (patada frontal, bloqueo al cuerpo)

- 앞차기 후 물러 딛고 범서기 몸통막기는 연속해서 한다.
- Después del ap chagi, el pie que patea regresa hacia atrás en beom seogi y al mismo tiempo realizar momtong an makki.

감점동작의 예 Factores de deducción

앞차기, 몸통막기 Ap chagi, momtong makki (patada frontal, bloqueo al cuerpo)

- 착지 후 범서기를 제대로 취하지 않을 때.
- 이 밖에 규정동작이 아닌 행위는 감점이 된다.
- Si después de patear, cae en beom seogi incorrecto.
- Cualquier otro movimiento que no se ha indicado anteriormente será un factor de deducción.

준비 **기본준비서기**
Jumbi: desde la posición "Na", mirar haca la dirección de "Ga" y realizar el kibon jumbi seogi.

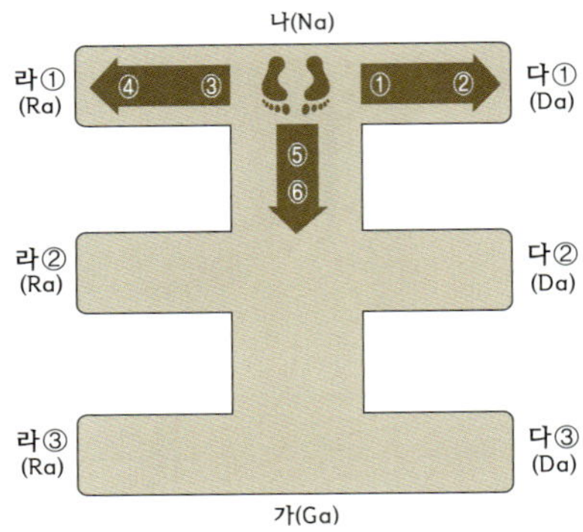

▼ 범서기란(왼범서기)?
모아서기에서 오른발 앞축이 30。이내의 각으로 넓혀 서며 왼발은 오른발 끝에서 한발 길이로 내딛는다. 체중을 뒷발에 싣고 뒷발을 내려다 봤을 때 무릎과 발끝이 일직선이 되게 한다. 앞에 있는 왼발의 발목을 펴고 발끝 또는 앞축만 가볍게 딛고 무릎을 약간 안으로 튼다. 아랫배에 힘을 주며 체중은 뒷발에 90~100% 싣는다.

범서기 발 간격 유지 할 것 (앞발이 앞으로 많이 나가 거나 들어오는 것 주의)
Mantener el ancho de la postura del tigre (beom seogi).

차고 난 후에도 범서기(주의할 것)
Después de patear deberá caer nuevamente en beom seogi.

1 **"다1" 방향 왼범서기 바탕손몸통안막기**
En dirección de "Da1", realizar wen beom seogi y ejecutar batangson momtong an makki.

2-1 **"다1" 방향 오른발 앞차기 차고**
En dirección de "Da1", ap chagi derecho, regresar el pie para wen beom seogi y ejecutar momtong an makki. (2-1 y 2-2)

2-2 **제자리 물려딛고 왼범서기 몸통막기**

4-2 제자리 물러딛고 오른범서기 몸통막기

일반적으로 상체의 틀어짐은 뒷발의 내각에 비례한다고 볼 수 있다.
La línea del ángulo interior de la pierna de atrás debe estar en proporción con el ángulo del cuerpo.
자연스럽게 틀어진 몸의 방향에서 손동작을 하면 된다.
앞차기 후 물러 딛고 범서기 몸통막기는 연속해서 해야된다. 발 놓으며 서기자세를 취하며 몸통막기를 동시에 한다.(손·발 일치)

4-1 "라1" 방향 왼발 앞차기 차고

En dirección de "Ra1", ap chagi izquierdo, regresar el pie para oreun beom seogi y ejecutar momtong an makki. (4-1 y 4-2)

3 "라1" 방향으로 방향바꾸어오른범서기 바탕손 몸통안막기

Cambiar de dirección hacia "Ra1", hacer oreun beom seogi y ejecutar batangson momtong an makki.

방향을 돌 때 들고 있던 뒤꿈치를 앞축을 중심으로 회전하며 자연스럽게 바닥에 놓으면서 반대 방향으로 튼다.
Usando el metatarso delantero como eje de giro, colocar el talón del otro pie de forma natural en el suelo y girar el cuerpo hacia la dirección opuesta.
이 때 반대 발뒤꿈치를 들며 범서기 자세로.
En este momento, realizar nuevamente el beom seogi con el talón levantado.

5 "가" 방향 왼발 내디뎌 오른 뒷굽이 손날 아래막기

Poner el pie izquierdo adelante hacia "Ga" en wen dwitkubi y ejecutar sonnal arae makki.

6 "가" 방향 오른발 내디뎌 왼뒷굽이 손날아래막기

Poner el pie derecho adelante hacia "Ga" en oreun dwitkubi y ejecutar sonnal arae makki.

7 "다2" 방향 왼발 옮겨 디뎌 왼범서기 바탕손 몸통거들어안막기

En dirección de "Da2", mover el pie izquierdo para hacer wen beom seogi y ejecutar batangson momtong koduro an makki.

바탕손으로 쳐막는 동작이므로 손목을 약간 꺾어서 바탕손으로 막을 수 있도록 주의!

8-1 "다2" 방향 그대로 허리를 왼쪽으로 돌렸다 이어서

Manteniendo la dirección de "Da2", girar la parte superior del cuerpo hacia la izquierda y luego hacia la derecha, utilizando la potencia del giro para ejecutar dungjumok olgul ap chigi (el puño de apoyo se mantiene en la misma posición). (8-1 y 8-2)

8-2 오른쪽으로 트는 반작용 탄력으로 왼범서기(그대로) 오른등주먹얼굴앞치기 (거든주먹 그대로)

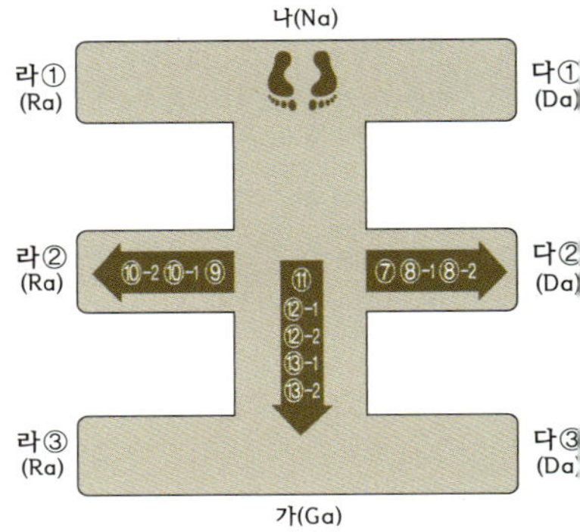

규정동작 Movimiento

바탕손몸통거들어막기, 등주먹 얼굴 앞치기 Batangson momtong koduro an makki, oreun dungjumok olgul ap chigi (bloqueo al cuerpo con apoyo de la palma de la mano)

- 바탕손 거들어막기 후 등주먹치기를 인중높이로 한다.
- Después del batangson momtong koduro an makki, realizar el dungjumok chigi a la altura del labio.

감점동작의 예 Factores de deducción

바탕손몸통거들어막기, 등주먹 얼굴 앞치기 Batangson momtong koduro an makki, oreun dungjumok olgul ap chigi (bloqueo al cuerpo con apoyo de la palma de la mano)

- 등주먹앞치기시 상체의 전후 반동을 이용하는 행위
- 이 밖에 규정동작이 아닌 행위는 감점이 된다.
- Si al realizar el dungjumok olgul ap chigi, tira el cuerpo hacia atrás.
- Cualquier otro movimiento que no se ha indicado anteriormente será un factor de deducción.

10-2 왼쪽으로 트는 반작용의 탄력으로 오른범서기(그대로) 왼등주먹얼굴앞치기 (거든주먹 그대로)

10-1 "라2" 방향 그대로 몸과 허리를 오른쪽으로 돌렸다 이어서

Manteniendo la dirección de "Ra2", girar la parte superior del cuerpo hacia la derecha y luego hacia la izquierda, utilizando la potencia del giro (en el mismo oreun beom seogi) para ejecutar dungjumok olgul ap chigi (el puño de apoyo se mantiene en la misma posición). (10-1 y 10-2)

9 "라2" 방향으로 방향 바꾸어 (두 발 위치는 제자리) 오른범서기 바탕손 몸통거들어 안막기

Cambiar la dirección hacia "Ra2", hacer oreun beom seogi y ejecutar batangson momtong koduro an makki.

11 "가" 방향 바라보며 오른발제자리 왼발을 끌어 모아서기 보주먹(인중높이)

Mirando en dirección de "Ga", jalar el pie izquierdo para juntar ambos pies y realizar bojumeok (puños envueltos) a la altura del labio, el pie derecho se mueve lentamente para realizar moa seogi.

"가"방향을 바라보며 왼발을 끌어와 모아서기 자세에서 단전 앞으로 두손을 모아 보주먹을 만들며, 천천히 인중 높이까지 올린다.

Mirando en dirección de "Ga", agarrar el puño con la otra mano por encima de la parte inferior del cuerpo en moa seogi y luego, levantarlo lentamente a la altura del labio.

12-1 "가" 방향 왼발 앞으로 내디뎌 왼앞굽이 가위막기

Poner el pie izquierdo adelante en dirección de "Ga" para hacer wen ap kubi y ejecutar kawi makki (repetir dos veces). (12-1 y 12-2)

아래막기와 바깥막기를 동시에 하는 동작이므로 각각의 시작 위치에서 자연스럽게 이동하여 막는다.

Es un movimiento haciendo arae makki y bakkat makki, por eso deberá mover de manera natural desde sus posiciones iniciales.

나가는 발(왼발)의 손이 아래로 내려가면서 시작점으로 이동하여 막는다.

Con la mano izquierda bajando, ir al punto de partida y ejecutar el bloqueo.

12-2 가위막기(반복)

왼팔을 아래막을 때 오른팔 안쪽으로 내려 막는다.

규정동작 Movimiento

보주먹 Bojumeok (Covered Fist)

- 왼발 끌어 모둠발로 서며 보주먹은 인중 높이(5초 정도)로 천천히 한다.
- 보주먹은 오른주먹을 왼손으로 감싸며 한다.
- Pararse en moa seogi jalando el pie izquierdo y subir el bojumeok lentamente a la altura del cuello. (5 segundos)
- Al realizar bojumeok envolver el puño derecho con la mano izquierda.

가위막기 Kawi makki (Bloqueo tijera)

- 가위막기는 연속으로 한다.
- Kawi makki se realiza de forma continua.

감점동작의 예 Factores de deducción

보주먹 Bojumeok (Covered Fist)

- 모아서기가 먼저 이루어지지 않고 서기와 손동작이 동시에 이루어 질 때.
- 이 밖에 규정동작이 아닌 행위는 감점이 된다.
- Si el moa seogi no se realiza hacia adelante y si las posiciones y los movimientos de las manos se ejecutan al mismo tiempo
- Cualquier otro movimiento que no se ha indicado anteriormente será un factor de deducción.

가위막기 Kawi makki (Bloqueo tijera)

- 가위막기 동작이 제대로 이루어지지 않을 때.
- 안팔목막기가 어깨선을 벗어난 행위.
- 이 밖에 규정동작이 아닌 행위는 감점이 된다.
- Si el kawi makki se ejecuta incorrectamente.
- Si el anpalmok makki está sobre la línea del hombro.
- Cualquier otro movimiento que no se ha indicado anteriormente será un factor de deducción.

13-1 "가" 방향 오른발 내디뎌 오른앞굽이 가위막기

Poner el pie derecho adelante hace "Ga" para hacer oreun ap kubi y ejecutar kawi makki. (13-1 y 13-2)

13-2 가위막기(반복)

오른팔을 아래막을 때 왼팔 안쪽으로 내려 막는다.

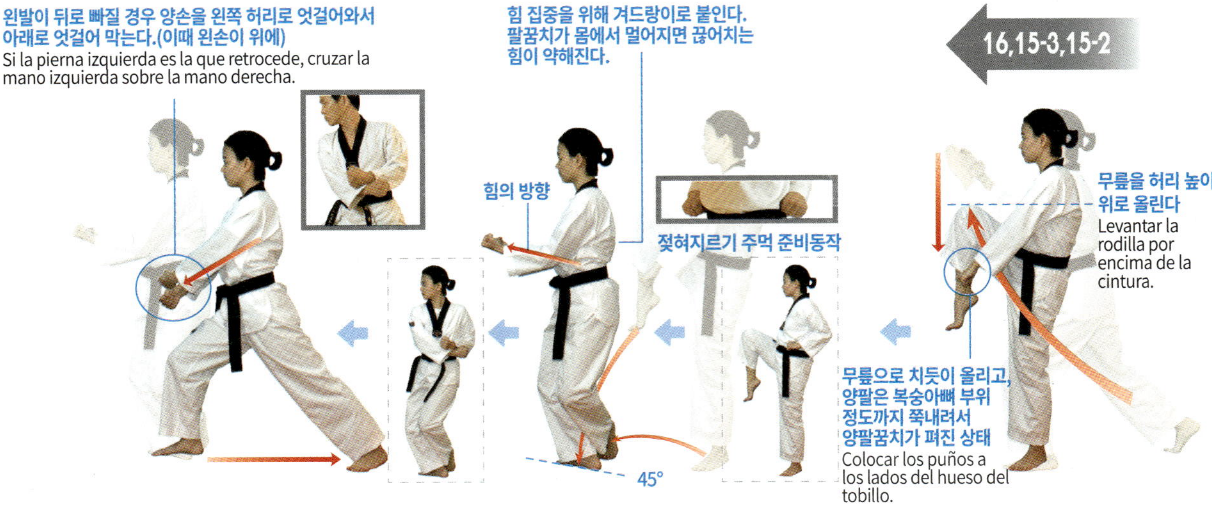

16 “라3” 방향 왼발 뒤로 물러딛고 오른앞굽이 엇걸어 아래막기

(오른앞굽이일 경우 오른팔목 아래막고 왼팔목을 거들어 위에 놓으며 눌러서 힘을 보태준다)

En dirección de “Ra3”, regresar el pie izquierdo hacia atrás para hacer oreun ap kubi y ejecutar otkoro arae makki (en caso de oreun ap kubi, en oreun palmok arae makki la muñeca izquierda deberá estar puesta encima de la otra muñeca y presionar hacia abajo).

15-3 왼발뒤꼬아서기 두주먹젖혀지르기

규정동작 Movimiento

무릎치기, 젖혀지르기 Murup chigi, jeocho jireugi (Golpe con la rodilla, Golpe con ambos puños hacia arriba)

- 무릎치기는 두손을 펴서 상대를 잡아 당기며 하고, 뒤꼬아서기로 두주먹젖혀지르기를 한다.
- Murup chigi se ejecuta jalando al oponente con las manos abiertas y hacer dujumok hecho jireugi con dwikkoa seogi.

15-2 아래로 끌어 당기면서 오른발 무릎치기를 하고 이어서 뛰어나가며

감점동작의 예 Factores de deducción

무릎치기, 젖혀지르기 Murup chigi, jeocho jireugi (Golpe con la rodilla, Golpe con ambos puños hacia arriba)

- 무릎치기를 주먹을 쥐고 할 때.
- 젖혀지르기가 제대로 이루어 지지 않는 경우.
- 이 밖에 규정동작이 아닌 행위는 감점이 된다.
- Ejecutar murup chigi con los puños cerrados.
- Jeocho jireugi se ejecuta incorrectamente.
- Cualquier otro movimiento que no se ha indicado anteriormente será un factor de deducción.

17 “다3” 방향 오른발 옮겨 뒤로돌아 오른 앞굽이 몸통 헤쳐막기

En dirección de “Da3”, mover el pie derecho para dar la vuelta, hacer oreun ap kubi y ejecutar momtong hecho makki.

18-1 (중간동작)

18-2 “다3” 방향 왼발 무릎치기하고 이어서 앞으로

En dirección de “Da3”, ejecutar wenbal murup chigi, enseguida saltar hacia adelante, caer en oreunbal dwikkoa seogi y ejecutar dujumok hecho jireugi.
(18-1 y 18-2, 18-3)

머리를 잡듯이 손을 편다
Mostrar como si se agarrara la cabeza del oponente y golpeara la cabeza con la rodilla.

막는 팔목부위가 명치높이로, 주먹이 어깨선 위로 올라가지 않게 하고, 헤쳐막았을 때 몸통선 바깥으로 나가지 않게
Manteniendo la altura de los hombros, intentar no salir de la línea del hombro
왼앞굽이이므로 양손교차 준비시 왼팔이 바깥으로 교차한다.

15-1 “라3” 방향 두 손을 펴고 팔을 뻗어 상대의 머리를 잡아

En dirección de “Ra3”, abrir las dos manos y estirar los brazos para agarrar la cabeza del oponente, jalando la cabeza hacia abajo ejecutar oreunbal murup chigi, enseguida saltar hacia adelante, caer en wenbal dwikkoa seogi y ejecutar dujumok hecho jireugi. (15-1 y 15-2, 15-3)

14 “라3” 방향 왼발 옮겨돌아 왼앞굽이 몸통헤쳐막기

En dirección de “Ra3”, mover el pie izquierdo para girar, hacen wen ap kubi y ejecutar momtong hecho makki.

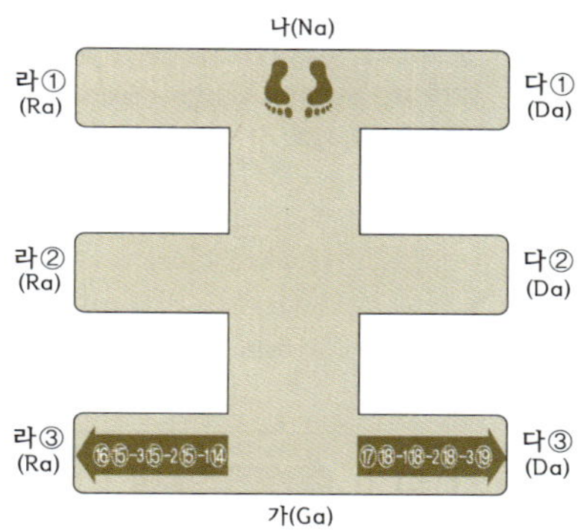

두주먹젖혀지르기 Ambos puños hacia arriba

상대와 가까이 붙은 상태에서 전광(옆구리의 여덟째와 아홉째 갈비뼈 사이에 있는 급소)부위를 가격하는 것으로 주먹이 너무 올라가지 않도록 팔꿈치가 거의 몸에 닿아있는 상태.
(허리에서 손등이 위를 향하고 있다가 앞으로 지르며 회전해서 젖혀지른다.)
Esto significa, cuando esté cerca a su oponente, golpear sus costillas. No deberá levantar mucho los puños y los codos deberán estar pegados a sus costillas (el dorso de la mano deberá estar mirando hacia arriba y rápidamente impulsar hacia adelante, girando el puño).

주의: 등주먹 바깥치는 주먹이 안에서 교차한다.

18-3 뛰어나가 오른발 뒤꼬아서기 두주먹 젖혀지르기

19 “다3” 방향 오른발 뒤로 물러 딛고 왼앞굽이 엇걸어 아래막기

En dirección de “Da3”, regresar el pie derecho para hacer wen ap kubi y ejecutar otkoro arae makki.

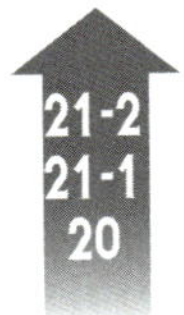

20 **"나" 방향 왼발 옮겨돌아 왼앞서기 등주먹 바깥치기**

En dirección de "Na", mover el pie izquierdo para girar, hacer wen ap seogi y dungjumok bakkat chigi.

21-1 **"나" 방향 오른발 표적차기 차고**

En dirección de "Na", levantar el pie derecho para patear pyojeok chagi, caer en juchum seogi y ejecutar oreun palkup pyojeok chigi. (21-1 y 21-2)

21-2 **내디더 주춤서기 오른팔굽표적치기**

표적 찬 발을 놓으면서 팔굽치기, 시선은 가는 방향 그대로

Pisar con el pie que golpea el objetivo y ejecutar un golpe con el codo. La mirada deberá seguir naturalmente el movimiento.

규정동작 Movimiento

표적차기, 팔굽표적치기 Pyojeok chagi, palkup pyojok chigi (Patada al objetivo, golpe con el codo)

- 표적차기는 발날등으로 얼굴높이로 차야하며 주춤서기 팔굽표적치기는 명치와 가슴선 중간높이로 한다.
- Pyojeok chagi se ejecuta pateando a la altura de la cara utilizando la planta del pie.

감점동작의 예 Factores de deducción

표적차기, 팔굽표적치기 Pyojeok chagi, palkup pyojok chigi (Patada al objetivo, golpe con el codo)

- 표적차기시 표적손이 움직이지 행위.
- 팔굽표적치기시 시선이 진행방향을 보지 않는 행위.
- 이 밖에 규정동작이 아닌 행위는 감점이 된다.
- Si se mueve la mano que se usa de objetivo al patear pyojeok chagi.
- Si la mirada no está en dirección del movimiento al ejecutar el palkup pyojeok chigi.
- Cualquier otro movimiento que no se ha indicado anteriormente será un factor de deducción.

20 「옆모습」 Vista lateral

21-1 「옆모습」 Vista lateral

21-2 「옆모습」 Vista lateral

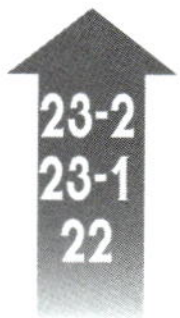

22 **"나" 방향 오른발 제자리 왼발을 약간 끌어 무릎을 펴면서 오른앞서기 등주먹얼굴 바깥치기**

En dirección de "Na", manteniendo el pie derecho en su lugar, jalar suavemente el pie izquierdo para hacer oreun ap seogi y ejecutar dungjumok bakkat chigi.

23-1 **"나" 방향 왼발들어 표적차기차고**

En dirección de "Na", levantar el pie izquierdo para patear pyojeok chagi, caer en juchum seogi y ejecutar wen palkup pyojeok chigi. (23-1 y 23-2)

표적은 움직이지 말고 발을 올려 발날등으로 표적차기를 한다.

No mover el punto objetivo, levantar el pie y golpear como una cuchilla.

23-2 **내디뎌 주춤서기 왼팔굽표적치기**

팔굽표적치기 :
반대쪽은 손을 펴서 표적이 되게 한다. 공격하는 팔의 팔굽을 표적에다가 친다. 표적은 움직이지 않고 팔굽이 따라가서 친다. 표적의 엄지손가락은 집게손가락에 붙이고 팔굽은 잡으면 안된다.

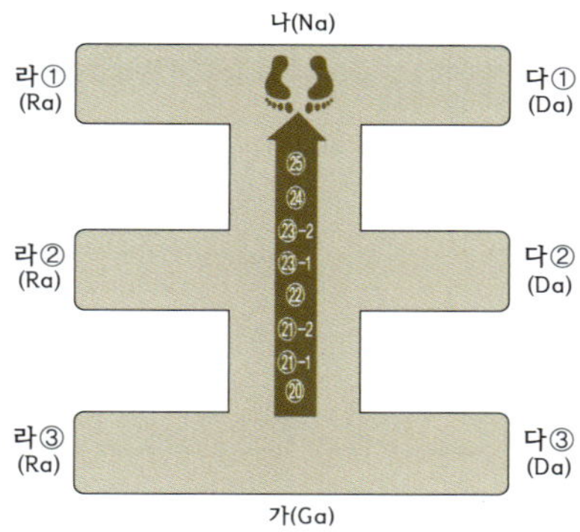

22 「옆모습」
Vista lateral

23-1 「옆모습」
Vista lateral

23-2 「옆모습」
Vista lateral

중심이동을 할 때 축을 함께 사용한다.
주춤서기에서 주춤서기로의 중심이동.
(앞축을 축으로 회전)
Usando el metatarso del pie izquierdo, llevar el peso del movimiento de la posición de montar a la siguiente posición de montar.

주의! 발 간격 유지, 발이 바깥으로 벌어지지 않도록, 무릎이 안으로 조이지 않도록
Tener cuidado de mantener el ancho de la posición, no abrir los pies hacia afuera y no presionar las rodillas hacia adentro.

24 **"나" 방향 주춤서기 (서기 그대로) 왼한손날 몸통옆막기**

En dirección de "Na", en juchum seogi (en la misma posición) ejecutar wen hansonnal momtong bakkat yop makki.

25 **"나" 방향 왼손으로 상대를 잡아끌면서 오른발 내디뎌 주춤서기 몸통 옆지르기 기합**

En dirección de "Na", jalando al oponente con la mano izquierda, poner el pie derecho hacia adelante en posición de juchum seogi y ejecutar momtong yop jireugi (realizando el Kiap).

바로 **"나" 의 위치에 오른발 제자리 몸 왼쪽으로 돌려 왼발을 끌면서 "가" 를 바라보며(기본준비서기)**

Baro: En posición de "Na", con el pie derecho en su posición, girar el cuerpo por la izquierda jalando el pie izquierdo, mirando en dirección de "Ga" y regresar al jumbi seogi.

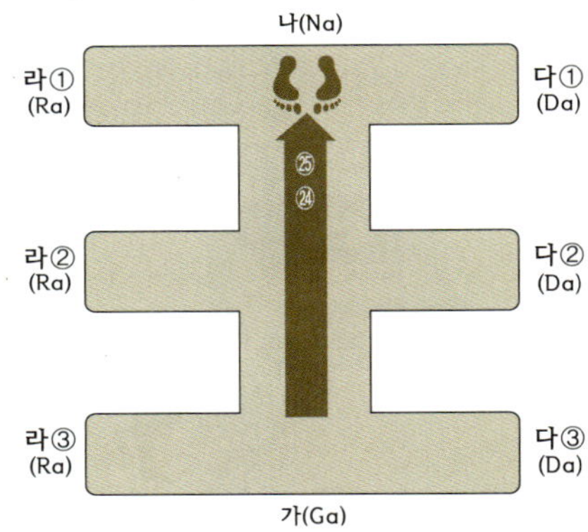

24 「옆모습」
Vista lateral

25 「옆모습」
Vista lateral

1.나란히 서기 Naranhi seogi

(Posición paralela)

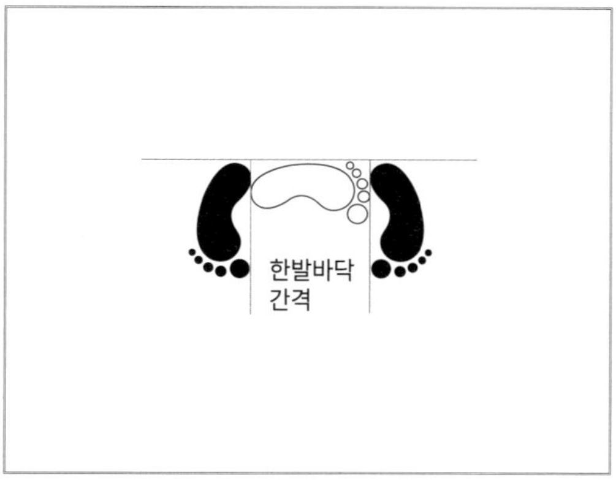

2. 앞서기 Ap seogi

(Posición natural hacia adelante) (Posición al caminar)

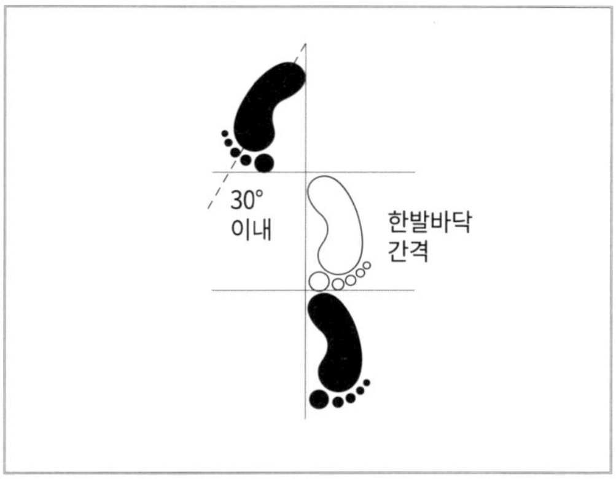

3. 앞굽이 Ap kubi

(Posición de inflexión hacia adelante)

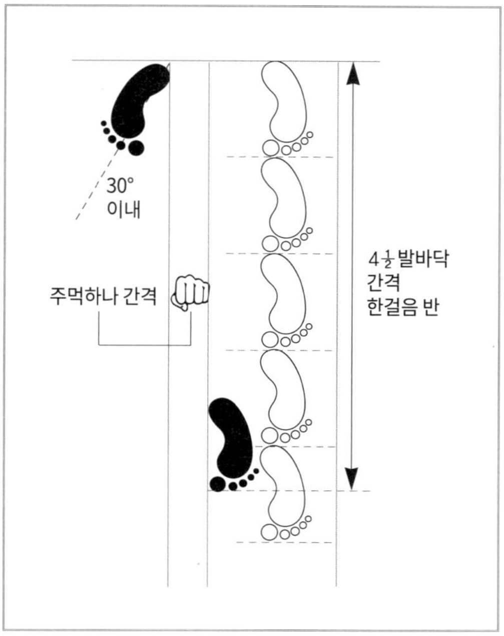

4. 뒷굽이 Dwitkubi

(Posición de inflexión hacia atrás)

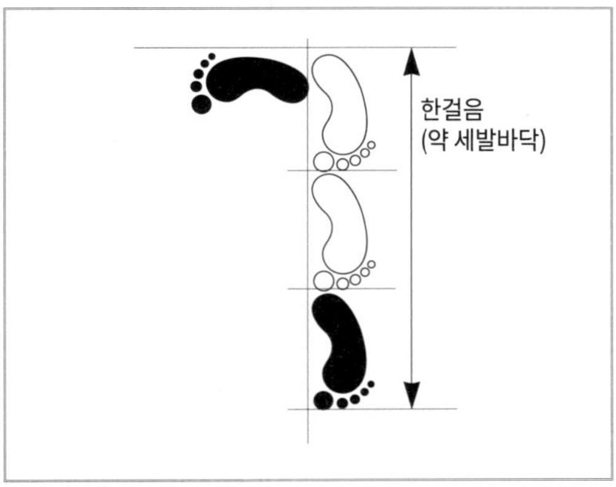

5. 오른(왼)서기 Oreun(wen) seogi

(Posición izquierda/derecha)

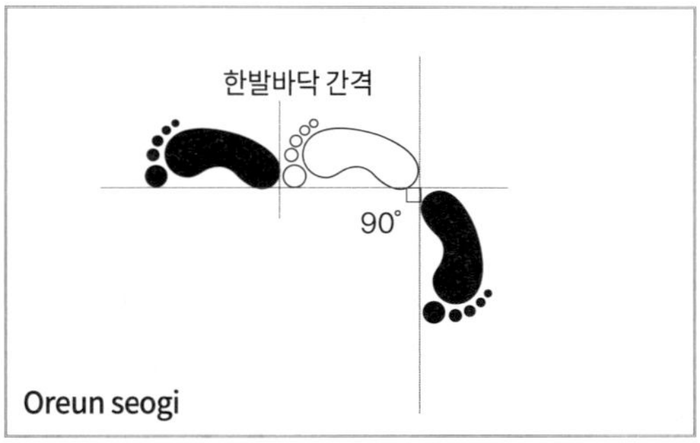

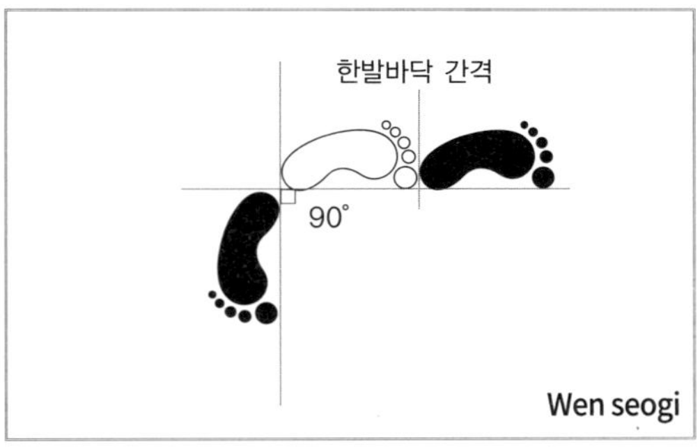

태극8장(곤) ☷
(Teguk 8 jang "Kon")

태극 8장은 팔괘는 "곤"을 의미하며 "곤"은 음과 땅을 나타내고 뿌리와 안정 그리고 시작과 끝의 뜻을 지닌다.
땅은 만물의 성장을 돕고 이를 포용하고 번식하게 하는 모체가 되는 것이다. 땅은 인간에게 없어서는 안 될 아주 중요한 것이다.특징은 두발당성 앞차기, 바깥팔목 몸통 거들어 바깥막기, 외산틀막기, 당겨턱지르기, 거들어 아래막기, 뛰어차기, 팔굽 돌려치기가 있다. 수련 시 유의할 것은 발차고 뒤로 두 걸음 물러나는 보법, 동작의 정확성과 두발당성과 뛰어차기의 차이점 및 습득 요령이다.

Teguk 8 Jang simboliza el "Kon", uno de los 8 signos divinos, el cual representa el "Yin" y la tierra, significa las raíces y asentamiento, y también el comienzo y el fin. Este es el último de los 8 teguk poomsaes, después del cual el aprendiz puede someterse a la prueba de promoción de Dan (cinturón negro). Las nuevas técnicas son dubal dangsong, bakkat palmok momtong koduro bakkat makki, twio chagi y palkup dollyo chigi, se debe hacer hincapié en la precisión de los pasos y la diferencia entre la patada con salto y dubal dangsong (patada con salto alternado en el aire).

♣ 태극8장에서 새로 나오는 동작

♣ 태극8장 품새진행선

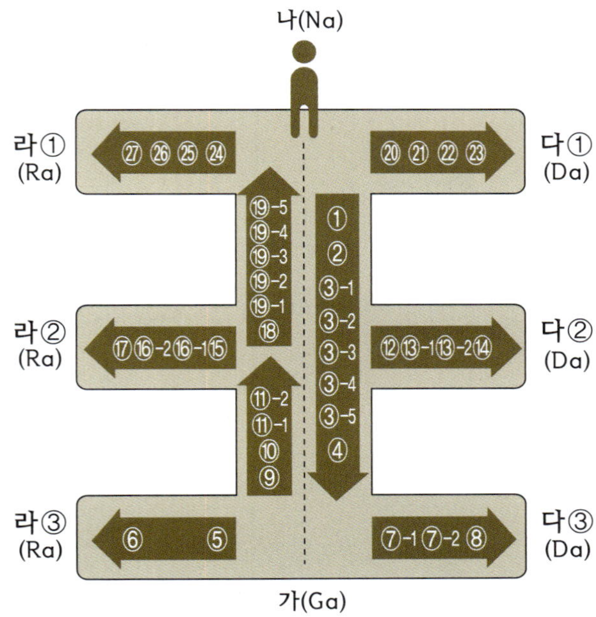

태극8장(곤)
(Teguk 8 jang "Kon")

준비 **기본준비서기**
Jumbi: desde la posición de "Na", mirando en dirección de "Ga" y ejecutar kibon jumbi seogi.

감점동작의 예 Factores de deducción

몸통거들어 바깥막기 후 몸통바로지르기
Koduro bakkat makki y momtong baro jireugi

- 거들어 막기에서 지르는 손을 허리에 당기지 않고 바로 지르는 행위.
- Si se ejecuta koduro bakkat makki inmediatamente sin jalar la mano que bloquea hacia la cintura.

서기 Posición

***앞굽이 Posición de inflexión hacia adelante**

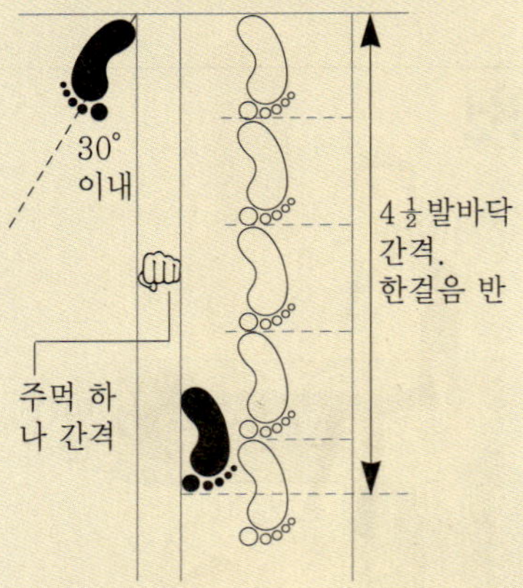

***뒷굽이 Posición de inflexión hacia atrás**

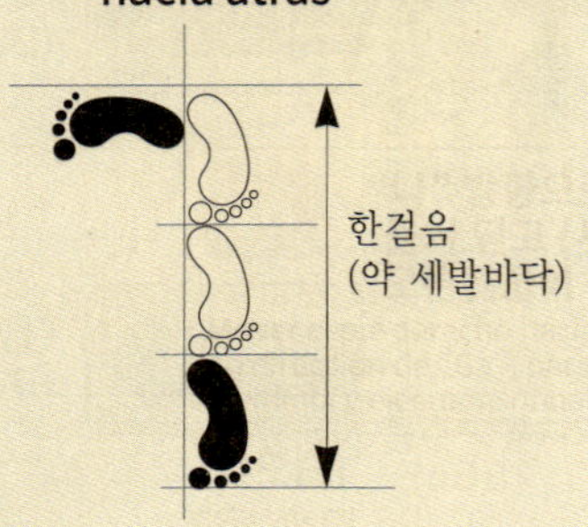

「옆모습」
Vista lateral

1 **"가"방향 왼발 내디뎌 오른뒷굽이 몸통거들어 바깥막기(겨눔새)**
En dirección de "Ga", poner el pie izquierdo hacia adelante para hacer oreun dwitkubi y ejecutar koduro bakkat makki (Kionumse).

2 **"가"방향 왼발을 약간 밀어 디뎌왼앞굽이 몸통바로지르기**
En dirección de "Ga", mover ligeramente el pie izquierdo hacia adelante para hacer wen ap kubi y ejecutar momtong baro jireugi.

3-1 **"가"방향 왼발 두발 당성 앞차기 (오른발 먼저 앞차며 몸을 띄워 왼발을 높이 찬다)**

En dirección de "Ga", patear dubal dangsung ap chagi (primero, el pie derecho patea ap chagi para impulsarse y el pie izquierdo salta más alto y patea), cayendo un paso adelante después del wenbal chagi (ejecutando el Kiap) (3-1 y 3-2)

3-2 **-기합- (왼발 차는 순간)**

두발 당성 차기 :
몸을 공중에 띄우며 두발을 번갈아 차기를 한다. 번갈아 찰 때는 뒤에 있는 발을 먼저 차고, 앞의 발은 나중에 다. 먼저 차는 뒷발은 비교적 목표를 정확하게 차는 것이 아니라 상대를 속이거나 또는 낮게 차고 나중에 차는 발은 높이 차거나 목표를 정확하게 가격할 때 사용한다.
두발당성은 뛰어 나가며 멀리 있는 상대의 목표를 차는 방법과 높이 뛰어 올라가며 높은 목표를 차는 방법이 있다. 또한 두발당성차기라도 여러가지 동작으로 나눌 수 있다.

3-3 **차고 한걸음 앞으로 내려 디뎌 왼앞굽이 몸통막기 이어**

Hacer wen apkubi y momtong maki.

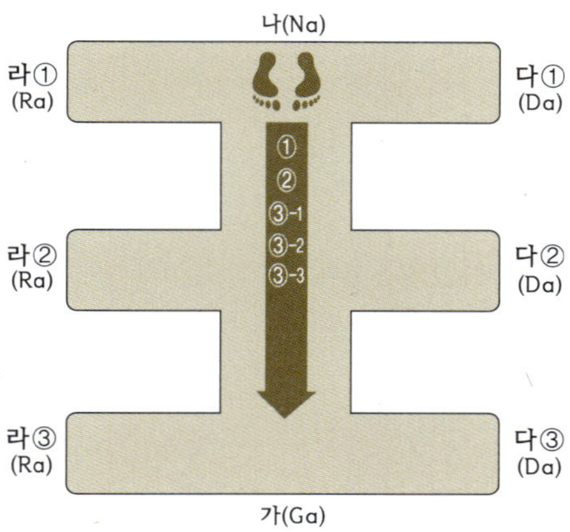

규정동작 Movimiento

두발 당성 앞차기 Dubal dangsung ap chagi (Dos patadas consecutivas con salto hacia adelante)

- 뛰어 두발당성 앞차기를 하고 한걸음 정도 앞으로 내려딛는다.
- Después de dubal dangsung ap chagi, caer un paso adelante.

감점동작의 예 Factores de deducción

두발 당성 앞차기 Dubal dangsung ap chagi (Dos patadas consecutivas con salto hacia adelante)

- 착지 시 균형이 무너질 때.
- 이 밖에 규정동작이 아닌 행위는 감점이 된다.
- Si se pierde el equilibrio al caer.
- Cualquier otro movimiento que no se ha indicado anteriormente será un factor de deducción.

3-4
3-5
4

3-4 **몸통 두번지르기(몸통 바로지르기)**
Ejecutar momtong dubon jireugi.

<서기 제자리>

3-5 **(몸통 반대지르기)**
Ejecutar momtong bandae jireugi.

4 **"가"방향 오른발 내디뎌 오른앞굽이 몸통반대지르기**
En dirección de "Ga", poner el pie derecho adelante para hacer oreun ap kubi y ejecutar momtong bandae jireugi.

규정동작 Movimiento

외산틀막기 Wesantul makki (Bloqueo representando una montaña)

- 앞굽이는 일직선상에서 발끝이 측면쪽으로 약간 틀어진 상태.(마름모꼴)
- Apkubi está en línea recta y los pies están ligeramente inclinados hacia un lado (en forma de diamante).

당겨 턱지르기 Dangyeo tuk jireugi (Jalar y golpe a la mandíbula)

- 지를 때 서서히 온몸에 힘을 주어 지그시 한다.
- 마지막에 급하게 지르기 않는다. (8초 정도)
- 등주먹을 위로 하여 가슴을 거쳐 간 후 젖히며 지른다.
- 당긴손은 어깨선에 위치한다.
- Cuando se golpea, ejecutar el movimiento lentamente con fuerza en todo el cuerpo.
- No golpear rápido al final (8 segundos).
- Colocar el dungjumok hacia arriba y pasa a través del pecho para luego golpear girando el puño.
- La mano que jala debe empezar a la altura del hombro.

감점동작의 예 Factores de deducción

외산틀막기 Wesantul makki (Bloqueo representando una montaña)

- 두 발 모양이 마름모꼴이 되지 않을 때.
- 바깥막는 주먹의 높이가 머리위로 올라갈 때.
- 외산틀막기를 천천히 하는 행위.
- 이 밖에 규정동작이 아닌 행위는 감점이 된다.
- Si los pies no están en forma de diamante.
- Si el puño del bakkat makki está más arriba que la altura de la cabeza.
- Si el wesantul makki se ejecuta lento.
- Cualquier otro movimiento que no se ha indicado anteriormente será un factor de deducción.

당겨 턱지르기 Dangyeo tuk jireugi (Jalar y golpe a la mandíbula)

- 턱지르기를 빠르게 하는 행위.
- 마지막에 끊어 지르는 행위.
- 당겨지르는 주먹이 가슴 아래에서 지르는 행위.
- 당긴손이 어깨선 아래로 내려가는 행위.
- 이 밖에 규정동작이 아닌 행위는 감점이 된다.
- Si el tuk jireugi se ejecuta rápido.
- Si el giro de la muñeca se realiza al final del movimiento.
- Si el dungjumok inicia desde el abdomen o más abajo
- Si la mano que jala está por debajo de la línea del hombro.
- Cualquier otro movimiento que no se ha indicado anteriormente será un factor de deducción.

지르기
Jireugi (puño)

- 지르기 방법에 의한 구분 : 바로지르기, 반대지르기, 세워지르기, 젖혀지르기
- 지르기 목표에 의한 구분 : 얼굴지르기, 몸통지르기, 아래지르기
- 지르기 방향에 의한 구분 : 옆지르기, 내려지르기, 돌려지르기, 치지르기

- Métodos de ejecución del jireugi: baro jireugi, bandae jireugi, sewo jireugi, jeocho jireugi.
- Clasificación del jireugi de acuerdo al objetivo: olgul jireugi, momtong jireugi, arae jireugi.
- Clasificación del jireugi por la dirección: yop jireugi, neryo jireugi, dollyo jireugi, chi jireugi.

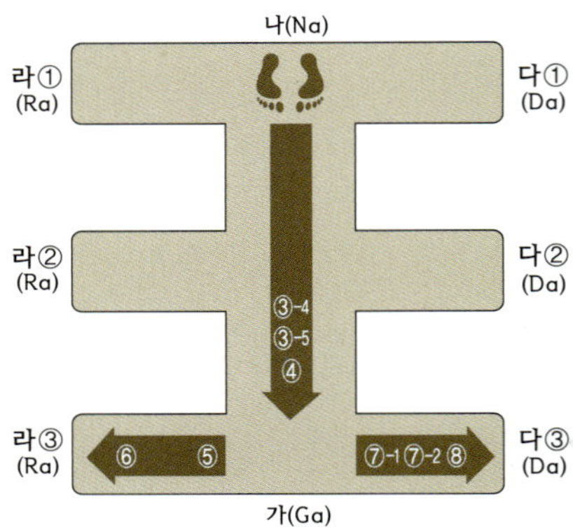

규정동작 Movimiento

왼발 앞꼬아 옮겨딛기 Wenbal apkkoa omkioditgi (Paso cruzado con la pierna izquierda adelante)

- 앞꼬아 옮겨 딛기로 움직인다. (앞꼬아 딛기는 앞발을 앞축으로 딛고 옮긴다)
- Utilizar apkkoa omkioditgi para moverse (pisar con el metatarso del pie que va adelante).

감점동작의 예 Factores de deducción

왼발 앞꼬아 옮겨딛기 Wenbal apkkoa omkioditgi (Paso cruzado con la pierna izquierda adelante)

- 옮겨딛기시 모둠발로 이동하거나 옮기는 발이 뒤로 가는 행위.
- 이 밖에 규정동작이 아닌 행위는 감점이 된다.
- Si al cruzar, los pies están juntos o si los pies se cruzan por atrás.
- Cualquier otro movimiento que se ha indicado anteriormente será un factor de deducción.

당겨턱지르기는 턱지르는 손이 겨드랑이 밑으로 (명치선) 내려온다. 이때 등주먹이 위를 향하게 하여 힘있고 무겁게 가슴 앞으로 거쳐가고 반대손은 앞에서 잡아 당기듯 가져오며 양손이 동시에 손목회전을 하면서 당겨턱지르기 끝점에 위치한다.

빠르게 막는다. 안팔목 얼굴바깥막기와 아래막기 동시에 막음

Un bloqueo rápido, los dos movimientos deben estar sincronizados.

앞굽이는 사선모양으로 놓는다.

6 "라3"방향으로 두다리 제자리에서 왼발 왼쪽으로 옮겨디뎌 왼방향 왼앞굽이 당겨턱지르기(천천히)

En dirección de "Ra3", con los dos pies en su lugar, girar lentamente el cuerpo hacia la izquierda para hacer wen ap kubi y ejecutar dangkio tuk jireugii.

서서히 온몸에 힘을 주어서 한다.

Un movimiento lento concentrando la fuerza en todo el cuerpo.

5 "라3"방향 왼발 옮겨돌아 오른앞굽이 외산틀막기 (시선"라3"방향)

En dirección de "Ra3", mover el pie izquierdo para girar en oreun ap kubi y ejecutar wesantul makki (la mirada hacia "Ra3")

앞꼬아오며 반대방향 막기 위해 양손 시작점에 위치

Cruzar las piernas por adelante y colocar las dos manos del bloqueo en el lado opuesto.

이 때 꼬아서기를 넓게 하면 품새선에서 벗어 남.

Si el ancho del kkoa seogi es más angosto, quedará fuera de la línea en la que debería caer.

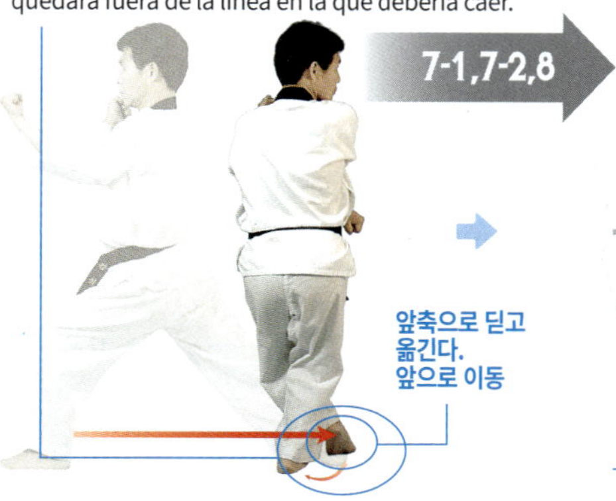

7-1 "다3"방향 왼발 옮겨 앞꼬아서기로 나가며 계속 오른발 옮겨딛고 왼앞굽이 외산틀막기

En dirección de "Da3", mover el pie izquierdo para hacer apkkoa seogi, luego el pie derecho se mueve para hacer wen ap kubi y wesantul makki.

7-2

8 "다3"방향 두다리 제자리 오른발 오른쪽으로 옮겨디뎌 오른앞굽이 당겨 턱지르기(천천히)

En dirección de "Da3", manteniendo los dos pies en su lugar, cambiar la postura girando hacia la derecha para hacer oreun ap kubi y dangkio tuk jireugi.

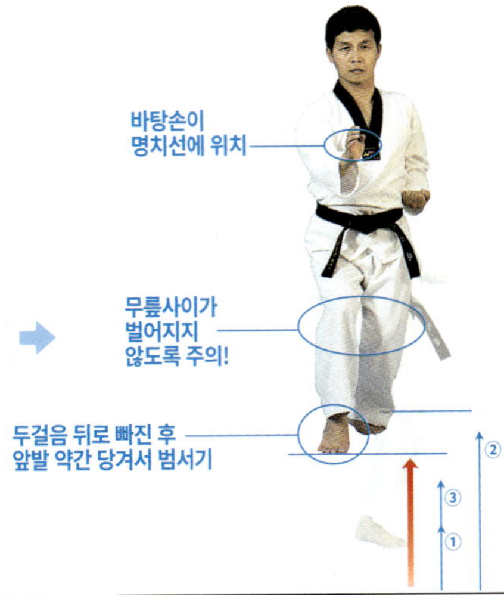

10 **"가"방향 왼발 약간 밀어디뎌 왼앞굽이 몸통 바로지르기**

En dirección de "Ga", empujar ligeramente hacia adelante para hacer wen ap kubi y ejecutar momtong baro jireugi.

11-1 **"가"방향 오른발 앞차기 차고 제자리 물러 딛고 이어서 왼발 한걸음 뒤로 물러 딛으며 오른발 끌어당겨**

(11-1) En dirección de "Ga", ap chagi derecho, luego de patear regresar el pie a la posición original, en seguida el pie izquierdo da un paso hacia atrás, al mismo tiempo jalar el pie derecho para hacer oreun beom seogi y ejecutar batangson momtong an makki. (11-1 y 11-2)

11-2 **(시선"가"방향)오른범서기 바탕손몸통막기**

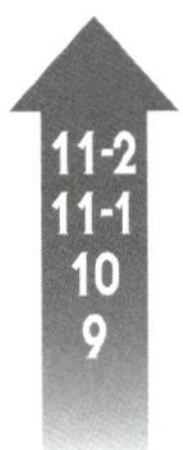

9 **"가"방향 향하여 오른발 "나"방향으로 옮겨딛고 오른뒷굽이 손날막기**

Mirando hacia "Ga", mover el pie derecho en dirección de "Na" para hacer un oreun dwitkubi y ejecutar sonnal makki.

규정동작 Movimiento

몸통지르고 바탕손 몸통막기
Momtong jireugi batangson momtong makki (Golpe al cuerpo y bloqueo del cuerpo)

- 지를 때 앞굽이 뒷무릎이 펴져야 한다.
- 바탕손 몸통막기 시작점: 어깨높이, 끝점: 바탕손명치와 일직선 유지
- La rodilla trasera del apkubi debe estar estirada cuando se ejecuta el puño.
- Punto inicial del batangson momtong an makki: altura del hombro.
  Punto final: mantener una línea recta con la boca del estómago.

감점동작의 예 Factores de deducción

몸통지르고 바탕손 몸통막기
Momtong jireugi batangson momtong makki (Golpe al cuerpo y bloqueo del cuerpo)

- 앞굽이시 뒷무릎이 굽어질 때.
- 이 밖에 규정동작이 아닌 행위는 감점이 된다.
- Si al hacer apkubi la rodilla trasera está flexionada.
- Cualquier otro movimiento que no se ha indicado anteriormente será un factor de deducción.

12 "다2"방향 왼발 옮겨디뎌 왼범서기 손날막기

En dirección de "Da2", mover el pie izquierdo para hacer wen beom seogi y ejecutar sonnal makki.

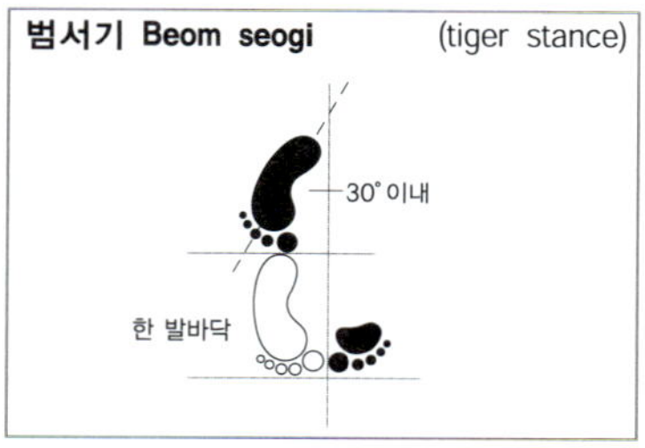

감점동작의 예 Factores de deducción

범서기 Beom seogi (Posición del tigre)

- 무릎이 열릴 때.
- 보폭이 너무 짧거나 길 때.
- 상체가 뒤로 젖혀지거나 또는 엉덩이가 과도하게 뒤로 빠질 때.
- 이 밖에 규정동작이 아닌 행위는 감점이 된다.
- Si las rodillas están abiertas.
- Si el paso es demasiado corto o largo.
- Si la cadera está hacia atrás o la parte superior del cuerpo se inclina hacia adelante.
- Cualquier otro movimiento que no se ha indicado anteriormente será un factor de deducción.

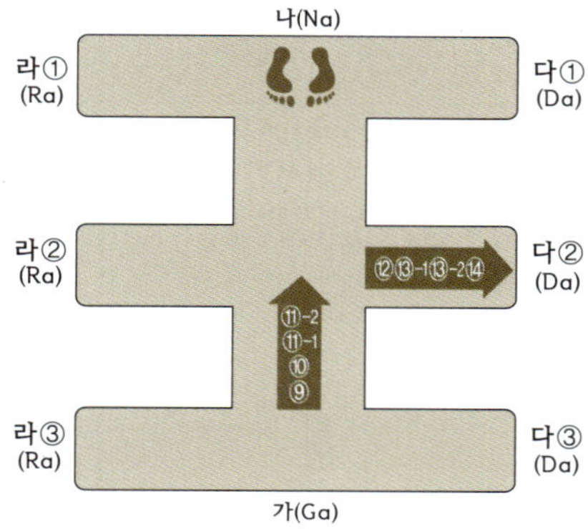

13-1 "다2"방향 왼발 앞차기 차고 내디뎌

En dirección de "Da2", ap chagi izquierdo, luego caer en wen ap kubi y ejecutar momtong baro jireugi. (13-1 y 13-2)

13-2 왼앞굽이 몸통바로지르기

앞차기 후 접을 때 오른 주먹이 허리로 들어와서 발을 지면에 놓으며 앞굽이를 하는 동시에 반대손은 당기면서 지르기를 한다. (손·발 일치)

14 "다2"방향 왼발을 다시 끌어 당겨 왼범서기 바탕손몸통막기

En dirección de "Da2", la pierna izquierda deberá jalarse hacia atrás para hacer wen beom seogi y ejecutar batangson momtong makki.

규정동작 Movimiento

앞차고 뛰어 앞차기 Ap chago twio ap chagi (Patada frontal y patada frontal con salto)

- 앞차고 땅에 디디기전 오른발로 뛰어 앞찬다.
- Después del ap chagi, ejecutar el twio ap chagi antes de que el pie del ap chagi caiga al suelo.

감점동작의 예 Factores de deducción

앞차고 뛰어 앞차기 Ap chago twio ap chagi (Patada frontal y patada frontal con salto)

- 앞차고 찬발 무릎을 내렸다 차는 행위.
- 이 밖에 규정동작이 아닌 행위는 감점이 된다.
- Si después de patear ap chagi se baja la rodilla y luego se ejecuta el twio ap chagi.
- Cualquier otro movimiento que no se ha indicado anteriormente será un factor de deducción.

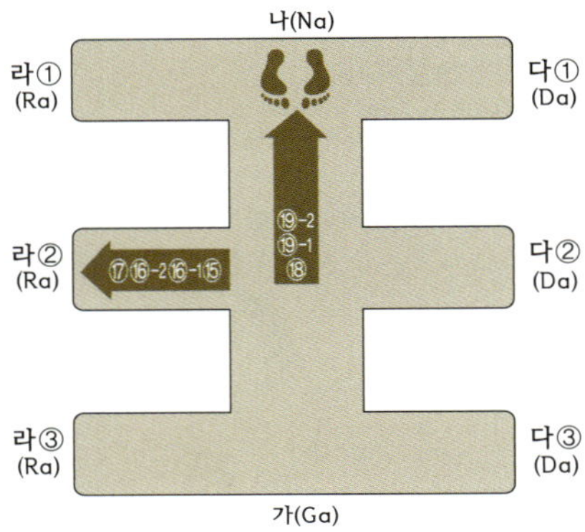

15 "라2"방향 방향 바꾸어 오른범서기 손날막기

Cambiar la dirección hacia "Ra2", hacer oreun beom seogi y ejecutar sonnal makki.

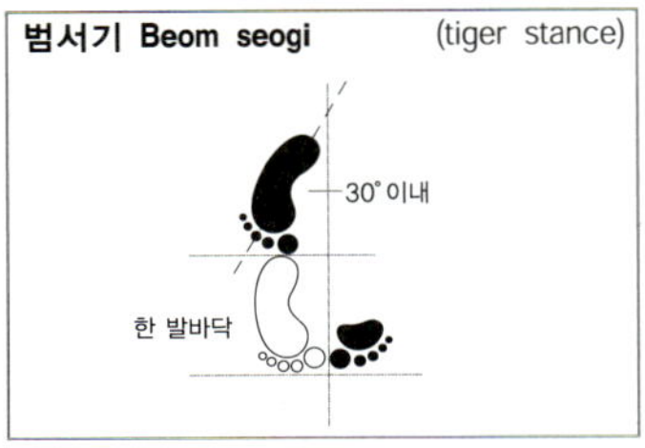

17 "라2"방향 오른발 다시 끌어 당겨 오른범서기 바탕손몸통막기

En dirección de "Ra2", la pierna derecha deberá jalarse hacia atrás para hacer oreun beom seogi y ejecutar batangson momtong makki.

16-2 오른앞굽이 몸통바로지르기

앞차고 접을 때 왼 주먹을 허리에 당겼다가 몸통 지른다.

16-1 "라2"방향 오른발 앞차기 차고 내디뎌

En dirección de "Ra2", ap chagi derecho, luego caer en wen ap kubi y ejecutar momtong baro jireugi. (16-1 y 16-2)

발차기 시 뒷축이 지나치게 돌아가거나 들리지 않도록 한다.

18 **"나"방향 오른발 옮겨 돌아 왼뒷굽이 거들어아래막기**

En dirección de "Na2", mover el pie derecho para girar en wen dwitkubi y ejecutar koduro arae makki.

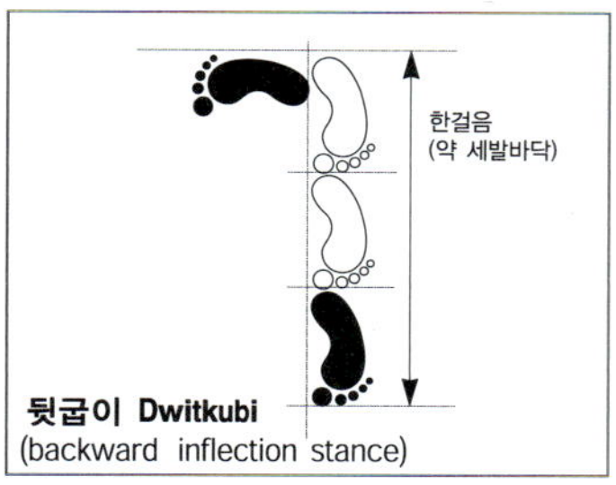

19-1 **"나"방향 왼발 앞차고**

En dirección de "Na", ap chagi izquierdo, antes de que el pie caiga al suelo ejecutar twio ap chagi con el pie derecho. Después del ap chagi derecho, caer en oreun ap kubi y ejecutar momtong an makki seguido de momtong dubon jireugi. (realizando el Kiap) (19-1, 19-2, 19-3, 19-4 y 19-5)

19-2 **땅에 딛기 전 오른 발로 뛰어 앞차기 차고 - 기합 - 내디뎌**

발차기 차고 접었을 때 무릎이 떨어지지 말고 그 상태에서 도움받아 뛰어 앞차기를 한다.

Al flexionar la pierna después de patear, mantener la pantorrilla pegada al muslo y realizar la patada frontal con salto.

18 「옆모습」 Vista lateral

19-1 「옆모습」 Vista lateral

19-2 「옆모습」 Vista lateral

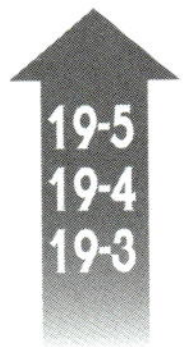

19-3 오른앞굽이 몸통막기

<서기 제자리>

19-4 이어서 몸통 두번지르기 (몸통바로지르기)

<서기 제자리>

19-5 (몸통반대지르기)

감점동작의 예 Factores de deducción

지르기 Jireugi(puño)

- 지르는 팔의 팔굽이 들려져 나가는 경우.
- 주먹의 손목이 꺾여진 경우.
- 예비동작을 취하는 경우 또는 상체반동으로 지르는 경우.
- Si el puño se ejecuta con el codo levantado.
- Si la muñeca está doblada al ejecutar el puño.
- Si el puño golpea antes de llegar al objetivo o si la parte superior del cuerpo rebota.

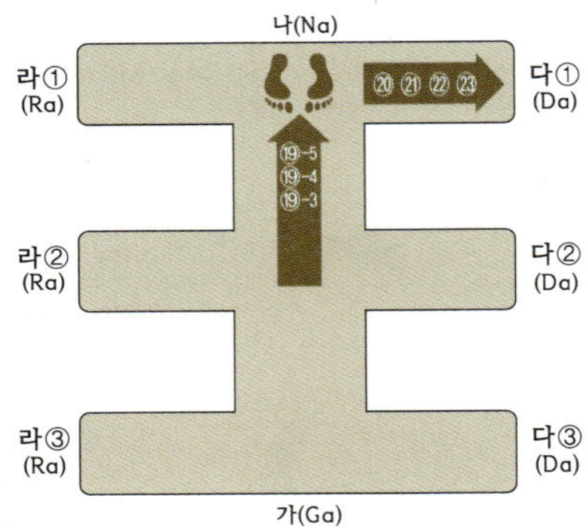

19-3 「옆모습」 Vista lateral

<서기 제자리>

19-4 「옆모습」 Vista lateral

<서기 제자리>

19-5 「옆모습」 Vista lateral

20 **"다1"방향 왼발 옮겨 돌아 오른뒷굽이 한손날몸통바깥막기**

En dirección de "Da1", mover el pie izquierdo para girar en oreun dwitkubi y ejecutar hansonnal momtong bakkat makki.

21 **"다1"방향 왼발 약간 밀어디뎌 왼앞굽이 오른팔굽돌려치기**

En dirección de "Da1", empujar ligeramente el pie izquierdo hacia adelante para hacer wen ap kubi y ejecutar oreun palkup dollyo chigi.

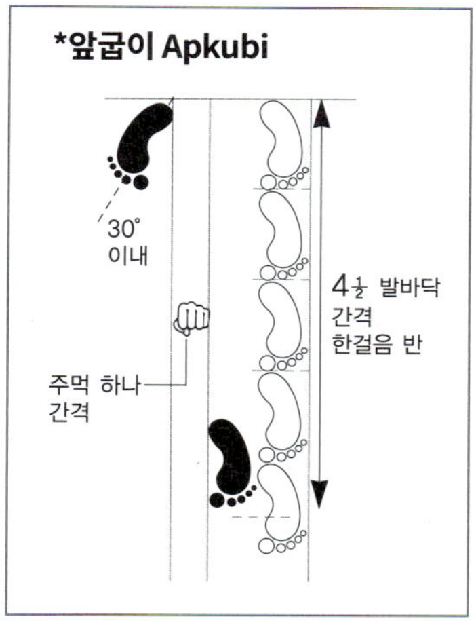

등주먹앞치기 동작
La combinación de palkup dollyo chigi y dungjumok ap chigi.

8장의 마지막 부분으로 한 팔로 팔굽치기를 하기 때문에 의외로 힘의 전달이 안되는 부분.
Esta es la última parte del teguk 8 Jang. Como sólo se utiliza una mano, es difícil explotar la fuerza.

그러나 한 팔이라도 충분히 힘을 쓸 줄 알아야 한다.
Pero se deberá obtener costumbre.

요령 : 팔굽돌려 칠 때 틀어진 허리를 이용하여 돌아오는 반동과 동시에 팔굽 돌려친 팔굽을 빠르게 아래로 당기면서 아랫배에 힘을 주며 등주먹앞치기를 한다.
Utilizando el rebote del giro de la cintura cuando se ejecuta el golpe con el codo, inmediatamente bajar el codo y contraer la parte inferior del abdomen.

<서기 제자리>

22 **"다1"방향 왼앞굽이 (그대로) 오른등주먹앞치기**

En dirección de "Da1", en wen ap kubi (manteniendo la posición), ejecutar oreun dungjumok ap chigi.

23 **"다1"방향 왼앞굽이 (그대로) 몸통반대지르기**

En dirección de "Da1", en wen ap kubi (misma posición), ejecutar momtong bandae jireugi.

24 "라1" 방향으로 방향바꾸어 오른발 약간 끌어 왼뒷굽이 한손날몸통바깥막기

Cambiar de dirección hacia "Ra1", jalar ligeramente el pie derecho para hacer wen dwitkubi y ejecutar hansonnal momtong bakkat makki.

25 "라1" 방향 오른발 약간 밀고나가 오른앞굽이 왼팔굽돌려치기

En dirección de "Ra1", empujar ligeramente el pie derecho hacia adelante para hacer oreun ap kubi y ejecutar wen palkup dollyo chigi.

26 "라1" 방향 오른앞굽이, (그대로) 왼등주먹앞치기

En dirección de "Ra1", en oreun ap kubi (manteniendo la posición), ejecutar wen dungjumok ap chigi.

27 "라1" 방향 오른앞굽이 (그대로) 몸통 반대지르기

En dirección de "Ra1", en oreun ap kubi (misma posición), ejecutar momtong bandae jireugi.

바로 바로 "나" 의 위치에 오른발 제자리 왼발 끌어 "가"방향 바라보며 (기본준비서기)

Baro: en posición de "Na", con el pie derecho en su lugar, jalar el pie izquierdo mirando hacia "Ga", regresando a kibon jumbi seogi.

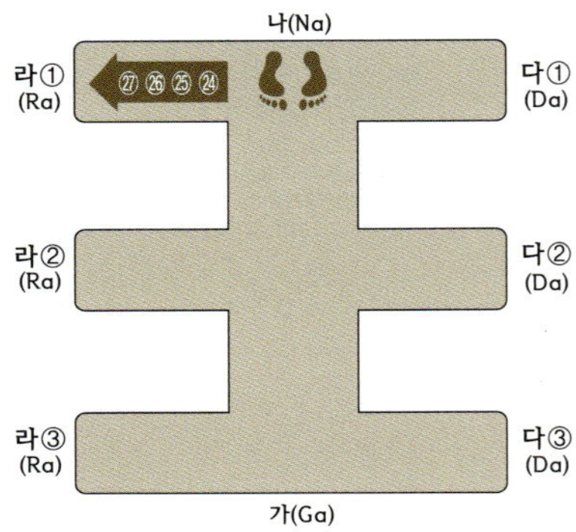

규정동작 Movimiento

외산틀막기
Wesantul makki (Bloqueo de una montaña)

- 앞굽이는 일직선상에서 발끝이 측면쪽으로 약간 틀어진 상태.(마름모꼴)
- Apkubi está en línea recta y los pies están ligeramente inclinados hacia un lado (en forma de diamante).

당겨 턱지르기
Dangyeo tuk jireugi (jalar y golpe a la mandíbula)

- 지를 때 서서히 온몸에 힘을 주어 지그시 한다.
- 마지막에 급하게 지르기 않는다. (8초 정도)
- 등주먹을 위로 하여 가슴을 거쳐 간 후 젖히며 지른다.
- 당긴손은 어깨선에 위치한다.
- Al golpear, ejecutar lentamente con fuerza en todo el cuerpo.
- No golpear rápido al final (duración 8 segundos)
- El dorso del puño mira hacia arriba y pasa por el pecho, luego golpear girando el puño.
- La mano que jala está a la altura del hombro.

감점동작의 예 Factores de deducción

외산틀막기
Wesantul makki (Bloqueo de una montaña)

- 두 발 모양이 마름모꼴이 되지 않을 때.
- 바깥막는 주먹의 높이가 머리위로 올라갈 때.
- 외산틀막기를 천천히 하는 행위.
- 이 밖에 규정동작이 아닌 행위는 감점이 된다.
- Si los pies no están en forma de diamante.
- Si el puño del bakkat makki está más arriba que la altura de la cabeza.
- Si el wesantul makki se ejecuta lento.
- Cualquier otro movimiento que no se ha indicado anteriormente será un factor de deducción.

당겨 턱지르기
Dangyeo tuk jireugi (jalar y golpe a la mandíbula)

- 턱지르기를 빠르게 하는 행위.
- 마지막에 끊어 지르는 행위.
- 당겨지르는 주먹이 가슴 아래에서 지르는 행위.
- 당긴손이 어깨선 아래로 내려가는 행위.
- 이 밖에 규정동작이 아닌 행위는 감점이 된다.
- Si el tuk jireugi se ejecuta rápido.
- Si al final del movimiento se realiza un golpe brusco.
- Si el dorso de puño empieza desde el abdomen o más abajo.
- Si la mano que jala va debajo de la línea del hombro.
- Cualquier otro movimiento que no se ha indicado anteriormente será un factor de deducción.

고려 (Koryo)

고려 품새는 선배를 의미하며 선배는 강력한 상무정신과 곧은 선비정신을 나타내고 고구려-발해-고려로 이어지는 선배(선비)의 얼을 바탕으로 품새가 엮어졌다. 우리민족은 어느 민족보다 창조심이 강했고 극치에 달한 문화예술의 유물은 타 민족의 선망을 받고 있다.
새로운 동작은 거듭 차기와 엎은손날 바깥치기, 한손날 아래막기, 칼재비, 무릎 눌러꺾기, 팔굽 옆치기, 몸통 헤쳐막기, 주먹 표적지르기, 편손끝 젖혀찌르기, 바탕손 눌러막기, 메주먹 표적아래치기 등으로 태극 품새와는 달리 유단자 품새다운 기술이 많이 나온다. 준비자세는 나란히서기 통밀기이며 손의 위치가 상단전과 중단전 사이로 몸과 정신이 합쳐지는 지점으로 정신통일을 중요하게 생각하는 자세이다. 품새 선은 선비 사(士)자로 고려 품새의 의미인 선배(선비)의 표상이다.

El poomsae Koryo simboliza “seonbae”, que representa un hombre sabio, quien se caracteriza por un espíritu marcial fuerte, así como el espíritu de un hombre honrado. El espíritu ha sido heredado a través de las edades de Koryo, Palhae y nuevamente Koryo, que es el origen del orden del poomsae Koryo.
Las nuevas técnicas que aparecen en este poomsae son kodum chagi, opun sonnal bakkat chigi, sonnal arae makki, kaljebi, murup nulo koki, momtong hecho makki, jumok pyojeok jireugi, pyonsonkkeut jeocho tzireugi, batangson nulo makki, palkup yop chagi, mejumeok arae pyojeok chigi, etc. Estas pueden ser practicadas solamente por cinturones negros. El jumbi seogi es el tong milgi que requiere de concentración mental por medio de la ubicación de la mano entre el abdomen superior e inferior en donde “sin” (divino) y “jeong” (espíritu) convergen.

♣ 고려 품새진행선

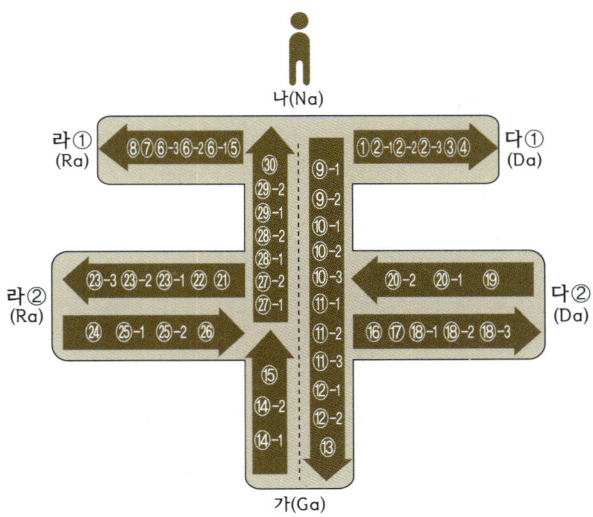
나(Na)
라① (Ra)
⑧⑦⑥-3⑥-2⑥-1⑤
①②-1②-2②-3③④
다① (Da)
㉚ ㉙-2 ㉙-1 ㉘-2 ㉘-1 ㉗-2 ㉗-1
⑨-1 ⑨-2 ⑩-1 ⑩-2 ⑩-3 ⑪-1 ⑪-2 ⑪-3 ⑫-1 ⑫-2 ⑬
라② (Ra)
㉓-3 ㉓-2 ㉓-1 ㉒ ㉑
㉔ ㉕-1 ㉕-2 ㉖
⑳-2 ⑳-1 ⑲
⑯ ⑰ ⑱-1 ⑱-2 ⑱-3
다② (Da)
⑮ ⑭-2 ⑭-1
가(Ga)

고려(Koryo)

준비 **통밀기 준비서기**
Jumbi: En posición de "Na", mirando hacia "Ga", ejecutar tong milgi.

통밀기
두손을 손날과 같이 하여 밑에서부터(단전앞에서) 모아가며 손바닥이 위를 향하게 하여 가슴 앞까지 끌어 올렸다가 두손을 손바닥이 마주보게 하면서 손날을 세워 앞으로 민다. 두손을 앞으로 밀 때 손의 모양은 배구공을 마주 잡은 것 같이 해야 한다.
손목은 엄지쪽으로 젖혀 손끝이 하늘을 향하도록 팔굽은 약120도 가량 펴면서 앞으로 밀어낸다.

1 **"다1"방향 왼발 내디뎌 오른뒷굽이 손날막기**
En dirección de "Da1", poner el pie izquierdo adelante para hacer oreun dwitkubi y ejecutar sonnal makki.

2-1 **"다1"방향 오른발 거듭 옆차기 (오른발로 아래 옆차기<무릎> 차고 이어서)**
En dirección de "Da1", patear dos yop chagis con el pie derecho (el primero arae yop chagi y el segundo momtong yop chagi), caer en oreun ap kubi y ejecutar sonnal bakkat chigi.

거듭옆차기 Double yopchagis
차는 발이 지지발 무릎 정도까지 접어 올리자마자 아래 옆차기를 찬다.(아래옆차기 할 때 무릎을 허리까지 올렸다가 차는 동작은 잘못된 동작)
Levantar la pierna a la altura de la rodilla de la otra pierna y, en ese momento, realizar la patada lateral (si se levanta la pierna al costado, es un movimiento incorrecto).
아래옆차기 찬 후 무릎을 허리로 접어올려 얼굴 옆차기를 찬다.
Después de la patada baja, levantar la rodilla al costado y luego patear.

손의 위치는 인중과 목 사이
Las manos deberán ubicarse entre el labio y el cuello.
주의! 단전에서 끌어올릴 때 팔꿈치가 들리지 않도록 손이 먼저 올라온다.
Tener cuidado de alzar las manos más arriba del labio, nunca deberá despegar los talones del piso y primero deberá levantar las manos.

준비서기

1,2-1

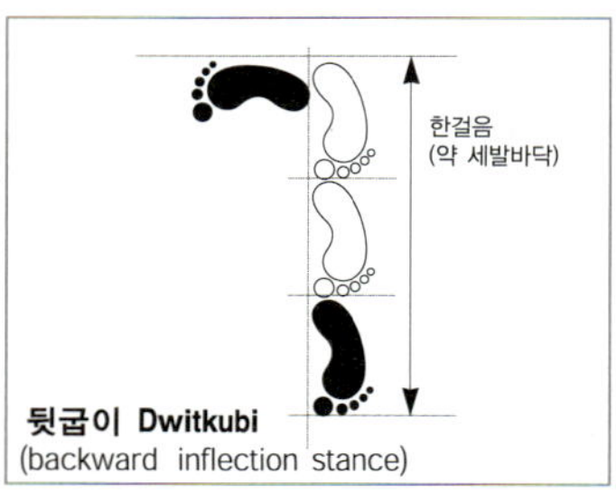

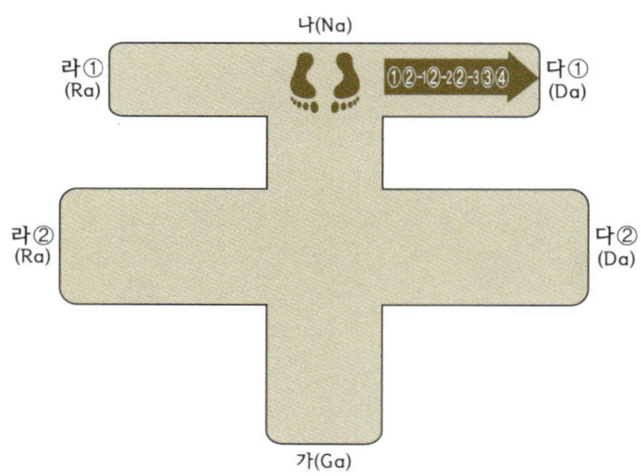

2-2 옆차기<몸통, 얼굴>를 찬다.

「앞모습」
Vista frontal

2-3 하고 내려디뎌 오른앞굽이 손날바깥치기

발을 놓음과 동시에 손날바깥치기를 한다. (한 손으로 치지 말고, 양손을 교차해서 반대손 허리로 당기며 동시에)
Después de patear, caer realizando el golpe al cuello (no utilizar solo una mano, pero ejecutar el golpe de codo invertido a la vez).

지지하는 발이 완전히 회전하며 허리를 넣어서 얼굴옆차기
Girar completamente el pie de base al realizar la patada lateral.

뒷축이 들리지 않도록 한다.
El talón no deberá levantarse.

2-2,2-3

규정동작 Movimiento

거듭옆차기 Kodup yopchagi (Patada lateral repetida)

- 첫발은 무릎높이, 둘째발은 얼굴로 한다.
- La altura de la primera patada es a la rodilla y la segunda patada a la cara.

감점동작의 예 Factores de deducción

거듭옆차기 Kodup yopchagi (Patada lateral repetida)

- 천천히 차는 것, 뻗어 차는 것.
- 연속으로 차지 않는 것.
- 이 밖에 규정동작이 아닌 행위는 감점이 된다.
- Si se patea lento, se debe estirar completamente a pierna para que esté recta.
- Si no se ejecutan las patadas continuas.
- Cualquier otro movimiento que no se ha indicado anteriormente será un factor de deducción.

3 "다1"방향 오른손 허리로 잡아 당기면서 오른앞굽이 (그대로) 몸통바로지르기

n dirección de "Da1", jalando la mano derecha a la cintura, en oreun ap kubi (manteniendo la posición) ejecutar momtong baro jireugi.

4 "다1"방향 오른발 뒤로 끌어 왼뒷굽이 몸통막기

En dirección de "Da1", jalar ligeramente el pie derecho hacia atrás para hacer wen dwitkubi y ejecutar momtong makki.

손날바깥치기한 손을 허리로 빠르게 당기는 동시에, 허리를 더 틀면서 주먹지른다.

몸통막기가 인체중심선이 끝점이므로, 어깨선 안으로 들어와 끝나야 됨
El bloqueo deberá terminar dentro de la línea del hombro.

<서기 제자리>

3,4

앞발을 살짝만 당겨온다.
Acercar ligeramente el pie delantero.

뒷발이 앞축을 중심으로 안으로 틀어지기 때문에 앞발을 많이 끌어당기면 뒷굽이 폭이 너무 좁아진다. 주의!
Tener cuidado, si se acerca mucho el pie delantero, la postura hacia atrás será demasiado estrecha por lo que el pie trasero estará torcido hacia adentro.

중심을 왼쪽 다리로 옮기며 몸통막기를 한다.

6-2 옆차기(몸통, 얼굴)

6-3 차고 내려디뎌 왼앞굽이 손날바깥치기

6-3,6-2

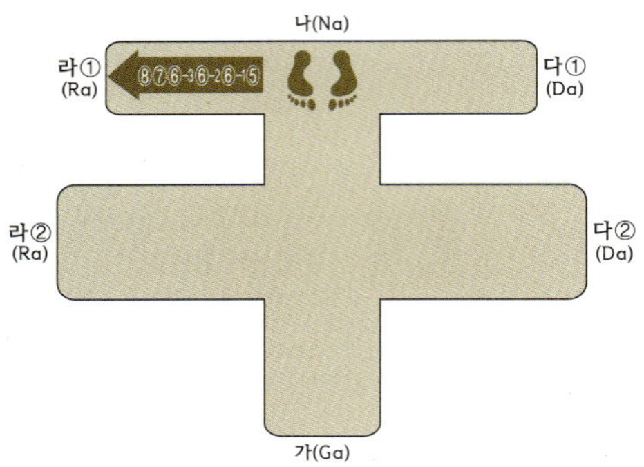

7 "라1"방향 왼손 허리로 잡아당기면서 왼앞굽이 (그대로) 몸통바로지르기

En dirección de "Ra1", jalando la mano a la cintura, en wen ap kubi (manteniendo la posición) ejecutar momtong baro jireugi.

8 "라1"방향 왼발 뒤로 끌어 오른뒷굽이 몸통막기

En dirección de "Ra1", jalar ligeramente el pie izquierdo hacia atrás para hacer oreun dwitkubi y ejecutar momtong makki.

8,7

5 **“라1”방향 오른발 옮겨 뒤로 돌아 왼뒷굽이 손날막기**

En dirección de “Ra1”, girar en wen dwitkubi y ejecutar sonnal momtong makki.

6-1 **“라”방향 왼발 거듭옆차기-아래옆차기(무릎) 이이서**

En dirección de “Ra1”, patear doble yop chagi, y luego ejecutar wen sonnal bakkat chigi.

규정동작 Movimiento

손날막기 Sonnal makki (Bloqueo mano-cuchillo)

(요령) 막는 손 손바닥을 위로 향하게 하고 반대 손은 손바닥 부분이 뒤로 향한 상태에서 시작한다. 반대 손의 손끝이 어깨선에 오고 팔굽을 약간 구부린 상태에 자연스럽게 내리며, 막는 손은 손끝이 코앞에 지나가게 하고 거들은 손은 명치쪽으로 당긴다.

(punto de atención) La palma de la mano que bloquea debe mirar hacia arriba, y la otra palma deberá mirar hacia atrás al iniciar el bloqueo. Las puntas de los dedos de la otra mano deben estar en paralelo con el hombro y la muñeca ligeramente doblada se debe bajar suavemente, mientras que las puntas de la mano que bloquea pasa en frente de la nariz y la mano de apoyo termina en la boca del estómago.

감점동작의 예 Factores de deducción

손날막기 Sonnal makki (Bloqueo mano-cuchillo)

(시작시)

- 막는 팔이 머리와 어깨 사이각을 벗어날 때.
- 거드는 팔의 팔목이 몸통선 높이(장골능 - 어깨)를 벗어날 때.

(막았을 때)

- 거드는 손의 팔목이 몸통 중심선까지 오지 않을 때.
- 막는 팔이나 거드는 팔의 팔굽이 바깥으로 들릴 때.
- 이 밖에 규정동작이 아닌 행위는 감점이 된다.

(Inicio)

- Si el brazo que bloquea sale del área entre la cabeza y el hombro.
- Si el brazo de apoyo sale de la altura del cuerpo (cintura-hombro).

(Bloqueo)

- Si la mano-cuchillo del brazo de apoyo no llega a la línea del centro del cuerpo o boca del estómago.
- Si los codos del brazo que bloquea y el que apoya se levantan hacia afuera.
- Cualquier otro movimiento que no se ha indicado anteriormente será un factor de deducción.

9-1 **"가"방향 왼발 옮겨 돌아 왼앞굽이 왼한손날 아래막기하고**

En dirección de "Ga", mover el pie izquierdo para girar en wen ap kubi, ejecutar wen hansonnal arae makki y enseguida un oreun agwison kaljebi.

팔목이 위, 혹은 아래로 꺾이면 안된다.
(손아귀만 목표물에 닿게 손바닥이 목표물에 닿으면 힘이 분산된다.)
힘의 집중은 닿는 면이 작을수록 집중된다.

9-2 **이어서 오른아귀손칼재비**

9-1
9-2

아래막기는 항상 팔꿈치가 펴진 상태로 허벅지 위에 위치

El bloqueo inferior deberá estar ubicado encima del muslo con el codo extendido.

목선에 위치 (아래막고 칼재비는 연결해서)

Situado alrededor de la línea del cuello (ejecutar el bloqueo inferior combinando con kaljebi) (golpe con la palma).

<서기 제자리>

규정동작 Movimiento

앞차고 칼재비 Ap chagi kaljebi (Patada frontal, arco de la mano)

- 시작점: 장골능에서
- 끝점: 목
- 형태: 아귀손
- 앞차기: 칼재비한 손을 당기며 앞차기 한다.
- Punto inicial: cintura.
- Punto final: cuello.
- Forma: arco de la mano.
- Ap chagi (patada frontal): jalar la mano que golpea a la cintura al ejecutar la patada frontal.

감점동작의 예 Factores de deducción

앞차고 칼재비 Ap chagi kaljebi (Patada frontal, arco de la mano)

- 칼재비를 바탕손 형태로 하는 행위.
- 칼재비한 팔을 편 채로 차는 행위.
- 이 밖에 규정동작이 아닌 행위는 감점이 된다.
- Si no se ejecuta el golpe con el arco de la mano.
- Si no se jala la mano que golpea a la cintura cuando se ejecuta la patada frontal.
- Cualquier otro movimiento que se no ha indicado anteriormente será un factor de deducción.

10-1 **"가"방향 오른발 앞차고 내디뎌**

En dirección de "Ga", ap chagi derecho, caer en oreun ap kubi, ejecutar oreun hansonnal arae makki seguido de wen agwison kaljebi. (10-1, 10-2 y 10-3)

10-2 **오른앞굽이 오른 한손날 아래막기하고**

10-3 **이어서 왼아귀손 칼재비**

10-1
10-2
10-3

앞차기때 양손은 가슴 앞에

<서기 제자리>

11-1 “가”방향 왼발 앞차기 차고 내디뎌

En dirección de “Ga”, ap chagi izquierdo, caer en wen ap kubi, ejecutar wen hansonnal arae makki seguido de oreun agwison kaljebi. (11-1, 11-2 y 11-3)

11-2 왼앞굽이 왼한손날 아래막기하고

11-1 이어서 오른아귀손 칼재비 -기합-

칼재비 = 아귀손 목치기

바탕손턱치기와 칼재비는 지르기와 같이 직선운동방법으로 한다. 칼재비는 아귀손으로 목표를 공격하며 목표에 따라 공격방법이 다르다.

목치기 할때 : 식도 부위를 지르기와 같이 팔을 똑바로 뻗어 아귀손으로 공격한다.

무릎꺾기할때 : 한손으로 발 뒤축을 잡고 아귀손으로 무릎(슬개골)을 공격한다.

<서기 제자리>

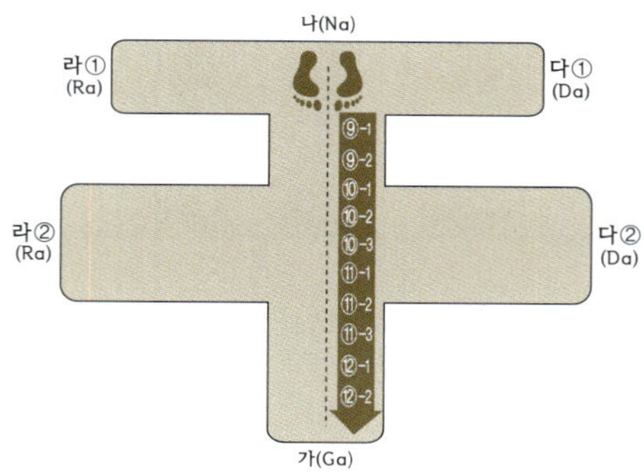

12-1 “가”방향 오른발 앞차기 차고 내디뎌

En dirección de “Ga”, ap chagi derecho, caer en oreun ap kubi, ejecutar murup kuki (la mano derecha agarra el tobillo y talón del oponente para levantarlo y golpear debajo de la rodilla con agwison con la mano izquierda). (12-1 y 12-2)

12-2 오른앞굽이 무릎꺾기 (오른손으로는 상대의 발목을 잡고 걷어 올리며 왼아귀손으로 무릎대접뼈 바로 밑을 친다)

무릎 꺾는 손이 장골능(엉덩이의 윗 테두리를 두르고 있는 뼈) 위에서 손바닥이 위를 향하도록 시작하고 당기는 손은 아래 앞으로 뻗어 손등이 위로 향하게 시작.

La mano que se utiliza para romper la rodilla del oponente deberá iniciar en la cintura con la palma hacia arriba y la mano para bajar la pierna del oponente deberá comenzar desde abajo con el dorso de la mano viendo hacia adelante.

손바닥이 위 방향에서 회전을 하며 무릎 꺾는 손(아귀손)을 아래로 하고, 당기는 손도 회전을 해서 손바닥이 꺾는 손 팔굽 아래에 위치하도록 한다. (발차기 후 이므로 발을 내려딛음과 동시에 동작이 끝나야 함.)

Con la palma que gira y la palma que rompe la rodilla hacia abajo, la mano que jala también deberá girar y la palma deberá ubicarse abajo del codo.

13 "가"방향으로 왼발 옮겨 뒤로 돌아 오른앞굽이(시선"나"방향) 안팔목몸통 헤쳐막기

En dirección de "Na", hacer oreun ap kubi y ejecutar anpalmok momtong hecho makki.

회전할 때, 상하 높이를 유지하며 앞축으로 빠르게 회전한다.

Al girar manteniendo la posición, girar rápidamente usando el metatarso como eje.

14-1 "나"방향 왼발 앞차고 내디뎌

En dirección de "Na", ejecutar ap chagi izquierdo.

14-2 왼앞굽이 무릎꺾기

En dirección de "Na", hacer wen ap kubi y ejecutar murup kuki.

왼손으로 상대방의 발목을 잡고 오른아귀손으로 무릎을 꺾는다.

Agarrando el tobillo del oponente con la mano izquierda, romper la rodilla golpeando con la palma derecha.

▼ 오른팔이 바깥에서 교차하여 헤쳐 막는다.

13 「옆모습」 Vista lateral

14-2 「옆모습」 Vista lateral

규정동작 Movimiento

무릎꺾기 Murupkuki (Rompimiento de rodilla)

- 시작점 : 장골능
- 끝 점 : 무릎대접뼈 바로 밑
- 반대손 위치 : 꺽기 손의 팔굽아래
- Punto incial: cintura
- Punto final: abajo
- Posición de la otra mano: debajo del codo.

감점동작의 예 Factores de deducción

무릎꺾기 Murupkuki (Rompimiento de rodilla)

- 아귀손이 제대로 되지 않고 손목이 꺾긴 상태.
- 당기는 손이 꺽는 팔의 팔굽을 지나 너무 깊게 들어가는 경우.
- 이 밖에 규정동작이 아닌 행위는 감점이 된다.
- Si la muñeca se dobla; esta deberá estar completamente estirada.
- Si se jala la mano izquierda muy profunda, permitir un espacio entre el hombro y el codo del brazo.
- Cualquier otro movimiento que no se ha indicado anteriormente será un factor de deducción.

15 "나"방향 왼발 뒤로 끌어 왼앞서기 안팔목몸통헤쳐막기

En dirección de "Na", jalar ligeramente el pie izquierdo hacia atrás para hacer wen ap seogi y ejecutar anpalmok momtong hecho makki.

중심을 오른발로 옮기는 동시에 안팔목 몸통헤쳐막기를 하여 힘이 분산되지 않도록 한다.(손·발 일치)

「옆모습」
Vista lateral

▼ 왼팔이 바깥에서 교차하여 헤쳐 막는다.

왼발이 앞이므로 왼손 바깥으로 교차해서 헤쳐막기
El pie izquierdo debe estar adelante y la mano izquierda deberá cruzar por fuera.

규정동작 Movimiento

안팔목 몸통헤쳐막기 Anpalmok momtong hecho makki (bloqueo con la muñeca interna empujando el tronco)

- 시작점 : 양팔이 가슴 높이에서 교차하여 헤쳐 막는다.
- 끝점 : 높이-어깨높이, 너비-어깨너비
- Punto inicial: cruzar la parte interna de la muñeca en frente del pecho ejecutando el bloqueo del cuerpo.
- Punto final: la altura y el ancho del bloqueo deberá ser de los hombros.

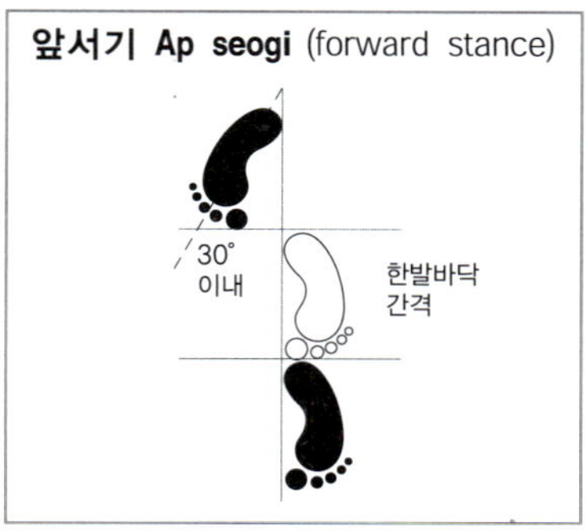

감점동작의 예 Factores de deducción

안팔목 몸통헤쳐막기 Anpalmok momtong hecho makki (bloqueo con la muñeca interna empujando el tronco)

- 막기시 양손을 앞으로 치는 듯이 하는 행위.
- 시작시 양손을 아래로 뻗는 행위.
- 이 밖에 규정동작이 아닌 행위는 감점이 된다.
- Si al realizar el bloqueo, se ejecuta como un golpe.
- Si al realizar el bloqueo, se ejecuta como un golpe.
- Cualquier otro movimiento que no se ha indicado anteriormente será un factor de deducción.

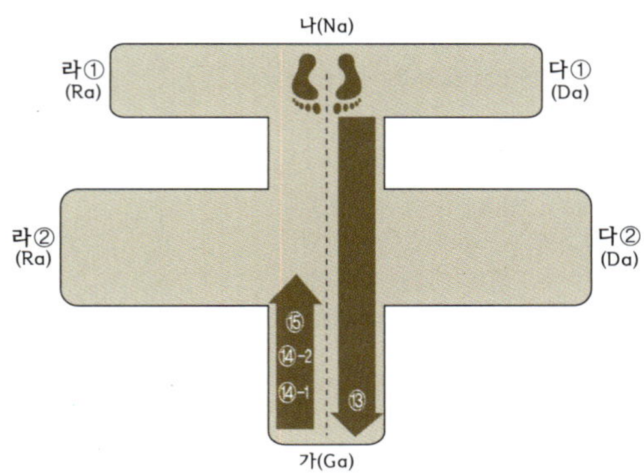

16 왼발 축으로 몸을 오른쪽으로 돌려 오른발을 "라2"방향에 디뎌 주춤서기 왼한손날 몸통옆막기 (몸의 정면은 "가"방향, 시선은"다2"방향)

Utilizando el pie izquierdo como eje, girar el cuerpo hacia la derecha, poner el pie derecho en dirección de "Ra" para hacer juchum seogi (el cuerpo mirando hacia "Ga") y ejecutar wen hansonnal momtong yop makki (con la mirada hacia "Da2").

몸통옆막기 : 주춤서기에서 막기동작은 옆막기로 용어를 사용한다.

17 두 발 제자리 상반신만 왼쪽으로 ("다2"방향)틀어 주춤서기(그대로) 오른주먹표적지르기(몸통)

Con los dos pies en su posición, girar la parte superior del cuerpo hacia la izquierda (en dirección de "Da2") en juchum seogi (manteniendo la posición), ejecutar oreun jumok pyojeok jireugi.

명치 높이, 손바닥을 친다. 손가락으로 주먹을 잡지 않는다. 한손날막기에서 손목만 틀어준다.

A la altura del pecho, golpear con la palma de la mano. No agarrar los dedos. Solo girar la muñeca en el bloqueo de la mano-cuchillo.

지르는 팔의 두팔꿈치는 펴진 상태임(명치높이)

El codo de la mano que ataca debe estar estirado.

주춤서기 자세 주의!

Tener cuidado de la posición de montar.

명치선

주춤서기 유지, 무릎이 진행방향으로 돌아 가지 않게

<서기 제자리>

18-1 "다2"방향 오른발 옮겨 앞꼬아 서기로 몸을 옮기며 두손을 잡아 끌면서

앞으로 꼬아 옮기는 동안 양손은 움직이지 않는다.

Las dos manos no deben moverse mientras se cruzan las piernas por adelante.

16,17,18-1

감점동작의 예 Factores de deducción

표적지르기 Pyojeok jireugi (puñete al objetivo)

- 명치를 벗어난 행위.(세운주먹)
- 팔굽이 구부러진 행위.(공격주먹)
- 이 밖에 규정동작이 아닌 행위는 감점이 된다.
- Si se ejecuta fuera del objetivo de la boca del estómago (mantener el puño vertical).
- Si se realiza el bloqueo con los brazos estirados (puño de ataque).
- Cualquier otro movimiento que no se ha indicado anteriormente será un factor de deducción.

앞꼬아서기 옆차기 Apkkoa seogi yop chigi (patada lateral en apkkoa seogi)

- 당기는 동작과 옆차기가 구분동작이 되는 경우.
- 이 밖에 규정동작이 아닌 행위는 감점이 된다.
- Si se separan los movimientos entre la patada lateral y jalar la mano.
- Cualquier otro movimiento que no se ha indicado anteriormente será un factor de deducción.

규정동작 Movimiento

표적지르기 Pyojeok jireugi (puñete al objetivo)

- 높이 : 명치높이에 맞춘다.
- 팔굽을 곧게 편다. (주먹등이 위로 향한 상태)
- Altura: boca del estómago
- Mantener el codo estirado (el dorso del puño hacia arriba)

앞꼬아서기 옆차기 Apkkoa seogi yop chigi (patada lateral en apkkoa seogi)

- 옆차기와 표적지르기 한 손을 당김과 동시에 옆찬다.
- Simultáneamente, ejecutar la patada lateral y jalar el puño.

21 "라2"방향 두 다리 제자리 주춤서기(그대로) 오른한손날 몸통옆막기

En dirección de "Ra2", con los dos pies en el sitio en juchum seogi (manteniendo la posición), ejecutar oreun hansonnal momtong yop makki.

<서기 제자리>

22 "라2"방향 두 발 제자리 주춤서기 (그대로) 왼주먹표적지르기(몸통)

En dirección de "Ra2", con los dos pies en el sitio en juchum seogi (manteniendo la posición), ejecutar wen jumok pyojok jireugi.

두 팔굽이 곧게 펴져야 한다.

명치높이, 주먹으로 표적(손바닥)을 (주먹등이 위를 향한 상태로) 지르는 동작으로 손가락은 편 상태로

<서기 제자리>

22,21

18-2 발 옆차기 차고 내려 디디며

En dirección de “Da2”, mover el pie derecho para hacer apkkoa seogi (posición cruzada por adelante), al mismo tiempo jalar los dos puños juntos, ejecutar yop chagi izquierdo, cambiar la dirección al caer en oreun ap kubi (hacia “Ra2”) y ejecutar wen pyonsonkkeut arae jeocho tzireugi. (18-1,18-2 y 18-3)

18-3 방향 바꾸어 (“라2”방향) 오른앞굽이 왼편손끝 아래젖혀 찌르기

편손끝 젖혀찌르기 : 주로 늑골, 명치, 낭심등을 찌른다.
시작점 : 찌르는 명치선에서 손등이 위로 향하게 하고 반대손은 앞으로 뻗어 손등이 위로 향하게 한 후 교차하여 찌른다.
끝 점 : 손끝을 아래로 손바닥 부분이 위로 향하게한다. 반대손은 바닥부분이 얼굴 방향으로 하여 어깨 높이로 올린다.

▼ 옆차고 접으면서 편손끝 아래젖혀 찌르기 준비

18-2,18-3

옆차기 할 때 양손을 반대쪽 허리로 끌어당긴다 (옆차기와 당기는 동작은 동시에)
Al realizar la patada lateral, llevar ambas manos al tronco.

오른손은 상대를 잡아끄는 마음으로 왼쪽 어깨 위에 놓는다.
En este momento, la mano derecha se pone en el hombro izquierdo como si jalara al oponente.

발차기 차고 발을 딛음과 동시에 젖혀 찌른다.
Al mismo tiempo que cae después de patear, realizar el golpe.
뒷무릎을 펴야 한다.

뒷발 뒤꿈치 들리지 않도록 주의!

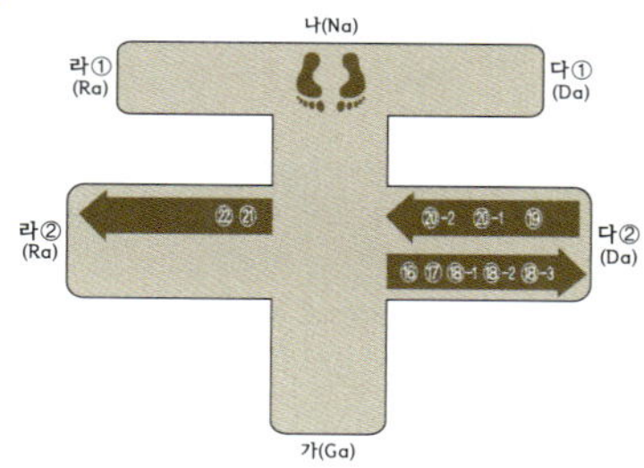

▶ **20-1** and **20-2**
눌러막기와 팔굽옆치기는 연결해서 한다. (보폭의 흐름은 걸어가서 주춤서기자세로)
Deberá hacer una combinación del bloqueo empujando hacia abajo la palma con golpe lateral del codo (el ancho de la posición deberá ser de la postura de caminar a la postura de montar).

왼발과 오른발 이동은 걸어 가듯한다.
Los movimientos del pie izquierdo y el pie derecho deberán ejecutarse como caminando.

오른 팔굽 옆치기할 때는 왼손바닥으로 오른주먹을 밀어 옆치기에 힘을 보태준다.
Al momento del yop chagi, por el codo derecho, empujar con la mano izquierda al puño derecho para ayudar al yop chagi.

허리에서 손끝을 끌어올려 아래(명치선)까지 바탕손을 중심으로 눌러 막는다. 눌러 막는 손과 상체와의 간격은 약 주먹 한 개 정도의 간격
Levantar la punta de las manos desde la cintura y bloquear el área del pecho empujando hacia abajo la palma. La distancia entre la palma y el pecho es de dos puños verticales.

20-2 “라2”방향 주춤서기 오른팔굽옆치기

팔굽옆치기 : 주춤서기로 치는 팔굽의 주먹이 반대편 어깨선까지 와서 반대 손바닥에 대고 반대손이 밀어주는 힘을 이용하여 팔굽을 옆으로 친다. 반대손의 손끝은 위로 향하게 하고 주먹을 잡지 않는다. 반대손은 치는 팔굽쪽 가슴 앞에 위치시킨다.

20-1 “라2”방향 왼발 한걸음 내딛으며 왼앞서기 왼바탕손눌러막기를 하며 이어 오른발을 또 내디더

En dirección de “Ra2”, poner el pie izquierdo
En dirección de “Ra2”, poner el pie izquierdo un paso adelante, ejecutar wen batangson nulo makki, luego poner el pie derecho adelante en juchum seogi y ejecutar oreun palkup yop chigi.
(20-1 y 20-2)

19 왼발 제자리 오른발 끌어당겨 오른앞서기 아래막기

El pie izquierdo en su lugar, jalar ligeramente el pie derecho en oreun ap seogi y ejecutar arae makki.
오른발을 끌어 당기는 동시에 아래막기를 하세요.

팔꿈치가 들리지 않게 주의!

반대손이 밀어주면서 팔굽옆치기를 한다.
Con la mano contraria que empuja el codo, ejecutar el golpe lateral del codo.

20-2,20-1,19

23-1 "라2"방향 왼발옮겨 앞꼬아서기로 몸 옮기며

En dirección de "Ra2", mover el pie izquierdo para hacer apkkoa seogi, moviendo el cuerpo, hacer yop chagi derecho, al caer cambiar de dirección hacia "Da2" en wen ap kubi y ejecutar oreun pyonsonkkeut arae jeocho tzireugi (23-1, 23-2 y 23-3)

23-2 이어서 오른발 옆차고 내려디뎌

23-3 "다2"방향으로 방향 바꾸어 왼앞굽이 오른편손끝아래젖혀 찌르기

▼ 23-3 옆차고 접으면서 편손끝 아래젖혀 찌르기 준비동작

규정동작 Movimiento

편손끝 아래젖혀찌르기
Pyonsonkkeut arae jeocho tzireugi (Puntas de los dedos hacia abajo empujan un puño)

- 옆차기 한 발이 바닥에 닿는 순간 젖혀 찌른다.
- 젖혀찌르는 손등이 위로 향하게 한 다음 젖혀 찌른다.
- Tan pronto como el pie toca el suelo con la patada lateral, empujar con la punta de los dedos.
- El dorso de la mano debe estar hacia arriba, antes de iniciar el golpe.

감점동작의 예 Factores de deducción

편손끝 아래젖혀찌르기
Pyonsonkkeut arae jeocho tzireugi (Puntas de los dedos hacia abajo empujan un puño)

- 차기와 찌르기를 구분동작으로 하는 행위.
- 젖혀 찌르는 손, 손바닥이 위로 향했다 찌르는 행위.
- 이 밖에 규정동작이 아닌 행위는 감점이 된다.
- Si la patada y el golpe se ejecutan en dos movimientos separados.
- Si la palma se prepara hacia arriba y el golpe se realiza directo sin girar la mano.
- Cualquier otro movimiento que no se ha indicado anteriormente será un factor de deducción.

24 오른발 제자리("다2"방향) 왼발 끌어 왼앞서기 아래막기

Con el pie derecho en su lugar, jalar ligeramente el pie izquierdo (en dirección de "Da2") para hacer wen ap seogi y ejecutar arae makki.

25-1 "다2"방향 오른발 한 걸음 내디뎌 오른앞서기 오른바탕손 눌러막기하고 이어서

En dirección de "Da2", poner el pie derecho un paso adelante, ejecutar oreun batangson nulo makki, luego poner el pie izquierdo adelante en juchum seogi y ejecutar wen palkup yop chigi. (25-1 y 25-2)

규정동작 Movimiento

바탕손눌려막기 팔굽옆치기 Batangson nulo makki oreun palkup yop chigi (Bloqueo con la palma de la mano hacia abajo, golpe de codo)

- 앞서기로 바탕손 눌려막기 후 연속해서 팔굽옆치기를 한다. (눌려막기: 팔굽치기: 가슴치기)
- Con el ap seogi, el bloqueo con la palma de la mano hacia abajo debe realizarse mientras se camina hacia adelante, con el golpe de codo (bloqueo presionando para abajo: altura de la boca del estómago, golpe del codo: altura del pecho).

메주먹 아래표적치기 Mejumeok arae pyojeok chigi (Golpe abajo del puño)

- 두 손이 머리 위에 있을 때 발을 모아서고 두 손이 어깨선에 왔을 때.
- 왼주먹을 말아 쥐기 시작하여 천천히(5초 정도) 표적아래치기를 한다.
- Levantar ambas manos sobre la cabeza, luego gradualmente moverlas hacia abajo simétricamente, con ambos pies juntos.
- Cuando ambas manos estén al nivel del hombro, la mano derecha se cierra en puño, luego continuar moviendo hacia abajo hasta que el puño golpee por debajo (5 segundos).

감점동작의 예 Factores de deducción

바탕손눌려막기 팔굽옆치기 Batangson nulo makki oreun palkup yop chigi (Bloqueo con la palma de la mano hacia abajo, golpe de codo)

- 눌러막기시 앞서기 이외의 서기로 하는 경우.
- 눌러막기를 바탕손으로 쳐내는 동작으로 할 때.
- 바탕손 눌러막기와 팔굽옆치기를 연결하지 않을 때.
- 이 밖에 규정동작이 아닌 행위는 감점이 된다.
- Si realiza cualquier otra posición excepto ap seogi al ejecutar el bloqueo hacia abajo.
- Si al ejecutar la presión y el bloqueo, golpea con la palma de la mano.
- Si el bloqueo con la palma y el golpe del codo no es continuo.
- Cualquier otro movimiento que no se ha indicado anteriormente será un factor de deducción.

메주먹 아래표적치기 Mejumeok arae pyojeok chigi (Golpe abajo del puño)

- 발을 천천히 끌면서 하는 행위.
- 이 밖에 규정동작이 아닌 행위는 감점이 된다.
- Si se realiza un movimiento lento con el pie.
- Si se realiza un movimiento lento con el pie.

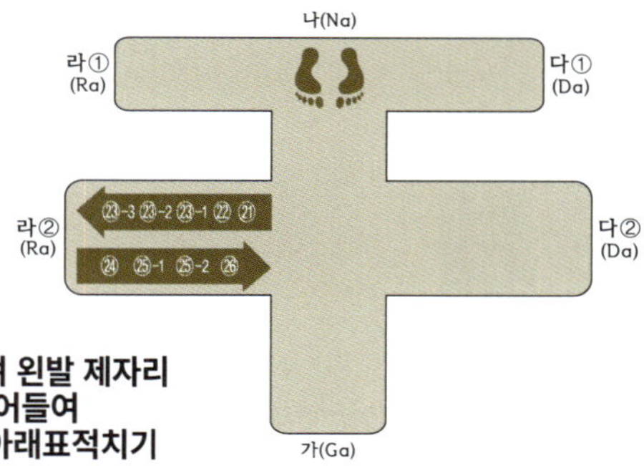

25-2 왼발 한걸음 내디뎌 주춤서기 왼팔굽옆치기

26 "가"방향을 바라보며 왼발 제자리 모둠발로 오른발 끌어들여 모아서기 왼메주먹아래표적치기

Mirando hacia "Ga", manteniendo el pie izquierdo en su posición, arrastrar el pie derecho para hacer moa seogi y ejecutar wen mejumeok arae pyojeok chigi.

양손이 어깨높이 정도 왔을 때 주먹을 쥐기 시작 한다.
Cuando ambas manos lleguen a la altura del hombre, empezar a cerrar el puño izquierdo.

아래로 왔을 때 살짝 메주먹으로 표적을 친다.
Cuando está bajando un poco, golpear suavemente el objetivo con el puño.

오른발을 왼발에 모을 때 두 손도 같이 움직여 얼굴 앞으로 올려 머리 위부터 양쪽으로 크게 원을 그리면서 서서히 왼 주먹을 쥐며 아래 표적치기를 한다.
Cuando el pie derecho se jala al pie izquierdo, ambas manos se levantan simultáneamente al frente de la cara, empiezan a bajar dibujando un círculo hacia afuera y ejecutar lentamente arae pyojeok chigi.

25-2,26

28-1 **"나"방향 오른발 내디뎌 오른 앞굽이 오른손날목치기하고**

En dirección de "Na", poner el pie derecho adelante en oreun ap kubi y ejecutar oreun sonnal mok chigi seguido de oreun hansonnal arae makki. (28-1 y 28-2)

손날목치기 : 젖힌 손날로 목표를 친다. 반대손은 앞으로 뻗었다가 목을 칠 때 손을 당겨 허리(장골능)에 둔다.

28-2 **이어서 오른한손날 아래막기**

<서기 제자리>

한손날로 안으로 목치기를 하였을 때 젖힌손날로 용어를 사용하여서는 안된다. 한손날로 안으로 목치기를 할 때는 당연히 손바닥을 젖히게된다. 또 손날 바깥치기를 할 때는 엎은손날이라는 용어를 사용하여서는 안된다. 손날로 바깥을 치려면 당연히 손날은 엎은 형태가 되기 때문이다. 양손날로 공격하였을 때는 '두손날'이라는 용어를 사용한다.

* 손날목치기(안·밖) 후 아래막기를 할때에는 반드시 두손을 교차해야 한다.

28-2
28-1
27-2
27-1

27-1 **"가"에서 몸을 왼쪽으로 돌려 "나"방향을 바라보며 왼발 내디뎌 왼앞굽이 왼손날 바깥치기 (목표: 목덜미) 이어서**

손날 바깥치기 : 엎은 손날로 목을 친다. 반대손은 손날 바깥 칠 때 손을 당겨 허리(장골능)에 둔다.

27-2 **왼한손날아래막기**

Desde "Ga", girar el cuerpo por la izquierda, ejecutando wen hansonnal bakkat chigi (el objetivo es el cuello), mirando hacia "Na", poner el pie izquierdo adelante en wen ap kubi, y luego seguir con wen hansonnal arae makki. (27-1 y 27-2)

<서기 제자리>

***앞굽이 Apkubi**

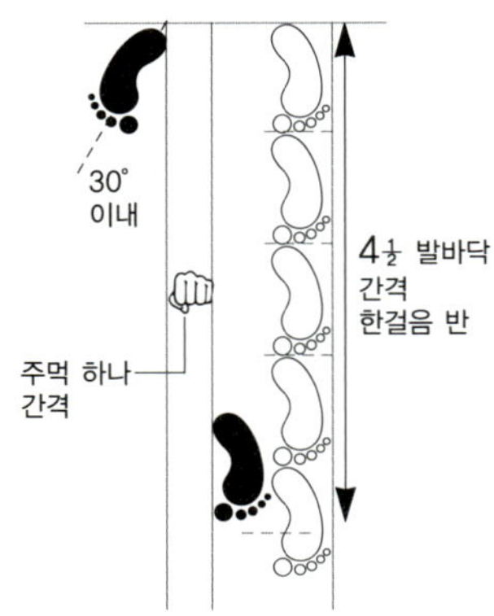

28-1 「옆모습」 Vista lateral

28-2 「옆모습」 Vista lateral

<서기 제자리>

▶ **28-1** and **28-2**
부드럽고, 빠르고, 강하게(한 손으로 하는 것이 아니라 항상 반대 손이 동시에 허리로 당겨지면서 한다.)
Suave, rápido y fuerte (nunca usar solo una mano, pero la otra mano deberá jalarse inmediatamente al hacer el golpe del codo).

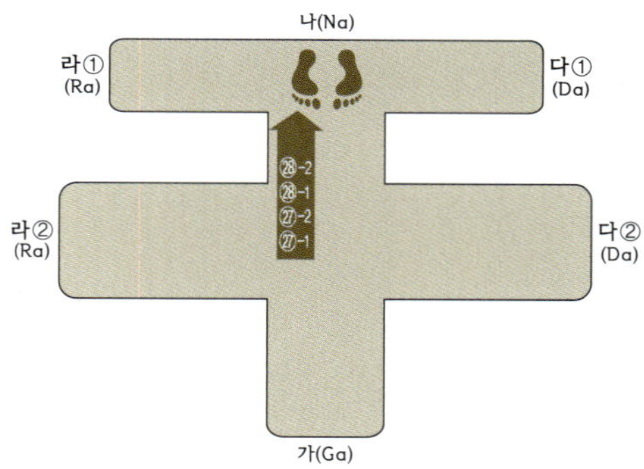

27-1 「옆모습」 Vista lateral

27-2 「옆모습」 Vista lateral

<서기 제자리>

30 "나"방향 오른발 내디뎌 오른 앞굽이 오른 칼재비

En dirección de "Na", poner el pie derecho hacia adelante en oreun ap kubi y ejecutar oreun kaljebi (realizando el "Kiap").

바로 "나"의 위치에서 오른발 제자리 몸을 왼쪽으로 돌려 왼발을 끌어 "가"방향보며 (통밀기준비서기)

Baro: en posición de "Na", manteniendo el pie derecho, girar el cuerpo por la izquierda, jalar el pie izquierdo y mirar hacia "Ga", regresar a tong milgi jumbi seogi.

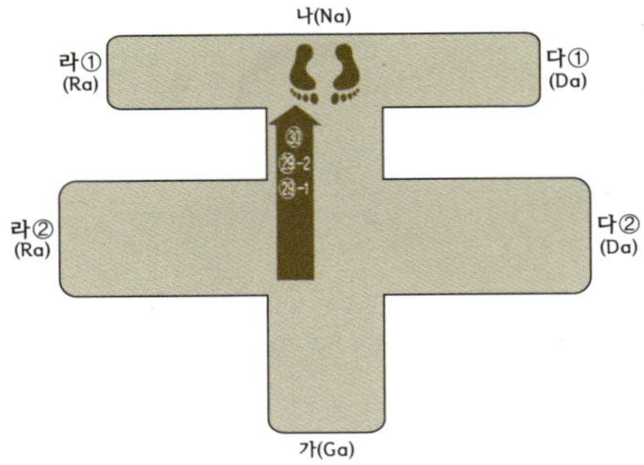

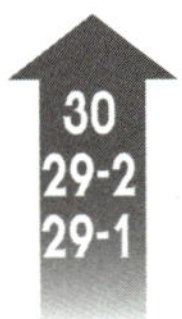

29-1 "나"방향 왼발 내디뎌 왼앞굽이 왼손날목치기하고

En dirección de "Na", poner el pie izquierdo adelante en wen ap kubi, ejecutar wen sonnal mok chigi seguido de wen hansonnal arae makki. (29-1 y 29-2)

29-2 이어서 왼한손날 아래막기

<서기 제자리>

규정동작 Movimiento

손날목치고 한손날 아래막기
Sonnal mok chigi hansonnal arae makki (Bloqueo abajo de mano-cuchillo)

- 두 손을 반드시 교차해야 한다. (손날:목높이, 끝점: 인체중심선에 있어야 한다)
- Ambas manos deben cruzarse (la altura debe ser el cuello, altura del punto final: labio).

감점동작의 예 Factores de deducción

손날목치고 한손날 아래막기
Sonnal mok chigi hansonnal arae makki (Bloqueo abajo de mano-cuchillo)

- 한손으로 하는 행위.
- 손날 높이가 목표를 벗어난 행위.
- 이 밖에 규정동작이 아닌 행위는 감점이 된다.
- Si se realiza el movimiento con una mano.
- Si la altura de la mano está por arriba del cuello o fuera del objetivo.
- Cualquier otro movimiento que no se ha indicado anteriormente será un factor de deducción.

30
「옆모습」
Vista lateral
목 높이
29-2
「옆모습」
Vista lateral
뒷꿈치가 지면에서 떨어지지
않게 주의해야한다.
상체는 똑바로 세워야 한다
세운 주먹 두개
정도의 간격
(약한뼘정도)
<서기 제자리>
29-1
「옆모습」
Vista lateral
목 높이
팔굽은 거의 펴진 상태
(약간 구부린다)
뒷무릎은 편다.

금강 (Keumgang)

금강이란 더할 수 없이 강함과 무거움을 의미하며 강함과 무거움은 한반도의 정기가 모인 영산인 금강산과 부처의 호법으로 음양의 두 신장이며 무술이 가장 세다는 금강역사 가운데 더욱 강맹하고 파괴되지 않으며 남성을 상징하는 금강을 나타내고 이 두 가지 요소가 한데 어울려 품새가 되었다.
새로운 동작은 바탕손 턱치기, 한손날 몸통 안막기, 금강막기, 산틀막기, 큰돌쩌귀 등이고 서기로는 학다리 서기가 있다. 품새 선은 "山"자로 되어 있으며 뜻은 웅장하고 안정성이므로 품새의 수련 시 동작은 힘있고 강하게 중심을 안정시켜 천천히 행하여 힘을 길러야 하며 유단자의 위용이 나타나야 한다.

Keumgang (diamante) hace referencia a "dureza" y "meditación".
La montaña Keumgang en la península coreana es vista como el centro del espíritu nacional, y el "Keumgang Yoksa" (guerrero Keumgang), según lo nombrado por Buddha, quien representa el más poderoso de los guerreros, son los orígenes de la denominación de este poomsae.
Las nuevas técnicas de este poomsae son arae batangson tok chigi, hansonnal momtong an makki, keumkang makki, santul makki, khun doltzogi (bisagra larga), y el hakdari seogi. La línea de este poomsae simboliza una montaña en letra china. Los movimientos deben ser poderosos y bien balanceados, adecuado a la dignidad de un cinturón negro.

♣ 금강품새진행선

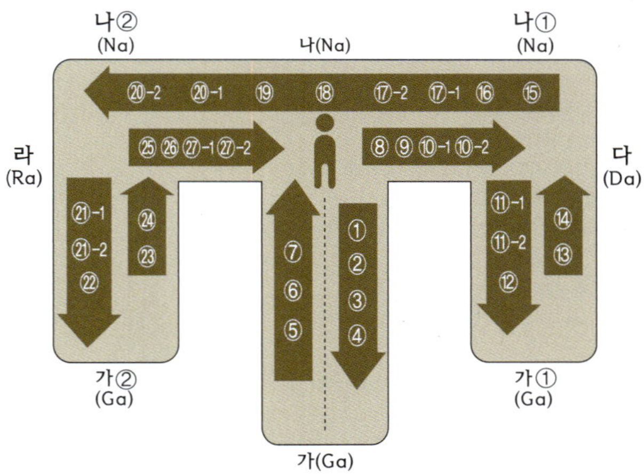

나②
(Na)
나(Na)
나①
(Na)
⑳-2 ⑳-1 ⑲ ⑱ ⑰-2 ⑰-1 ⑯ ⑮
라
(Ra)
㉕ ㉖ ㉗-1 ㉗-2
⑧ ⑨ ⑩-1 ⑩-2
다
(Da)
㉑-1 ㉑-2 ㉒
㉔ ㉓
⑦ ⑥ ⑤
① ② ③ ④
⑪-1 ⑪-2 ⑫
⑭ ⑬
가②
(Ga)
가①
(Ga)
가(Ga)

금강(Keumgang)

준비 **기본준비서기**
Jumbi: desde la posición de "Na", mirando hacia "Ga2, ejecutar kibon jumbi seogi.

금강 품새 첫 동작이다. 금강에 맞게 강하고 무게 있게 느껴져야 한다.
Este es el primer movimiento de Kumgang. Deberá ser tan digno y fuerte como lo que significa el nombre "Kumgang" o "diamante" en coreano.

왼팔이 밖에서 교차한다.

1 **"가" 방향 왼발 내디뎌 왼앞굽이 안팔목몸통헤쳐막기**
En dirección de "Ga", poner el pie izquierdo adelante en wen ap kubi y ejecutar anpalmok momtong hecho makki.

▶ 1
안팔목몸통헤쳐막기는 힘을 발휘하기에 어려운 동작이다.
Es difícil de apretar el brazo interno del bloqueo de cuña.
부드러움과 강함을 잘 표현해야 한다.
Se deberá expresar la fuerza.
'강'을 표현하기 위해서는 손목 회전의 스피드와 움직임의 각도가 중요하다.
Para expresar la fuerza, la velocidad y el ángulo de la muñeca que gira es importante.
몸에(팔, 어깨, 몸통) 힘이 들어가면 속도가 나오지 않는다.
Si el cuerpo está rígido, no podrá explotar la velocidad.
즉 몸에 힘을 뺀 상태에서 양팔을 교차해서(왼발이 앞이므로 왼팔 바깥으로 교차) 팔꿈치의 각도가 일정하고 직선거리로 빠르게 회전하면서 팔굽을 몸통쪽으로 조이듯 당기고 동시에 아랫배에 힘이 들어가게 하여야 강한 힘이 나온다.
Con la flexibilidad del cuerpo y el ángulo constante del codo, si gira rápido, podrá explotar la fuerza.

2 **"가"방향 오른발 내디뎌 오른앞굽이 오른바탕손턱치기(45°방향)**
En dirección de "Ga", poner el pie derecho adelante en oreun ap kubi y ejecutar oreun batangson tok chigi.

45°틀어지게, 반대손 허리로 당기며 동시에 턱치기
Girar 45 grados, retirando la mano opuesta, ejecutar el golpe con el codo y el golpe al mentón del oponente.

규정동작 Movimiento

안팔목 몸통헤쳐막기 Anpalmok momtong hecho makki (bloqueo con la muñeca interna empujando el tronco)

- 시작점 : 양팔이 가슴 높이에서 교차하여 헤쳐 막는다.
- 끝점 : 높이-어깨높이, 너비-어깨너비
- Punto inicial: cruzar la parte interna de la muñeca en frente del pecho ejecutando el bloqueo del cuerpo.
- Punto final: la altura y el ancho del bloqueo deberá ser de los hombros.

감점동작의 예 Factores de deducción

안팔목 몸통헤쳐막기 Anpalmok momtong hecho makki (bloqueo con la muñeca interna empujando el tronco)

- 막기시 양손을 앞으로 치는 듯이 하는 행위.
- 시작시 양손을 아래로 뻗는 행위.
- 이 밖에 규정동작이 아닌 행위는 감점이 된다.
- Si al realizar el bloqueo, se ejecuta como un golpe.
- Si al realizar el bloqueo, se ejecuta como un golpe.
- Cualquier otro movimiento que no se ha indicado anteriormente será un factor de deducción.

3 **"가" 방향 왼발 내디뎌 왼앞굽이 왼바탕손턱치기**
En dirección de "Ga", poner el pie izquierdo adelante en wen ap kubi y ejecutar wen batangson tok chigi.

바탕손턱치기는 허리(장골능)에서 시작하여 인체중심선에 위치, 높이는 턱높이

4 **"가" 방향 오른발 내디뎌 오른앞굽이 오른바탕손턱치기**
En dirección de "Ga", poner el pie derecho adelante en oreun ap kubi y ejecutar oreun batangson tok chigi.

규정동작 Movimiento

바탕손 턱치기 Batangson tok chigi (golpe a la mandíbula con la palma)

- 시작점 : 장골능(허리)
- 끝　점 : 바탕손의 높이는 턱높이, 손끝은 45°비튼다. (바탕손이 인체중심선에 있어야 한다)
- Punto incial: cintura.
- Punto final: la altura de la palma de la mano es la barbilla, la punta de la mano girada en 45 grados.

한손날 몸통막기 Hansonnal momtong makki (Bloqueo con una mano cuchillo)

- 한손날 몸통막기는 손이 인중선에 있어야 한다. (손날막기 높이는 어깨선에 있어야 한다)
- 막는 손과 딛는 발은 동시에 이루어 진다.
- El bloqueo con una mano cuchillo debe ser vertical (la altura del bloqueo es el hombro).
- El bloqueo y el pie que pisa deben realizarse al mismo tiempo.

감점동작의 예 Factores de deducción

바탕손 턱치기 Batangson tok chigi (golpe a la mandíbula con la palma)

- 밖에 규정동작이 아닌 행위는 감점이 된다.
- Cualquier otro movimiento que no se ha indicado anteriormente será un factor de deducción.

한손날 몸통막기 Hansonnal momtong makki (Bloqueo con una mano cuchillo)

- 막기가 몸의 중심선 밖에서 멈출 때.
- 이 밖에 규정동작이 아닌 행위는 감점이 된다.
- Si la mano que bloquea queda fuera de la línea central del cuerpo.
- Cualquier otro movimiento que no se ha indicado anteriormente será un factor de deducción.

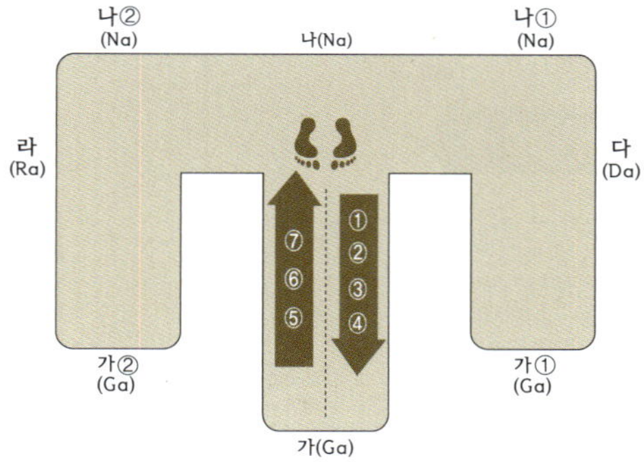

7
6
5

손날개념 다시 보기 (쥐는 법)

1. 네 손가락을 붙이고 끝마디를 약간 안으로 구부리고 손바닥을 편다.
2. 엄지손가락도 끝마디를 약간 오므려 집게손가락 첫마디 부분 옆에 붙인다.

사용부위 : 새끼 손가락쪽으로 손목부터 새끼 손가락 첫마디까지이다. 손날을 사용할 때는 주먹을 쥐었을 때와 같이 팔목과 손은 일직선으로 하며 위, 아래, 안팎으로 꺾여서는 안된다.

5 "나" 방향 오른발 뒤로 물려 디더 (시선 "가"방향) 오른뒷굽이 한손날 몸통막기

En dirección de "Na", jalar el pie derecho para atrás en oreun dwitkubi y ejecutar hansonnal momtong makki.

6 "나" 방향 왼발 뒤로 물려 디더 (시선 "가" 방향) 왼뒷굽이 한손날 몸통막기

En dirección de "Na", jalar el pie izquierdo para atrás en wen dwitkubi y ejecutar hansonnal momtong makki.

7 "나" 방향 오른발 뒤로 물려 디더(시선 "가" 방향) 오른뒷굽이 한손날 몸통막기

En dirección de "Na", jalar el pie derecho para atrás en oreun dwitkubi y ejecutar hansonnal momtong makki.

8 "다" 방향 오른발 "나"의 위치 제자리에 두고 왼발 끌어 오른학다리서기 금강막기

En dirección de "Da", mantener el pie derecho en la posición de "Na", jalar el pie izquierdo doblando la rodilla en oreun hakdari seogi y ejecutar keumgang makki.

9 "다" 방향 왼발 내려디뎌 주춤서기 큰돌쩌귀

En dirección de "Da", poner el pie izquierdo adelante en juchum seogi y ejecutar khun doltzogi (bisagra larga).

10-1 "다" 방향 몸을 왼쪽으로 돌려 오른발로 "다" 선상에 옮겨 딛고 이어 왼발을 또 "다" 선상에 옮겨디뎌(몸이 옮겨지며360°회전)

En dirección de "Da", girar el cuerpo por la izquierda, mover el pie derecho a la línea "Da" (el cuerpo debe girar 360 grados) para hacer juchum seogi y ejecutar khun doltzogi (mirada hacia "Da").(10-1 y 10-2)

금강막기 : 얼굴막기와 아래막기를 동시에(무겁게 천천히) 각각의 시작점에서 시작. 약 8초 정도. 시선은 정면(가 방향)을 보고 있다가 얼굴막기 손이 눈높이를 지나갈 때 손목을 회전하며 고개도 천천히 돌려준다.(다 방향)

Keumgang makki: ejecutar ambos bloqueos de cara y bloqueo de la sección baja al mismo tiempo de una manera lenta pero pesada (durante 8 segundos). Mirando hacia adelante, cuando la mano que realiza el bloqueo de la cara pasa por los ojos, girar la muñeca y lentamente girar la cabeza.

뒷굽이 자세에서 방향을 틀면서 앞발을 들어 발날등이 지지발 무릎 안쪽에 갖다 댄다. 이때 몸의 중심을 뒷발에 줘야 앞발 들어서 가져오는데 무리가 없으며 중심잡기가 수월하다.

En la postura hacia atrás, cambiar la dirección, levantar el pie delantero y plantarlo en la rodilla de la otra pierna, el peso del cuerpo debe estar en la pierna de atrás para mantener el equilibrio.

이 순간은 호흡은 들여 마시고 몸에 불필요한 힘을 빼야 한다.

규정동작 Movimiento

학다리 서기 Hakdari seogi (postura de la grulla)

- 중심발은 주춤서기 높이.
- 반대발은 발날등을 무릎 안쪽에 붙인다.(무릎을 벌려서는 안되며, 붙이는 발은 지면에서 들어 바로 무릎 안쪽에 붙인다.)
- La altura de la postura de la grulla debe ser igual a la postura de montar.
- Levantar el arco del pie contrario hasta la parte interna de la rodilla de la pierna apoyada en el suelo (no abrir la rodilla, las líneas interiores de las rodillas deben juntarse).

금강막기 Keumgang makki (bloqueo diamante)

- 시작점: 아래막기-어깨 앞, 얼굴막기-장골능 높이.
- 아래막기와 얼굴막기를 서서히 동시(8초 정도)에 교차한다.
- 시선: 손동작과 같이 한다.
- Punto inicial del bloqueo de la sección baja: frente al hombro punto inicial del bloqueo del rostro: cintura
- Cruzar lentamente ambos bloqueos al mismo tiempo (durante 8 segundos).
- Dirección de la mirada: igual a los movimientos de la mano.

감점동작의 예 Factores de deducción

학다리 서기 Hakdari seogi (postura de la grulla)

- 서기에서 무릎을 펴지는 경우.
- 든 발이 지지축 무릎에 붙지 않은 경우.
- 학다리서기를 일부러 천천히 하는 행위.
- 이 밖에 규정동작이 아닌 행위는 감점이 된다.
- Si se estira la rodilla de base.
- Si el pie contrario toca la pierna apoyada en el suelo.
- Si el pie contrario a la pierna apoyada en el suelo no se mueve lentamente.
- Cualquier otro movimiento que no se ha indicado anteriormente será un factor de deducción.

금강막기 Keumgang makki (bloqueo diamante)

- 금강막기를 빠르게 하는 행위.
- 금강막기가 몸의 측선을 벗어난 행위.
- 금강막기를 할 때 상체가 구부려지는 행위.
- 이 밖에 규정동작이 아닌 행위는 감점이 된다.
- Si el bloqueo de diamante se ejecuta rápidamente.
- Si el bloqueo está fuera del objetivo.
- Si se dobla el cuerpo
- Cualquier otro movimiento que no se ha indicado anteriormente será un factor de deducción.

10-2 주춤서기 큰돌쩌귀 -시선 "다" 방향-

위^아래로 높이 변동이 있으면 안된다.

11-1 "가1" 방향 왼발축 오른발 들어 "가1" 선상에 내려

En dirección de "Ga1", levantar el pie derecho al eje del pie izquierdo, golpear el piso en la línea de "Ga1" en juchum seogi, y ejecutar santul makki (ejecutando el "Kiap") (mirada hacia "Ga1").(11-1 y 11-2)

11-2 짓찧으며 주춤서기 산틀막기 - 기합 - -시선 "가1" 방향-

산틀막기 : 막는 상태에서 두 팔의 팔목이 인중 높이에 위치하도록 한다. 두 주먹의 바닥부분이 얼굴 측면에 마주 보게 한다. 주춤서기 상태에서 안팔목 얼굴옆막기와 바깥팔목얼굴옆막기를 한 상태이다.

주춤서기 간격유지, 큰돌쩌귀(반대허리에서 큰돌쩌귀로)

Mantener el ancho de la postura de montar, ejecutando el bloqueo de cuña (desde el lado contrario).

또한 무릎높이 유지

10-2

두 팔꿈치의 방향은 힘이 발휘되는 방향이다.

주먹높이가 머리를 넘어가면 안된다.

시선은 진행방향

팔목이 인중높이

기합 Kiap

막는 두 팔은 이동거리와 높이 속도가 같아야 한다.

11-1 11-2 12

오른발을 들어 올릴 때, 무릎은 허리높이만큼"가1"방향으로 들어올린다.
Al levantar el pie derecho, la rodilla debe estar alrededor de la cintura en dirección de "Ga1".

이때 발끝을 최대한 바깥으로 틀었다놓으면서 회전 (발목)하여 발날로 짓찧는다.
En este punto, el dedo del pie deberá apuntar hacia afuera y girar el tobillo para golpear el piso con la parte lateral externa del pie.

발날로 짓찧을 때 허리를 틀면서 동시에 산틀막기를 한다.
Pisando, deberá ejecutar el bloqueo de montaña.

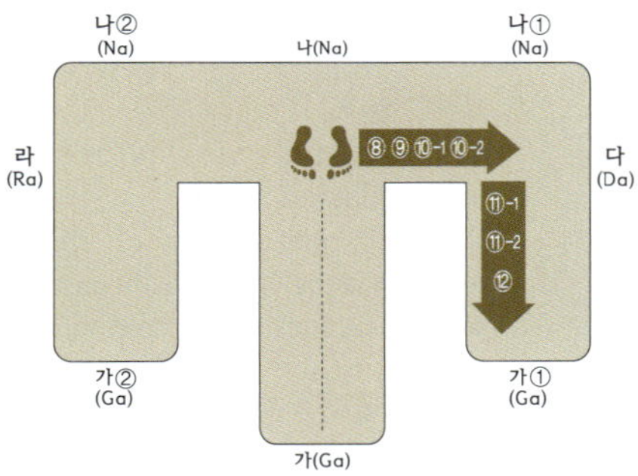

12 "가1" 방향 오른발 축 몸을 오른쪽으로 돌리며 왼발 옮겨 딛고, 주춤서기 안팔목몸통헤쳐막기 - 시선 "라" 방향 -

En dirección de "Ga1", girar el cuerpo hacia la derecha utilizando como eje el pie derecho, mover el pie izquierdo para hacer juchum seogi y ejecutar anpalmok momtong hecho makki (mirada hacia "Ra").

어깨선 위로 올라가지 않게

팔목이 명치선에 위치

주춤 서기 무릎높이를 주의해서 몸의 중심이동을 한다. 이때 앞축을 주축으로 몸을 회전한다. (주춤서기 너비는 두 발바닥 간격) 회전해서 주춤서기자세를 할때 동시에 안팔목몸통헤쳐막기를 한다. (손·발 일치)

중심이동이 없이 축이 되는 발이 먼저 움직이지 않도록 주의한다.

20-1 "라" 방향 몸 오른쪽으로 돌며 왼발, 오른발 이어 옮겨디뎌 360° 회전 (중간동작)

En dirección de "Ra1", girar el cuerpo por la derecha, mover el pie izquierdo seguido del pie derecho (girando 360 grados) para hacer juchum seogi y ejecutar khun doltzogi (mirada haca "Ra"). (20-1 y 20-2)

19 "라" 방향 오른발 내디며 주춤서기 큰돌쩌귀

En dirección de "Ra", poner el pie derecho adelante en juchum seogi y ejecutar khun doltzogi.

18 "라" 의 위치에서 왼발 제자리 오른발 끌어 올리며 왼학다리서기 금강막기 -시선 "라" 방향-

Desde la posición de "Ra", manteniendo el pie izquierdo, jalar el pie derecho para hacer wen hakdari seogi y ejecutar keumgang makki (mirada hacia "Ra").

20-1,19,18

무릎이 벌어지지 않고 무릎이 앞을 향하도록 허벅지 안쪽에 힘을 준다. 발끝은 자연스럽게 45도 아래를 향하게 한다.

Ajustar el interior del muslo para que las piernas no se abran, los dedos naturalmente deberán apuntar en dirección de 45 grados.

주춤서기 후 학다리로 서기자세를 바꿀 경우에 무릎이 펴지지 않도록 주춤서기 높이를 그대로 유지한다. 또한 단전에 신경을 모아 정신 집중을 하여 중심을 잡는다.

Después de la postura de montar, para cambiar a la postura de la grulla, deberá mantener la altura sin estirar la rodilla. Se requiere concentrar la energía mental en la parte inferior del abdomen para mantener el equilibrio.

20-2

20-2 주춤서기 큰돌쩌귀 - 시선 "라" 방향 -

규정동작 Movimiento

큰돌쩌귀 Khun doltzogi (bisagra larga)

- 높이 : 명치와 가슴선 중간 정도.
- 몸통끝선에 맞춘다.
- Altura: parte media de la boca del estómago y el pecho.
- Altura: parte media de la boca del estómago y el pecho.

돌아서 큰돌쩌귀 Khun doltzogi con giro (bisagra larga con giro)

- 주춤서기에서 중심의 높이를 변화시키지 않고 신속히 돌아야 한다. (한발 너비로 돌아야 한다)
- La altura de la postura de montar debe ser la misma durante el movimiento de giro y golpe (girar con un pie de distancia).

감점동작의 예 Factores de deducción

큰돌쩌귀 Khun doltzogi (bisagra larga)

- 팔동작을 휘두르듯이 행위.
- 이 밖에 규정동작이 아닌 행위는 감점이 된다.
- El movimiento de los brazos es una oscilación.
- Cualquier otro movimiento que no se ha indicado anteriormente será un factor de deducción.

돌아서 큰돌쩌귀 Khun doltzogi con giro (bisagra larga con giro)

- 착지시 발이 품새선을 벗어날 때.
- 이 밖에 규정동작이 아닌 행위는 감점이 된다.
- Si el movimiento del pie se realiza fuera de la línea.
- Cualquier otro movimiento que no se ha indicado anteriormente será un factor de deducción.

17-2 주춤서기 큰돌쩌귀 - 시선 "라" 방향 -

17-1 "라" 방향 몸 오른쪽으로 돌려 왼발 옮겨 딛고 이어 오른발 옮겨 360° 돌아 몸 "나"의 위치에 옮겨 (중간동작)

En dirección de "Ra", girar el cuerpo por la derecha, mover el pie izquierdo y enseguida el pie derecho para hacer un giro de 360 grados hacia la posición de "Na" en juchum seogi y ejecutar khun doltzogi (mirada hacia "Ra"). (17-1 y 17-2)

16 "라" 방향 오른발 내려디뎌 주춤서기 큰돌쩌귀 - 시선 "라" 방향 -

En dirección de "Ra", bajar el pie derecho en juchum seogi y ejecutar khun doltzogi (mirada hacia "Ra")

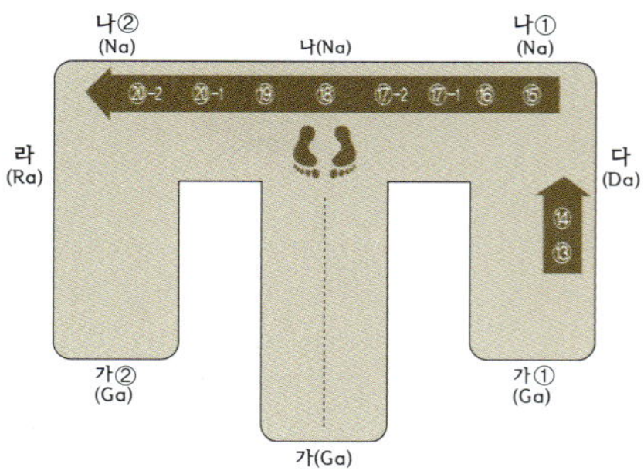

회전하여 옆으로 이동할 때 일직선상에서 이동할 수 있도록 숙달이 필요하다.
Al girar, deberá mantener el cuerpo erguido para moverse derecho, lo cual necesita práctica.

관성의 법칙을 잘 조절할 수 있는 능력을 수련할 수 있다. (관성 : 운동하는 물체는 계속 운동하려 하고 정지된 물체는 계속 정지하려는 성질)
Se deberá entrenar las capacidades para controlar el impulso.

학다리서기시 중심의 흔들림은 균형에 해당함으로 정확도보다 균형에서 채점이 된다.

금강막기와 학다리서기는 발이 먼저 중심발 안쪽에 발날등을 자연스럽게 닿게 하며, 발동작의 끝과 금강막기의 시작은 자연스럽게 연결되어야 숙련도가 높다.

15 "나1"의 위치에서 왼발 축 몸을 오른쪽으로 돌려 오른발 끌어 올리며 왼학다리서기 금강막기 -시선 "라" 방향 서서히 힘주어 행한다-

En posición de "Na1", girar el cuerpo hacia la derecha utilizando como eje el pie izquierdo, jalar el pie derecho para hacer wen hakdari seogi y ejecutar keumgang makki (mirada hacia "Ra", lento y con fuerza)

14 "나1" 방향 오른발 축으로 몸 오른쪽으로 돌려 왼발들어 (중간동작) "나1" 위치에 내려 짓찧으며 주춤서기 산틀막기 (힘차게) - 시선 "나1" 방향 -

En dirección de "Na1", girar el cuerpo hacia la derecha utilizando como eje el pie derecho, pisar con el pie izquierdo en la posición de "Na1" en juchum seogi y ejecutar santul makki (mirada hacia "Na1"). (14-1 y 14-2)

13 "나1" 방향 오른발 제자리 왼발을 한발너비 끌어 몸을 일으키며 나란히서기 아래헤쳐막기(천천히 약 5초) - 시선 "라" 방향 -

En dirección de "Na1", manteniendo el pie derecho, jalar el pie izquierdo un paso de distancia, levantando el cuerpo en naranhi seogi y ejecutar arae hecho makki (lentamente por 5 segundos) (mirada hacia "Ra").

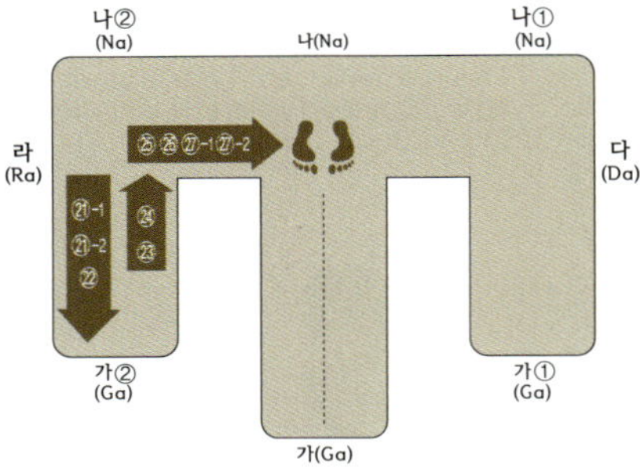

21-1 "가2" 방향 오른발 축 왼발들어

En dirección de "Ga2", levantar el pie izquierdo utilizando como eje el pie derecho para pisar en juchum seogi y ejecutar santul makki (ejecutando el "Kiap"). (21-1 y 21-2)

21-2 내려 짓찌며 주춤서기 산틀막기 -기합- - 시선 "가2" 방향 -

규정동작 Movimiento

산틀막기
Santul makki (Bloqueo abierto)

- 양팔목이 인중 높이에 일치한다.
- 시선은 진행방향.
- La altura de ambas muñecas debe ser el labio
- La dirección de la mirada debe ser hacia donde es el siguiente movimiento.

아래헤쳐막기 Arae hecho makki (Bloqueo abajo de puños)

- 태극 6장의 경우와 같다.
- Igual que en teguk 6 jang.

감점동작의 예 Factores de deducción

산틀막기
Santul makki (Bloqueo abierto)

- 두주먹 머리위 또는 턱 아래로 가는 행위.
- 막은 팔굽의 각도가 지나치게 퍼지거나, 너무 좁은 경우.
- 이 밖에 규정동작이 아닌 행위는 감점이 된다.
- Si ambos puños están sobre la cabeza o debajo de la barbilla.
- Si el ancho del bloqueo está muy abierto o muy cerrado.
- Cualquier otro movimiento que no se ha indicado anteriormente será un factor de deducción.

아래헤쳐막기 Arae hecho makki (Bloqueo abajo de puños)

- 착지시 발이 품새선을 벗어날 때.
- 이 밖에 규정동작이 아닌 행위는 감점이 된다.
- 태극 6장의 경우와 같다.
- Igual que teguk 6 jang

22 "가2" 방향 몸 왼쪽으로 돌려 왼발축 오른발 "가2" 선상에 옮겨디뎌 주춤서기 안팔목 몸통헤쳐막기 - 시선 "다" 방향 -

En dirección de "Ga2", girar el cuerpo por la izquierda, mover el pie derecho utilizando como eje el pie izquierdo en la línea de "Ga2" para hacer juchum seogi y ejecutar anpalmok momtong hecho makki (mirada hacia "Da").

23 "나2" 방향 왼발 제자리 오른발 한발 너비로 끌어 나란히 서기 (중간동작) 아래 헤쳐막기 - 시선 "다" 방향 -

En dirección de "Ga2", dejando el pie izquierdo, jalar el pie derecho un paso para hacer naranhi seogi y ejecutar arae hecho makki, mirada hacia "Da

24 "나2" 방향 왼발 축으로 몸 왼쪽으로 돌며 오른발 들어 "라" 위치에 내려 짓쩌 주춤서기 산틀막기 - 시선 "나2" 방향 -

En dirección de "Na2", en el eje del pie izquierdo, girar el cuerpo por la izquierda, levantar el pie derecho para pisar en la posición "Ra" en juchum seogi y ejecutar santul makki, mirada hacia "Na2".

25 "나2" 의 위치에서 오른발 축 몸 왼쪽으로 돌려 왼발 끌어 올리며 오른학다리서기 금강막기 - 시선 "다" 방향 -

Desde la posición "Na2", con el eje en el pie derecho, girar el cuerpo por la izquierda, levantar el pie izquierdo para hacer oreun hakdari seogi y ejecutar keumgang makki, mirada hacia "Da".

26 "나" 방향 왼발 내려디뎌 주춤서기 큰돌쩌귀 - 시선 "다" 방향 -

En dirección de "Na", bajar el pie izquierdo en juchum seogi y ejecutar khun doltzogi, mirada hacia "Da".

27-1 "나" 방향 몸을 왼쪽으로 돌려 오른발 왼발 이어 옮겨디뎌 (360° 회전) "나"의 위치에서(중간동작)

En dirección de "Na", girar el cuerpo por la izquierda, seguir moviendo el pie izquierdo (360 grados) hacia la posición de "Na" en juchum seogi y ejecutar khun doltzogi, mirada hacia "Da". (27-1 y 27-2)

27-2 주춤서기 큰돌쩌귀 - 시선 "다" 방향 -

바로 바로 "나" 의 위치에서 오른발 제자리 왼발끌어 "가" 방향 보며 (기본준비서기)

Baro: En posición "Na", dejar el pie derecho en su lugar, jalar el pie izquierdo mirando hacia "Ga" y regresar a kibon jumbi seogi.

마지막 시선도 가는 방향을 유지한다

La mirada debe moverse con el movimiento del cuerpo..

태백 (Taebaek)

태백은 한민족의 고대국가인 단군 조선이 개국한 아사달(아씨땅)의 성산인 붉메(밝은산)를 의미하며 밝은 산은 얼과 전통의 근원, 신성함과 그리고 홍익인간의 사상을 나타낸다. 태백은 수 없이 다른 위치와 말로 나타나 있지만 그 가운데 대표적인 것이 민족의 태반이고 상징인 백두산이며 단군의 높은 이상을 바탕으로 품새가 생겨났다.
새로운 동작은 손날 아래 헤쳐막기, 손날 엎어 잡기, 잡힌 손목 빼기, 금강 몸통막기, 등주먹 얼굴바깥치기, 작은돌쩌귀 등이다.
사람이 올바로 이어주는 개천과 개국을 뜻하며 품새의 동작은 몸통의 막기와 치기로 주로 구성되어 하늘과 땅 사이에 바로선 사람을 나타냈으며 밝고 강인한 정신과 절묘한 기의 절정인 결정체이다.

Taebaek es el nombre de una montaña cuyo significado es “montaña brillante”, desde donde Tangun, el fundador de la nación coreana, rigió el país; la montaña brillante simboliza el estado sagrado del alma y el pensamiento de Tangun sobre “hongik ingan” (el ideal humanitario).
Hay muchos lugares conocidos como Taebaek, pero la montaña Paektu, que ha sido típicamente conocida como la cuna del pueblo coreano, es el origen del nombre del poomsae Taeback.
Las nuevas técnicas de este poomsae son sonnal arae hecho makki, sonnal opo jabgi (agarre), jabgi sonmok paegi (sacar la muñeca atrapada), keumgang momtong makki, dungjumok olgul bakkat chigi, doltzogi (bisagra). La línea del poomsae es como una letra china que simboliza el puente entre el cielo y la tierra, lo cual significa que los seres humanos fundaron la nación por mandato del cielo. Los movimientos del poomsae están compuestos por momtong makkis y chigis.

♣ 태백품새진행선

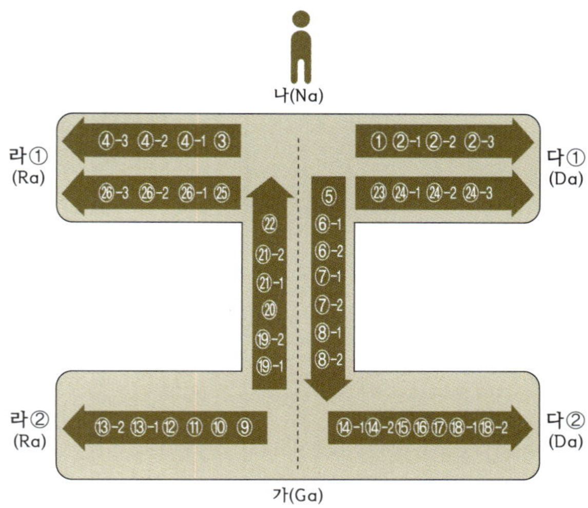
나(Na)
라①
(Ra)
④-3 ④-2 ④-1 ③
㉖-3 ㉖-2 ㉖-1 ㉕
① ②-1 ②-2 ②-3
㉓ ㉔-1 ㉔-2 ㉔-3
다①
(Da)
㉒ ㉑-2 ㉑-1 ⑳ ⑲-2 ⑲-1
⑤ ⑥-1 ⑥-2 ⑦-1 ⑦-2 ⑧-1 ⑧-2
라②
(Ra)
⑬-2 ⑬-1 ⑫ ⑪ ⑩ ⑨
⑭-1 ⑭-2 ⑮ ⑯ ⑰ ⑱-1 ⑱-2
다②
(Da)
가(Ga)

태백(Taebaek)

준비 기본준비서기

Jumbi: desde la posición de "Na", mirando hacia "Ga", kibon jumbi seogi.

1 "다1" 방향 왼범서기 손날아래헤쳐막기

Girar el cuerpo hacia "Da1", hacen wen beom seogi y ejecutar sonnal arae hecho makki.

2-1 "다1" 방향 오른발앞차기 차고 내디뎌

En dirección de "Da1", ap chagi derecho, caer en oerun ap kubi y ejecutar momtong dubon jireugi. (2-1, 2-2 y 2-3)

1, 2-1

범서기는 허리가 곧게 펴지지 않고 상체가 약간 앞으로 숙여진 형태,허리가 뒤로 젖혀지지 않도록 주의.

Tener cuidado de no arquear la espalda hacia atrás.

몸통을 수직으로 세우면 허리에 무리가 생긴다

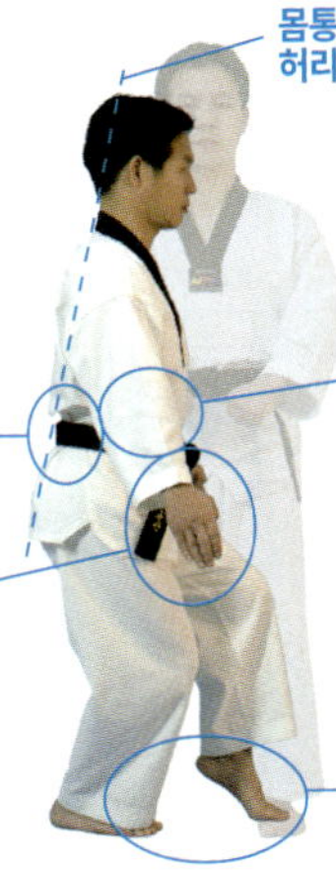

앞발 허벅지앞선과 손날이 같은 선상에 위치

El muslo de la pierna delantera y la mano estirada deberán estar ubicadas en la misma línea.

왼발 앞이므로 왼손을 바깥으로 교차해서 빠르게 헤쳐 막는다. 팔꿈치를 편 상태

Deberá ser rápido en el bloqueo de cuña, el brazo deberá estar estirado.

범서기 보폭에 주의

Tener cuidado con el ancho de la postura del tigre.

양손 가슴 앞에

손날아래헤쳐막기는 어깨높이에서 두 손날을 가슴앞에서 교차해 손등이 앞을 향하게 아랫배 가까이 내리며 옆으로 헤쳐 아래 막는다.

차기 제일 편한 조건유지 : 발을 접을 때 지르는 주먹을 허리에 당긴다.

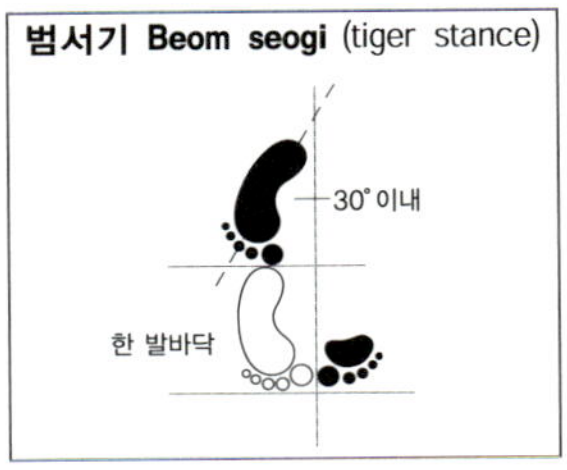

4-3, 4-2

4-3 (몸통 바로지르기) - 빠르게 -

4-2 왼앞굽이 몸통두번지르기 - 빠르게 -(몸통 반대지르기)

명치 높이

<서기 제자리>

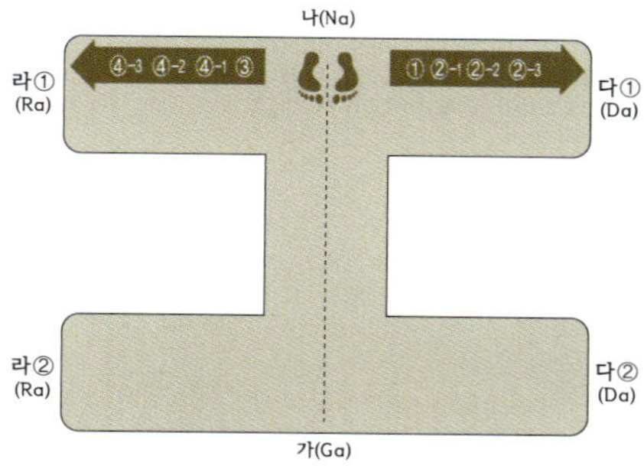

2-2 오른앞굽이 몸통두번지르기 - 빠르게 - (몸통반대지르기)

2-3 (몸통 바로지르기) - 빠르게 -

<서기 제자리>

2-2, 2-3

규정동작 Movimiento

손날아래 헤쳐막기 Sonnal arae hecho makki (Bloqueo de mano cuchillo empujando por abajo)

- 범서기와 손날아래 헤쳐막기.
- 손의 위치표현: 몸의 측선 범위내.
- La postura del tigre y la mano-cuchillo por debajo del bloqueo.
- La forma de la mano y la posición: parte interna del cuerpo.

4-1,3

4-1 "라1" 방향 왼발 앞차기 차고 내디뎌

En dirección de "Ra1", ap chagi izquierdo, caer en wen ap kubi y ejecutar momtong bandae jireugi. (4-1, 4-2 y 4-3)

3 "라1" 방향으로 오른발 옮겨 돌아 오른범서기 손날아래헤쳐막기

En dirección de "Ra1", mover el pie derecho para girar en oreun beom seogi y ejecutar sonnal arae hecho makki.

감점동작의 예 Factores de deducción

손날아래 헤쳐막기 Sonnal arae hecho makki (Bloqueo de mano cuchillo empujando por abajo)

- 양손날이 아래 헤쳐막기 기준을 벗어난 행위.
- 손목, 팔굽이 굽어진 행위.
- 손과 발의 움직임이 동시에 이루어지지 않을 때.
- 이 밖에 규정동작이 아닌 행위는 감점이 된다.
- Si al ejecutar el bloqueo, las manos no terminan en el objetivo.
- Si se dobla la muñeca y el codo.
- Si los pies y las manos no se mueven al mismo tiempo.
- Cualquier otro movimiento que no se ha indicado anteriormente será un factor de deducción.

5 "가" 방향 왼발 옮겨 돌아 왼앞굽이 제비품목치기

En dirección de "Ga", mover el pie izquierdo para girar en wen ap kubi y ejecutar jebipum mok chigi.

6-1 "가" 방향 오른손목을 안으로 젖혀 틀면서 상대의 손목을 잡아끌면서

En dirección de "Ga", girar la muñeca de la mano derecha hacia afuera para agarrar y jalar la muñeca del oponente, poner el pie derecho adelante en oreun ap kubi y ejecutar momtong baro jireugi. (6-1 y 6-2)

6-2 오른발 내디뎌 오른앞굽이몸통바로지르기

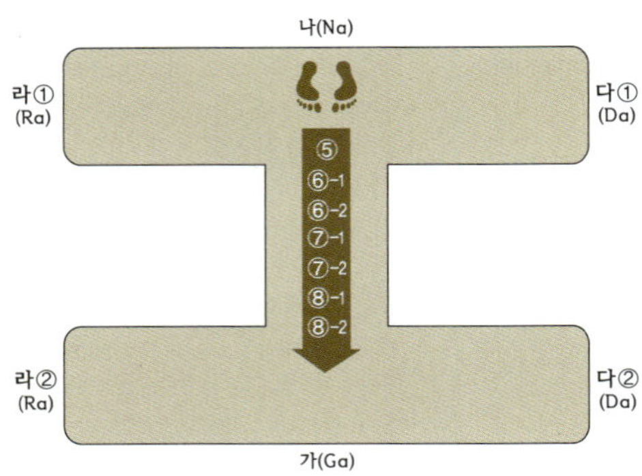

규정동작 Movimiento

손목 제쳐틀며 몸통 바로지르기
Wrist twist out of the position and trunk right punch (Girar la muñeca fuera de la posición y golpear el tronco)

- 손목 제쳐 틀며 몸통 바로지르기는 이어서 한다.
- Girar la muñeca fuera de la posición y golpear el tronco.

감점동작의 예 Factores de deducción

손목 제쳐틀며 몸통 바로지르기
Wrist twist out of the position and trunk right punch (Girar la muñeca fuera de la posición y golpear el tronco)

- 양손날이 아래 헤쳐막기 기준을 벗어난 행위.
- 손목, 팔굽이 굽어진 행위.
- 손과 발의 움직임이 동시에 이루어지지 않을 때.
- 이 밖에 규정동작이 아닌 행위는 감점이 된다.
- Si ambas manos se ejecutan fuera del objetivo.
- Si se dobla la muñeca y el codo.
- Si no se ejecuta el movimiento del pie y la mano al mismo tiempo.
- Cualquier otro movimiento que no se ha indicado anteriormente será un factor de deducción.

7-1 **"가" 방향 왼손목 안으로 젖혀틀어 상대의 손목을 잡아끌면서**

En dirección de "Ga", girar la muñeca de la mano izquierda hacia afuera para agarrar y jalar la muñeca del oponente, poner el pie izquierdo adelante y ejecutar momtong baro jireugi. (7-1 y 7-2)

7-2 **왼발내디뎌 왼앞굽이 몸통바로지르기**

8-1 **"가" 방향 오른손목 안으로 젖혀 틀어 상대의 손목을 잡아끌면서**

En dirección de "Ga", girar la muñeca de la mano derecha hacia afuera para agarrar y jalar la muñeca del oponente, poner el pie derecho adelante ejecutar momtong baro jireugi (ejecutando el "Kiap"). (8-1 y 8-2)

명치높이에서 좀 더 작은 각으로 팔굽을 축으로 손을 펴서 틀어 안에서 밖으로 쳐내듯이 하여, 손의 끝점은 아래로 약 45° 가량 내려지게 한다.

En un ángulo más pequeño, girar alrededor de la boca del estómago

명치높이에서 좀 더 작은 각으로 팔굽을 축으로 손을 펴서 틀어 안에서 밖으로 쳐내듯이 하여, 손의 끝점은 아래로 약 45°가량 내려지게 한다.

En un ángulo más pequeño, girar alrededor de la boca del estómago.

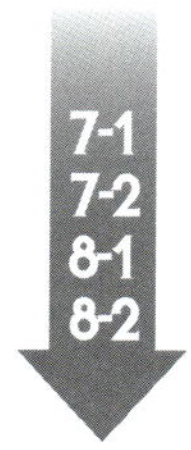

8-2 **오른발 내디뎌 오른앞굽이 몸통바로지르기 - 기합 -**

▶ 7-2 앞모습 Vista frontal

▶ 7-2 옆모습 Vista lateral

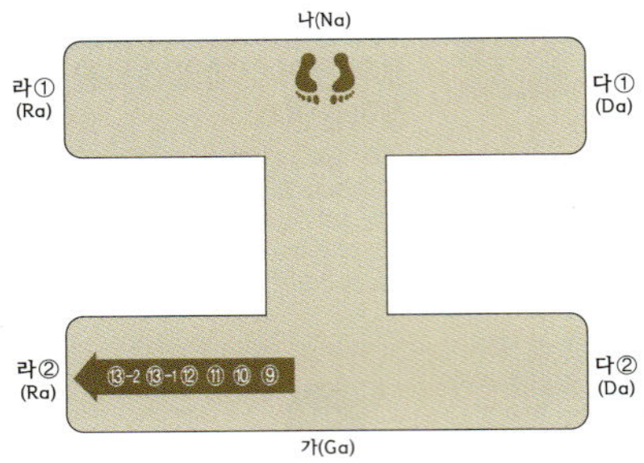

11 "라2" 방향 두 발 제자리 오른뒷굽이(그대로) 몸통 반대지르기

En dirección de "Ra2", con los dos pies en su lugar en oreun dwitkubi (la misma postura), ejecutar momtong bandae jireugi.

명치 높이

허리로 가져왔다가 반대 손을 당기며 몸통지르기를 한다.
Llevar el puño a la cintura y ejecutar un puño directo a la sección media.

뒷굽이 자세 유지하면서
Mantener la postura hacia atrás.

12 "라2" 방향 왼발 끌어올려 오른학다리서기 작은돌쩌귀

En dirección de "Ra2", levantar el pie izquierdo en oreun hakdari seogi y ejecutar jagun doltzogi (bisagra pequeña)

무릎높이 움직이지 말고,발날등을 무릎 안쪽에 갖다댄다
No cambiar la altura de la rodilla y poner el arco del pie en la parte interna de la rodilla.
양무릎이 벌어지지 않게 주의!

12, 11

규정동작 Movimiento

몸통옆지르기 Momtong yop jireugi (Puño lateral al pecho)

- 시작점 : 장골능
- 끝 점 : 명치선
- Punto inicial: cintura
- Punto final: boca del estómago

감점동작의 예 Factores de deducción

몸통옆지르기 Momtong yop jireugi (Puño lateral al pecho)

- 지르기 주먹을 허리쪽으로 당기지 않고 바로 지르는 행위.
- 이 밖에 규정동작이 아닌 행위는 감점이 된다.
- Si no se ejecuta el puño izquierdo desde la cintura, sin jalar el puño derecho.
- Cualquier movimiento que no se ha indicado anteriormente será un factor de deducción.

▲오른 팔꿈치를 당기며 호흡화 허리의 탄력으로 왼지르기를 한다.

13-1 "라2" 방향 왼발로 옆차기 차는 동시에 메주먹 바깥치고 내려디뎌

En dirección de "Ra2", realizar yop chagi izquierdo junto con mejumeok bakkat chigi izquierdo, caer en wen ap kubi y ejecutar palkup pyojeok chigi. (13-1 y 13-2)

손과 발이 평행을 이루게 옆차는데 이때 주먹은 메주먹 바깥친다.
Ejecutar la patada lateral y golpear con el puño de martillo hacia afuera.

13-2 왼앞굽이 팔굽표적치기

팔꿈치가 명치를 향하게 허리가 틀어져야 한다. 높이는 명치높이
Se deberá girar la cintura hasta que el codo apunte la boca del estómago.

옆차기 차고 접은 상태에서 딛으면서(앞굽이로) 팔굽표적치기를 한다.
이때 팔꿈치만 갖다치려 하지 말고 허리를 틀어주면서 팔꿈치를 치면 강하다
Al recoger la patada lateral, dar un paso adelante y al mismo tiempo, golpear con el codo en la postura hacia adelante. No golpear solo con el codo, intentar girar la cintura al mismo tiempo.

13-2, 13-1

10 "라2" 방향 두 발 제자리 오른뒷굽이(그대로) 당겨턱지르기

En dirección de "Ra2", manteniendo los dos pies en oreun dwitkubi (en la misma posición), ejecutar dangyeo tok jireugi.

몸통바깥 막았던 반대 손도 동시에 어깨쪽으로 당긴다
Recoger la mano contraria del hombro al mismo tiempo.

이때 메주먹이 어깨앞에 위치
El puño de martillo deberá ubicarse en frente del hombro.

얼굴 막은 손을 겨드랑이 아래로 가져내려와(손등이 위로) 가슴 앞에서 나가면서 손목을 회전하여 턱을 친다
Bajar la mano hasta la axila (con el dorso de la mano hacia arriba), golpear la barbilla del oponente con la mano girando alrededor del pecho.

금강몸통막기의 시작점은 작은 돌쩌귀에서 한다. 즉 작은 돌쩌귀 상태에서 두팔을 가슴쪽으로 끌어오다가 얼굴막기와 바깥막기를 동시에 한다. 끝점은 바깥막기이므로 안팔목선이 뒷굽이 앞발과 같은 선상에 위치, 팔목부위가 명치선에 위치, 주먹의 높이가 어깨선을 넘어가지 않아야 한다.

회전해 돌아올 때 뒷굽이 자세 유지. 회전 후 뒷굽이 할 때 원심력에 의해 허리가 젖혀지면 중심잡기가 어려우므로 허리가 젖혀지지 않도록 주의 한다
Mantener la postura hacia atrás cuando se gire por atrás. Tener cuidado de no arquear la espalda hacia atrás o se perderá el equilibrio.

9 "라2" 방향 왼발 옮겨 돌아 오른뒷굽이 금강몸통막기

En dirección de "Ra2", mover el pie izquierdo para girar en oreun dwitkubi y ejecutar keumgang momtong makki.

10,9

모든 중간동작은 힘을 주거나 빠르게 하지 않도록 한다. 그리고 이 때 호흡을 들이마신다.

뒷굽이 Dwitkubi
(backward inflection stance)

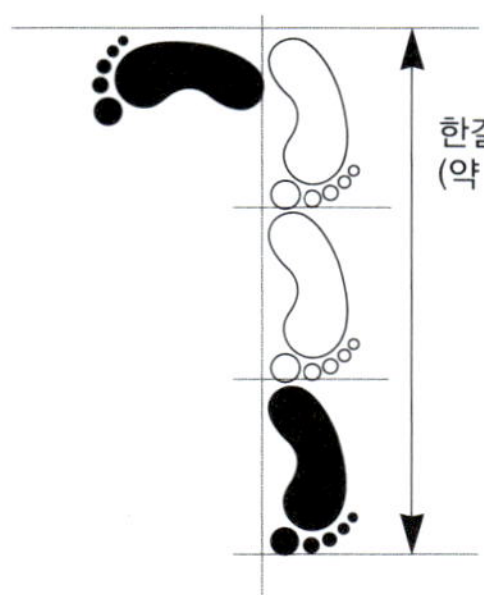

규정동작 Movimiento

금강몸통막기 Keumgang momtong makki (Bloqueo abierto)

- 얼굴막기와 안팔목 몸통바깥막기 동작이 동시에 이루어져야 한다.
- El bloqueo a la cara y el bloqueo exterior con la muñeca deberán ejecutarse en simultáneo.

당겨 턱지르기 Dangyeo tok jireugi

- 시작점 : 가슴높이
- 끝 점 : 턱 높이
  (당기는 손은 어깨높이로 당긴다)
- Punto inicial: altura del pecho
- Punto final: altura de la barbilla (la altura de la mano que se jala es el hombro).

감점동작의 예 Factores de deducción

금강몸통막기 Keumgang momtong makki (Bloqueo abierto)

- 두 주먹이 명치선을 거치지 않는 행위.
- 이 밖에 규정동작이 아닌 행위는 감점이 된다.
- Si no se cruzan ambos brazos en la boca del estómago.
- Si no se cruzan ambos brazos en la boca del estómago.

당겨 턱지르기 Dangyeo tok jireugi

- 당기는 손을 지르는 팔의 팔굽에 붙이는 행위.
- 이 밖에 규정동작이 아닌 행위는 감점이 된다.
- Si al jalar el brazo izquierdo, se apoya sobre el codo del brazo derecho.
- Si al jalar el brazo izquierdo, se apoya sobre el codo del brazo derecho.

14-1 "다2" 방향 바라보며 두 주먹은 왼 허리에 작은돌쩌귀로 하면서 왼발끌어 (중간동작)

Mirando hacia "Da2", poner los dos puños en el lado izquierdo de la cintura formando jagun doltzogi (bisagra pequeña), jalar el pie izquierdo para hacer modumbal moa seogi, al momento de tomar la postura el pie derecho se mueve hacia adelante para hacer wen dwitkubi y ejecutar keumgang momtong makki. (14-1 y 14-2)

14-2 모둠발로 모아 서자마자 이어서 오른발 내디뎌 왼뒷굽이 금강몸통막기

*금강몸통막기, 당겨턱지르기, 몸통지르기는 한 동작, 한동작 정확한 동작의 표현이 절도있으면서 연결된 표현으로 자연스럽게 옆차기 후 표적치기로 연결되어야 숙련도가 높은 표현이라 하겠다.

모아올 때 무릎이 펴지면 안된다
Al juntar las piernas, no estirar las rodillas.

또한 동작이 멈춰서도 안된다. 자연스럽고 부드럽게 연결 되어야 한다.
Nunca detenerse, conectar los movimientos de forma natural.

14-1, 14-2

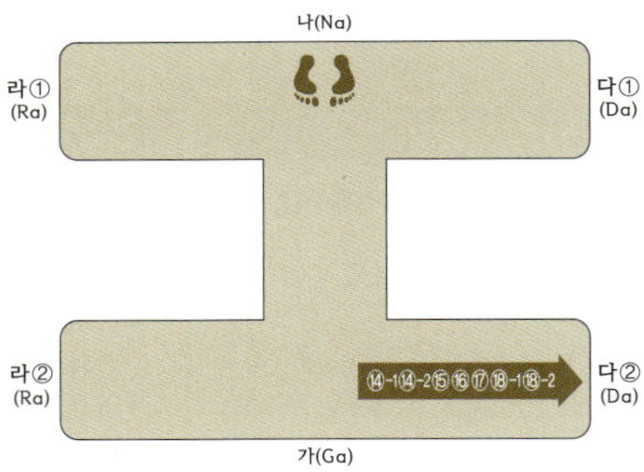

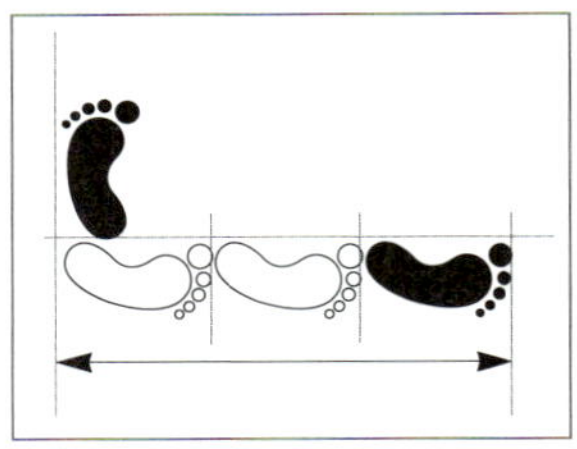

규정동작 Movimiento

옆차기, 팔굽표적치기 Yop chagi, palkup pyojeok chigi (Patada lateral, golpe con el codo)

- 옆차기와 메주먹치기를 동시에 한다.
- 팔굽 표적치기는 명치와 가슴선 중간으로 한다.(표적치기는 허리를 틀어 친다)
- Ejecutar la patada lateral y el puño de martillo al mismo tiempo.
- El objetivo del golpe del codo deberá estar entre la boca del estómago y el pecho.

감점동작의 예 Factores de deducción

옆차기, 팔굽표적치기 Yop chagi, palkup pyojeok chigi (Patada lateral, golpe con el codo)

- 메주먹치기를 지르는 행위.
- 표적을 끌어 당겨치는 행위.
- 이 밖에 규정동작이 아닌 행위는 감점이 된다.
- Si en vez de realizar un golpe con el puño de martillo, se ejecuta un puño directo.
- Si se jala el objetivo y luego se realiza el golpe con el codo.
- Cualquier otro movimiento que no se ha indicado anteriormente será un factor de deducción.

15 "다2" 방향 두 발 "제자리" 왼뒷굽이(그대로) 당겨턱지르기

En dirección de "Da2", con los dos pies en el sitio en wen dwitkubi (en la misma posición) ejecutar dangyeo tok jireugi.

16 "다2" 방향 두 발 "제자리" 왼뒷굽이(그대로) 몸통 반대지르기

En dirección de "Da2", con los dos pies en el sitio en wen dwitkubi (en la misma posición), ejecutar momtong bandae jireugi.

왼손을 최대한 사용한 반작용으로 오른주먹몸통지르기에 힘이 집중되게 한다.

17 "다2" 방향 오른발 끌어 올려 왼학다리서기 작은 돌쩌귀

En dirección de "Da2", levantar el pie derecho para hacer wen hakdari seogi y ejecutar jagun doltzogi.

15, 16, 17

규정동작 Movimiento

옆차기 동시에 메주먹바깥치기
Mejumeok bakkatchigi and yopchagi
(Mejumeok bakkat chigi y yop chagi

- 옆차기와 메주먹치기를 동시에 한다.
- 팔굽 표적치기는 명치와 가슴선 중간으로 한다.(표적치기는 허리를 틀어 친다)
- Ejecutar la patada lateral y el puño de martillo al mismo tiempo.
- El objetivo del golpe del codo deberá estar entre la boca del estómago y el pecho.

감점동작의 예 Factores de deducción

옆차기 동시에 메주먹바깥치기
Mejumeok bakkatchigi and yopchagi
(Mejumeok bakkat chigi y yop chagi

- 메주먹치기를 지르는 행위.
- 표적을 끌어 당겨치는 행위.
- 이 밖에 규정동작이 아닌 행위는 감점이 된다.
- Si en vez de realizar un golpe con el puño de martillo, se ejecuta un puño directo
- Si se jala el objetivo y luego se realiza el golpe con el codo.
- Cualquier otro movimiento que no se ha indicado anteriormente será un factor de deducción.

18-1 "다2" 방향 오른발 옆차기 차는 동시에 메주먹바깥치고 내려디뎌

18-2 오른앞굽이 팔굽표적치기

En dirección de "Da2", patear yop chagi derecho y al mismo tiempo mejumeok bakkat chigi con puño derecho y caer en oreun ap kubi y ejecutar palkup pyojeok chigi. (18-1 y 18-2)

18-1, 18-2

20 "나" 방향 오른발 내디디며 왼손 눌러 막기하며 오른앞굽이 편손끝세워 찌르기

En dirección de "Na", poner el pie derecho adelante, ejecutar nulo makki con la mano izquierda, hacer oreun ap kubi y ejecutar pyonsonkkeut sewo tzireugi.

「앞모습」
Vista frontal

「옆모습」
Vista lateral

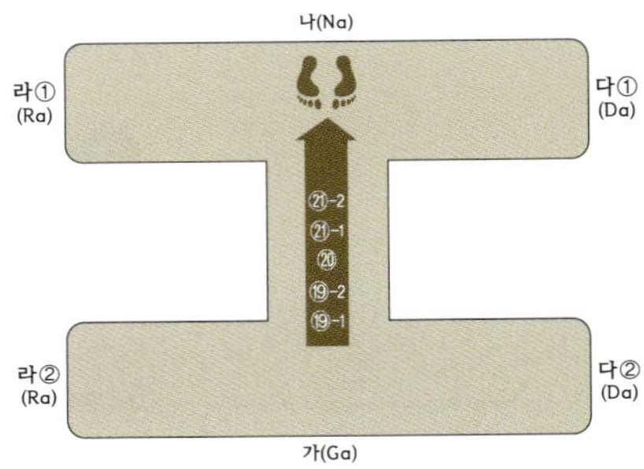

찌르는 기술은 지르기 기술과 같지만 사용부위가 주먹이 아니라 손끝이다. 또한 손가락을 펴기 때문에 손가락 길이만큼 먼 거리를 공격할 수 있는 장점이 있다. 그러나 많이 단련되지 않았을 때는 손가락 마디가 많으므로 탈골 또는 골절의 위험이 있다.

Las técnicas de tzireugi pueden realizarse de la misma manera que las técnicas de jireugi, excepto que la parte del cuerpo que se aplica no son los puños sino las puntas de los dedos, permitiendo un golpe más profundo en el objetivo y más larga por la longitud de los dedos lo cual permite alcanzar un objetivo a mayor distancia.

19-1 "나" 방향을 보며 "가" 의 위치에서 왼발 제자리 오른발 끌어 모둠발로 서자마자 (중간동작)

19-2 이어서 "나" 방향으로 왼발 내디뎌 오른뒷굽이 손날막기

19-2 「옆모습」
Vista lateral

Mirando hacia "Na", desde la posición de "Ga", manteniendo el pie izquierdo, jalar el pie derecho a modumbal para hacer moa seogi, en ese momento poner el pie izquierdo adelante hacia "Na" en oreun dwitkubi y ejecutar sonnal makki. (19-1 y 19-2)

21-2 왼발 "나"선상에 옮겨 디디며 오른뒷굽이 등주먹 얼굴바깥치기

21-1, 21-2의 연결은 속도 및 힘의 집중, 균형 등이 요구되는 숙련도의 채점입니다.

「옆모습」
Vista lateral

등주먹 바깥 칠 때(회전해서 돌아 올 때) 손을 안으로 넣어서 밖으로 친다.
Al golpear con el dorso del puño, poner la mano adentro y al terminar de girar golpear hacia afuera.

「앞모습」
Vista frontal

감점동작의 예 Factores de deducción

잡힌 손목 밑으로 빼기
Hand downward twist out (Girar hacia afuera la mano por abajo)

- 옮겨딛지 않고 제자리에서 빼는 행위.
- 빼기시 시선을 돌리는 행위.
- 이 밖에 규정동작이 아닌 행위는 감점이 된다.
- Si el pie izquierdo no se mueve cuando el golpe del puño se ejecuta.
- Si la mirada está fuera del objetivo.
- Cualquier otro movimiento que no se ha indicado anteriormente será un factor de deducción.

등주먹 얼굴바깥치기
Olgul bakkat chigi (Golpe hacia afuera con el dorso del puño)

- 치는 팔이 당기는 팔의 바깥으로 나올 때.
- 옆으로 치는 과정에서 팔꿈치가 상하로 움직이는 경우.
- 이 밖에 규정동작이 아닌 행위는 감점이 된다.
- Si el brazo que ataca viene por fuera del brazo que se jala.
- Si el codo se mueve arriba y/o abajo durante la ejecución del golpe.
- Cualquier otro movimiento que no se ha indicado anteriormente será un factor de deducción.

규정동작 Movimiento

잡힌 손목 밑으로 빼기
Hand downward twist out (Girar hacia afuera la mano por abajo)

- 손목을 밑으로 뺄 때 왼발을 옮긴다. (시선은 그대로)
- El pie izquierdo deberá moverse cuando el giro hacia afuera de la mano por abajo se ejecuta. (La dirección de la mirada es la misma)

등주먹 얼굴바깥치기
Olgul bakkat chigi (Golpe hacia afuera con el dorso del puño)

- 등주먹 바깥치기는 양손을 교차해서 한다. (보조선 안쪽 어깨선에서 시작해야 한다)
- El brazo izquierdo deberá cruzarse con el brazo derecho. (Empezar frente a la línea del hombro.)

21-2
21-1

이 동작은 손목을 완전하게 빼기 위해 왼발을 옮겨 딛어 체중을 활용하여 손목을 뺐는가에 초점이 맞춰져야한다.

21-1 왼쪽으로 몸을 돌려 오른손 밑으로 돌려 빼며 몸 왼쪽 "가"방향으로 돌려

En dirección de "Na", preparar la mano derecha por abajo, girando el cuerpo por el lado izquierdo, mover el pie izquierdo en la línea de "Na" y caer en oreun dwitkubi ejecutando dungjumok olgul bakkat chigi. Al realizar el dungjumok bakkat chigi, el codo deberá estar ligeramente doblado y el pecho abierto para que el dungjumok pase. (21-1 y 21-2)

▼ 21-1, 21-2

22 "나" 방향 오른발 내디뎌 오른앞굽이 몸통반대지르기 - 기합 -

En dirección de "Na", poner el pie derecho adelante en oreun ap kubi y ejecutar momtong bandae jireugi (ejecutando el "Kiap").

23 "다1" 방향 왼발 옮겨 돌아 왼앞굽이 가위막기

En dirección de "Da1", mover el pie izquierdo para girar en wen ap kubi y ejecutar kawi makki.

가위막기 : 아래막기 시작 형태에서 몸통을 막을 팔의 팔굽을 구부려서 아래 막는 팔쪽 옆구리선에 주먹을 위치시킨 후, 두 팔을 동시에 교차시켜 막는다.
이때 어느 손이 위, 아래인지 헛갈릴 수 있는데, 회전할때 주먹 지른 오른손이 아래로 내려가서 올라오면서 몸통 바깥막기를 한다.

Kawi makki : Puede haber confusión sobre qué mano va en la parte superior del cuerpo o en la parte inferior. Por eso, al girar, la mano que golpeó el puño, deberá jalarse primero a la parte inferior del cuerpo como preparación para luego ejecutar el bloqueo hacia afuera en la sección media del cuerpo.

바로 바로 "나" 의 위치에 오른발 제자리 "가" 방향보며 왼발 끌어 (기본준비서기)

Baro: en posición de "Na", con el pie derecho en el lugar, mirando hacia "Ga", jalar el pie izquierdo para regresar a kibon jumbi seogi.

26-3 (몸통바로지르기)

<서기 제자리>

26-2 왼앞굽이 몸통두번지르기 (몸통반대지르기)

24-1 **"다1" 방향 오른발 앞차기 차고 내디뎌**

En dirección de "Da1", patear ap chagi derecho y caer en oreun ap kubi ejecutando dubon jireugi. (24-1, 24-2 y 24-3)

24-2 **오른앞굽이 몸통두번지르기 (몸통반대지르기)**

24-3 **(몸통 바로 지르기)**

회전할 때, 지른 왼손이 아래로 내려가서 올라오면서 몸통바깥막기를 한다.

Al girar, la mano izquierda con la que se golpeó deberá bajar la preparación y luego subir para realizar el bloqueo en la sección media del cuerpo.

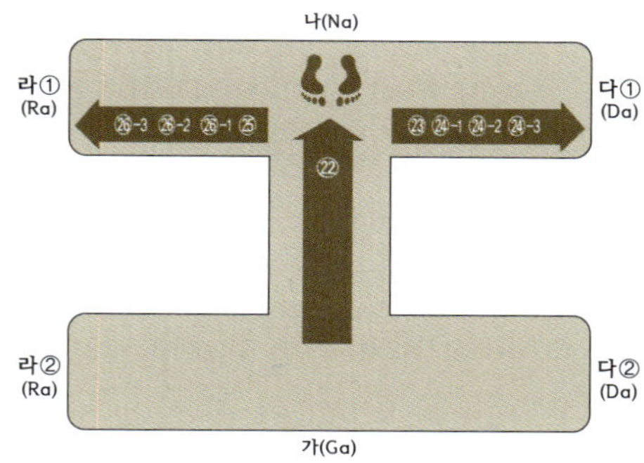

26-1 **"라1" 방향 왼발앞차기 차고 내디뎌**

En dirección de "Ra1", patear ap chagi izquierdo y caer en wen ap kubi ejecutando dubon jireugi.

25 **"라1" 방향 오른발 옮겨 뒤로 돌아 오른앞굽이가위막기**

En dirección de "Ra1", mover el pie derecho para girar en oreun ap kubi y ejecutar kawi makki.

평원
(Pyongwon)

평원은 아득한 사방으로 넓게 펼쳐진 큰 땅을 의미하며 큰 땅은 생물의 모체로서 생명의 보존과 만물의 영장인 사람으로 인한 삶의 터전을 나타내고 본디(본)와 쓰임(용)에 따른 평화와 투쟁을 바탕으로 품새가 이루어 졌다.
새로운 동작은 팔굽 올려치기, 거들어 얼굴옆막기, 당겨 턱치기, 멍에치기, 헤쳐 산틀막기 등이다. 준비자세는 모아서기 왼겹손으로 땅이 삶의 시작과 근본인 것 같이 인체의 힘의 근원인 하단전의 기운을 모으고 얻어서 행동하기 위한 자세이다. 평원은 본디와 바꿈을 뜻한다.

"Pyongwon" simboliza una llanura que es un espacio vasto y amplio. Es la Fuente de vida de todas las criaturas y el campo donde los seres humanos viven.
El poomsae Pyongwon se basó en la idea de paz y lucha resultado de los principios de origen y uso. Las nuevas técnicas en este poomsae son palkup olyeo chigi, koduro olgul yop makki, dangyeo tok jireugi, mongye chigi, hecho santul makki. El jumbi seogi es el moa seogi wen kiopson (mano izquierda sobrepuesta), el cual requiere de concentración de la fuerza en el abdomen inferior, la fuente de la fuerza del cuerpo, así como la tierra que es el inicio y el principio de la vida humana.

♣ 평원 품새진행선

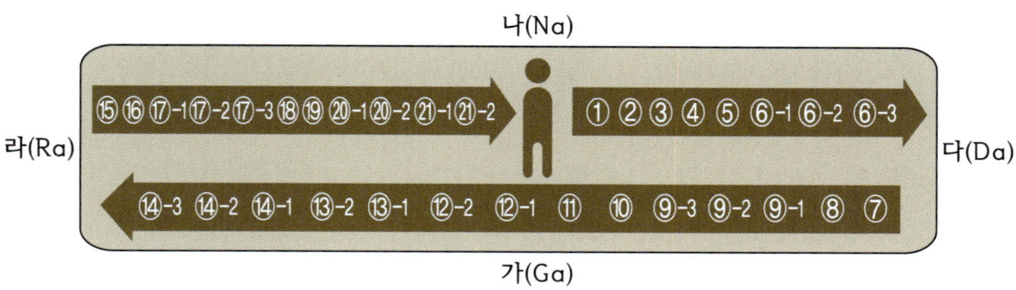

나(Na)
라(Ra)
다(Da)
가(Ga)
⑮ ⑯ ⑰-1 ⑰-2 ⑰-3 ⑱ ⑲ ⑳-1 ⑳-2 ㉑-1 ㉑-2
① ② ③ ④ ⑤ ⑥-1 ⑥-2 ⑥-3
⑭-3 ⑭-2 ⑭-1 ⑬-2 ⑬-1 ⑫-2 ⑫-1 ⑪ ⑩ ⑨-3 ⑨-2 ⑨-1 ⑧ ⑦

평원(Pyongwon)

준비 겹손준비서기

Jumbi: En posición de "Na", mirando hacia "Ga", moa seogi kyeopson jumbi seogi.

손을 편 상태로 단전에서 끌어올리며 자연스럽게 겹치면서 명치 앞에서 다시 단전으로 내려간다.

Con las manos abiertas, levantarlas desde la parte inferior del abdomen al pecho, cruzando las manos naturalmente, girarlas en frente de la boca del estómago y luego bajarlas hasta la parte inferior del abdomen.

1 "가" 방향 바라보며 왼발 한 발 너비로 넓혀 나란히서기 서서히 손날아래헤쳐막기(숨을 서서히 내쉰다)

En dirección de "Ga", abrir un paso el pie izquierdo para hacer naranhi seogi y ejecutar sonnal arae hecho makki (exhalando lentamente).

약 한 뼘, 세운 주먹 2개 간격

La distancia es de dos puños.

2 "가" 방향 두 발 제자리 두 손 단전앞에서 가슴 앞으로 들어 올리면서 손바닥을 마주보게 하며 나란히서기(서기 그대로) 통밀기

En dirección de "Ga", con los dos pies en el sitio, ambas manos se acercan frente al pecho manteniendo las palmas frente a frente, en naranhi seogi (la misma posición) y ejecutar tong milgi.

<서기 제자리>

규정동작 Movimiento

팔굽올려치기
Palkup olyeo chigi (Golpe levantando el codo)

- 주먹안쪽이 귀 옆에 위치한다.
- El puño deberá estar al lado de la oreja.

감점동작의 예 Factores de deducción

팔굽올려치기 Palkup olyeo chigi (Ggolpe levantando el codo)

- 주먹등이 위로 향하는 행위.
- 팔굽이 벌어지는 행위.
- 이 밖에 규정동작이 아닌 행위는 감점이 된다.
- Si el dorso del puño está mirando hacia arriba.
- Si el codo está fuera del objetivo.
- Cualquier otro movimiento que no se ha indicado anteriormente será un factor de deducción.

3 "라" 방향 오른발 내디뎌 왼뒷굽이 한손날아래막기

En dirección de "Ra", poner el pie derecho adelante en wen dwitkubi y ejecutar hansonnal arae makki.

높이 유지하며 방향 전환

Mantener la altura.

앞축을 중심으로 회전

Girar con el metatarso.

4 "다" 방향으로 방향 바꾸며 오른뒷굽이 한손날몸통바깥막기

Cambiar la dirección hacia "Da", en oreun dwitkubi y ejecutar hansonnal momtong bakkat makki.

5 "다" 방향으로 왼발 밀어 디뎌 왼앞굽이 오른팔굽올려치기

En dirección de "Da", empujar ligeramente el pie izquierdo hacia adelante para hacer wen ap kubi y ejecutar oreun palkup olyeo chigi.

주먹바닥이 귀 옆에 오도록

La palma del puño deberá estar al lado de la oreja

근육이 뒤틀리지 않아 팔굽 올려칠 때 용이하다

팔굽올려치기 할 때 허리를 동시에 넣어주면서

Llevar la cintura adelante al mismo tiempo que se golpea con el codo

3, 4, 5

규정동작 Movimiento

몸돌려옆차고 손날막기
Mom dollyo yop chagi sonnal makki (Patada lateral con giro y bloqueo con mano-cuchillo)

- 앞차고 몸돌려 옆차고 손날막기는 빠르게 이어서 하여야 한다.
- La patada frontal, la patada lateral con giro y el bloqueo mano-cuchillo deberán realizarse rápidos y continuos.

감점동작의 예 Factores de deducción

몸돌려옆차고 손날막기
Mom dollyo yop chagi sonnal makki (Patada lateral con giro y bloqueo con mano-cuchillo)

- 동작간의 연결성이 부족할 때.
- 이 밖에 규정동작이 아닌 행위는 감점이 된다.
- Si no hay una buena conexión entre las patadas y el bloqueo.
- Cualquier otro movimiento que no se ha indicado anteriormente será un factor de deducción.

6-3 "다" 의 위치에 내려디뎌 왼뒷굽이 손날막기 - 시선 "라" 방향 - 몸의 정면은 "가" 방향

옆차기 찬발 허리로 접어올 때 손날막기의 준비동작을 시작하여 접은 발을 놓음과 동시에 뒷굽이 자세를 취하며 손날막기를 한다.
Al recoger la patada lateral, empezar el bloqueo mano-cuchillo con la postura hacia atrás.

6-3

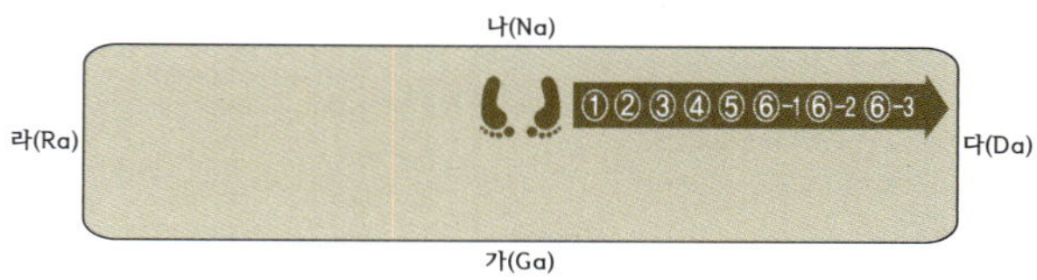

6-1 "다" 방향 오른발 앞차기 차고 내려디뎌 이어서

6-2 왼발 몸돌려 옆차기 차고

En dirección de "Da", patear ap chagi derecho y una vez que la pierna regrese al suelo, inmediatamente patear mom dollyo yop chagi izquierdo, caer en la posición "Da" en wen dwitkubi y ejecutar sonnal momtong makki, con la mirada hacia "Ra" y el cuerpo mirando hacia "Ga". (6-1, 6-2 y 6-3)

접어 올릴때 무릎을 벌려서 올라오면 안된다. 지지하는 다리 무릎 안쪽을 스치듯 접어 올라와야 힘의 분산을 막을 수 있으며, 옆차기를 일직선으로 찰수가 있다. (차는 과정에서 무릎과 무릎사이의 공간이 생기면 차는 발에 회전이 걸려 힘의 진행 과정이 틀릴뿐만 아니라 균형에도 어려움을 준다)

앞차기, 몸돌아 옆차기, 손날막기의 동작은 연결되어야 한다.

앞차기를 차고 발을 놓을 때 똑바로 놓으면, 다음에 몸돌려 옆차기 때 중심잡기가 어려우므로 발을 놓을 때 앞축을 자기 쪽으로 향하고 뒤축은 가는 방향을 향하도록 놓으면 몸돌려 옆차기가 빠르게 이어지고 중심잡기가 수월하다.
Si después de patear, el pie se baja directamente hacia adelante, difícilmente podrá mantener el equilibrio para hacer la patada lateral. Por eso, pisar con el metatarso con dirección hacia el cuerpo y con el talón en dirección a la patada, lo que hará que la patada lateral sea más rápida y pueda mantener el equilibrio.

6-1, 6-2

9-1 "나" 선상에서 오른발 들어 (당겨턱치기 중간동작)

En la línea de "Na", levantar el pie derecho para pisar fuerte en juchum seogi y ejecutar oreun dungjumok dangkio tok chigi (ejecutando el "Kiap") (cambiando la mirada hacia "Ga", dangkio tok chigi hacia "Ga"), sucesivamente en juchum seogi ejecutar wen dungjumok dangkio tok chigi. (9-1,9-2 y 9-3)

당겨턱치기 중간동작 : 반대팔 손을 펴서 앞으로 곧게 뻗는다. 치는 팔은 등주먹 부분이 뒤쪽을 향하게 하여 어깨 측면 위에 둔다. 반대팔을 당기며 등주먹을 젖혀 친다. 당긴 주먹은 손등이 위로 향하게 하여 등주먹 팔의 팔굽 밑에 위치한다.

9-2 짓찧어 구르며 주춤서기 오른등주먹당겨턱치기 -기합- (시선 "가" 방향)

오른등주먹당겨턱치기 : 왼팔을 앞으로 펴서 상대를 잡아끌면서 오른등주먹앞치기로 턱을 친다.

Oreun dungjumok dangkio tok chigi se ejecuta estirando hacia adelante el brazo izquierdo, deberá jalar al oponente y golpear la barbilla con oreun dungjumok ap chigi.

9-3 이어서 주춤서기(그대로) 왼등주먹당겨턱치기

왼등주먹당겨턱치기 : 발은 움직이지 않고 주춤서기 그대로. 오른팔은 주먹을 쥔 상태로 앞으로 펴서 당기면서 왼등주먹앞치기를 한다.

중요 : 당겨턱치는 팔꿈치의 회전운동이 주먹으로 이어질 때 직선 운동방향으로 바뀌어야 한다.
팔굽 - 회전운동
주먹 - 직선운동

9-3, 9-2, 9-1

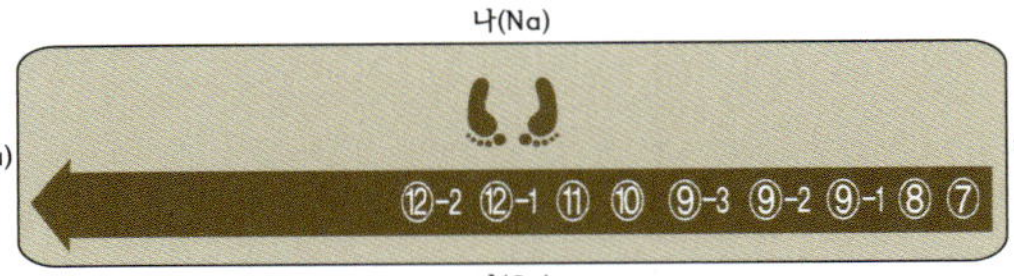

11 "라" 방향 왼발 제자리 오른발 옮겨디뎌 주춤서기 헤쳐산틀막기 - 시선 "라" 방향 -

En dirección de "Ra", con el pie izquierdo en el sitio, mover el pie derecho para hacer juchum seogi y ejecutar hecho santul makki, con la mirada hacia "Ra".

12-1 "라" 방향 왼발 제자리 오른발 끌어올려 왼학다리서기 금강막기(빠르게)

En dirección de "Ra", con el pie izquierdo en el sitio, levantar el pie derecho para hacer wen hakdari seogi, ejecutar keumgang makki y jagun doltzogi (bisagra pequeña) al lado izquierdo de la cintura. (12-1 y 12-2)

12-2 이어서 왼허리에 작은돌쩌귀

12-2, 12-1. 11

7 "라" 방향 두발 제자리 두 손을 머리 위로 크게 원을 그려 (중간동작)왼뒷굽이 (서기 그대로) 손날아래막기

En dirección de "Ra", con los dos pies en el sitio en wen dwitkubi (manteniendo la posición), ejecutar sonnal arae makki.

8 "라" 방향 왼 발 제자리 오른발 약간 옮겨디뎌 주춤서기로 변하며(중간 동작)얼굴거들어 옆막기 - 시선 "라" 방향 그대로 - 몸은 "가" 방향

En dirección de "Ra", con los dos pies en el sitio en juchum seogi (cambiando de posición), ejecutar olgul koduro yop makki y con la mirada hacia "Ra".

8, 7

규정동작 Movimiento

손날아래막기
Sonnal arae makki (Bloqueo abajo con mano-cuchillo)

- 서기높이는 그대로 유지하며 손날아래 막기를 신속히 한다.(손날 아래막기는 머리위로 크게 돌려한다)
- Mantener la misma postura, las dos manos del bloqueo con mano-cuchillo deberán levantarse de forma circular para ejecutar el bloque abajo (rápido y realizar un movimiento circular exagerado sobre la cabeza).

감점동작의 예 Factores de deducción

손날아래막기
Sonnal arae makki (Bloqueo abajo con mano-cuchillo)

- 동작을 의식적으로 천천히 하는 행위.
- 손날 아래막기를 돌려 막지 않고 직선으로 하는 행위.
- 이 밖에 규정동작이 아닌 행위는 감점이 된다.
- Si los movimientos se ejecutan lentamente.
- Si las dos manos del bloqueo con mano-cuchillo se levantan de forma circular pero se mueven de manera individual.
- Cualquier otro movimiento que no se ha indicado anteriormente será un factor de deducción.

10 "라" 방향 오른발 제자리 왼발을 옮겨 앞꼬아서기 멍에치기

En dirección de "Ra", con el pie derecho en el sitio, mover el pie izquierdo para hacer apkkoa seogi y ejecutar mongye chigi.

멍에의 사전적 의미 :
끌기 위하여 마소의 목에 얹는 기구

10

14-2 오른발 몸돌려 옆차기 차고 "라" 위치에 내려디뎌

14-3 오른뒷굽이 손날막기 - 시선 "다" 방향 -

규정동작 Movimiento	감점동작의 예 Factores de deducción
거들어 얼굴옆막기 **Koduro olgul yop makki (Bloqueo lateral a la cara)** ▪ 거들어 얼굴옆막기 동작은 외산틀막기와 동일.(팔목은 인중높이) ▪ 거들어 주는 손은 가슴 높이로 한다. ▪ El movimiento del bloqueo lateral a la cara es el mismo que el bloqueo abierto con una mano (la muñeca debe estar a la altura del labio) ▪ La altura del brazo de apoyo es el pecho.	**거들어 얼굴옆막기** **Koduro olgul yop makki (Bloqueo lateral a la cara)** ▪ 주먹이 머리위로 벗어난 행위. ▪ 이 밖에 규정동작이 아닌 행위는 감점이 된다. ▪ Si la altura del puño está sobre la cabeza. ▪ Cualquier movimiento adicional que no se ha indicado anteriormente será un factor de deducción.

15 "나" 방향 두 발 제자리에서 두 손을 머리위로 크게 원을 그려(중간동작)오른뒷굽이 손날아래막기

En dirección de "Na", con ambos pies en el sitio en oreun dwitkubi, ejecutar sonnal arae makki.

16 "나" 방향 왼발을 옮겨디뎌 주춤서기로 변하며 얼굴 거들어 옆막기 - 시선 "다" 방향 -

En dirección de "Na", con ambos pies en el sitio en juchum seogi (cambio de posición), ejecutar olgul koduro yop makki, con la mirada hacia "Da".

17-1 왼발 들어(중간동작)

손날막기에서 손날아래막기는 선이 연결되게 가속도를 살려 힘이 전달되게 한다.

상대가 아래를 공격했을 때 발을 살짝 당겼다가 짓찧는 느낌으로 한다.

13-1 "라" 방향 오른발 옆차기 차고 내려디뎌

En dirección de "Ra", patear yop chagi derecho, caer en oreun ap kubi y ejecutar wen palkup olyeo chigi. (13-1 y 13-2)

13-2 오른앞굽이 왼팔굽올려치기

14-1 "라" 방향 왼발앞차기 차고 내려 딛고 이어서

En dirección de "Ra", patear ap chagi izquierdo y una vez que la pierna regrese al suelo, inmediatamente girar el cuerpo para patear yop chagi derecho, caer en la posición "Ra" en oreun dwitkubi y ejecutar sonnal momtong makki, con la mirada hacia "Da". (14-1, 14-2 y 14-3)

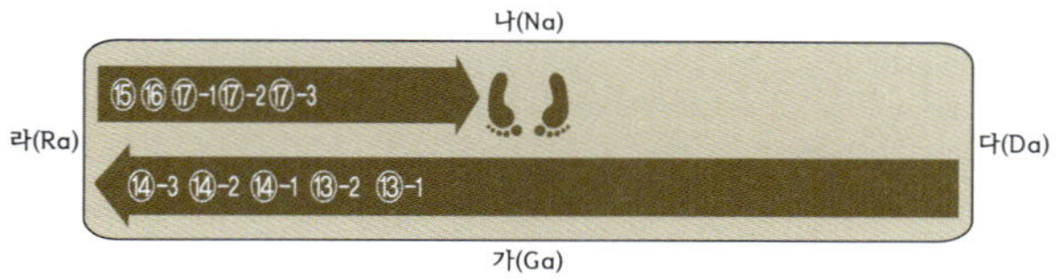

17-2 짓찧어 구르며주춤서기 왼등주먹 당겨턱치기 -기합- (시선 "가" 방향)

17-3 이어서 주춤서기(그대로) 오른등주먹당겨턱치기

En la línea de "Na", levantar el pie izquierdo para pisar fuerte en juchum seogi y ejecutar wen dungjumok dangkio tok chigi (ejecutando el "Kiap") (cambiando la mirada hacia "Ga", dangkio tok chigi hacia "Ga"), sucesivamente en juchum seogi ejecutar oreun dungjumok dangkio tok chigi. (17-1, 17-2 y 17-3)

규정동작 Movimiento

당겨턱치기
Dangkio tok chigi (Bolpe a la madíbula)

- 반대팔은 편 상태에서 어깨 높이로 한다.
- 등주먹 앞치는 손은 어깨 위에서 시작하여 등주먹치기는 인중 높이로 한다.
- El brazo opuesto se estira hacia adelante a la altura del hombro.
- Golpear la mandíbula empezando desde el hombro hasta la altura del labio.

감점동작의 예 Factores de deducción

당겨턱치기
Dangkio tok chigi (Bolpe a la madíbula)

- 두번째 등주먹치기를 어깨위에서 시작하지 않고 겨드랑이에서 시작하는 행위.
- 발을 두번 다 구르는 행위.
- 이 밖에 규정동작이 아닌 행위는 감점이 된다.
- Si el segundo golpe con el dorso del puño inicia en la axila
- Si ambos pies pisan fuerte.
- Cualquier otro movimiento que no se ha indicado anteriormente será un factor de deducción.

18 **"다" 방향 오른발 옮겨 앞꼬아서기 멍에치기 - 시선 "다" 방향 -**

En dirección de "Da", mover el pie derecho para hacer apkkoa seogi y ejecutar mongye chigi, con la mirada hacia "Da".

19 **"다"방향 왼발 내디뎌 주춤서기 헤쳐 산틀막기**

En dirección de "Da", poner el pie izquierdo adelante en juchum seogi y ejecutar hecho santul makki.

20-1 **"다"방향 오른발제자리 왼발 끌어 올려 오른학다리 금강막기하고(빠르게)**

En dirección de "Da", con el pie derecho en el sitio, levantar el pie izquierdo para hacer oreun hakdari y ejecutar keumgang makki y jagun doltzogi al lado derecho de la cintura. (20-1 y 20-2)

옆으로 이동할 때 주춤서기 높이를 유지해야 한다.(중심이동 할 때 일어서서 무릎이 펴져 중심이 높아져서는 안된다)

Cuando se mueve al lado, deberá mantener la altura de la postura de montar (Mantener la altura mientras se mueve el peso del cuerpo)

18, 19, 20-1

규정동작 Movimiento

멍에치기
Mongye chigi (Golpe a los lados)

- 옮겨 딛는 발에 중심을 둔다.
- 두 무릎을 구부린다.
- 양 팔꿈치는 가슴선에 직선으로 한다.
- 주먹은 가슴에 위치한다.
- El movimiento del pie debe controlar el equilibrio del cuerpo.
- Ambas rodillas deben estar dobladas.
- Ambos codos deben estar por debajo de los hombros
- Ambos puños deben estar en frente del pecho.

학다리서기, 금강막기
Hakdari seogi, keumgang makki (Bloqueo en diamante)

- 빠르게 진행한다.
- Movimiento rápido

헤쳐산틀막기
Hecho santul makki (bloqueo empujando la montaña)

- 막는 상태에서 두 팔의 주먹이 관자놀이 높이에 위치하도록 한다.
- 두 주먹의 바닥부분이 얼굴 쪽으로 마주보게 한다.
- Ambos puños deben estar a la altura de la sien.
- La palma de los puños deberán estar a los lados del rostro.

감점동작의 예 Factores de deducción

멍에치기
Mongye chigi (Golpe a los lados)

- 앞발 뒷축을 드는 행위.
- 뒷발의 뒷축이 지면에 닿는 행위.
- 팔꿈치가 어깨선 이상으로 올라가거나 뒤로 나가는 행위.
- 이 밖에 규정동작이 아닌 행위는 감점이 된다.
- Si el talón del pie delantero está levantado.
- Si el talón del pie trasero está levantado.
- Si ambos codos están levantados o fuera del objetivo.
- Cualquier otro movimiento que no se ha indicado anteriormente será un factor de deducción.

학다리서기, 금강막기
Hakdari seogi, keumgang makki (Bloqueo en diamante)

- 금강 품새 학다리서기 금강막기와 같이 천천히 하는 행위.
- La postura de la grulla y el bloqueo de diamante igual que en el poomsae Keumgang.

헤쳐산틀막기
Hecho santul makki (Bloqueo empujando la montaña)

- 금강 품새 산틀막기 동작과 같게 할 때.
- 등주먹 치기 형태로 하는 행위.
- 이 밖에 규정동작이 아닌 행위는 감점이 된다.
- El bloqueo de montaña igual que en el poomsae Keumgang.
- Como un golpe con el dorso del puño.
- Cualquier otro movimiento que no se ha indicado anteriormente será un factor de deducción.

20-2 이어서 오른허리에 작은 돌쩌귀

21-1 "다"방향 왼발옆차기 차고 동시에 왼 메주먹 바깥치고

En dirección de "Da", ejecutar wen mejumok bakkat chigi patenado yop chagi izquierdo y caer en wen ap kubi ejecutando palkup pyojeok chigi. (21-1 y 21-2)

21-2 내려디뎌 왼앞굽이 팔굽표적치기

바로 바로 "나" 의 위치에서 오른발 제자리 "가" 방향보며 왼발 모둠발로 모아서기 겹손준비서기

Baro: En posición de "Na", con el pie derecho en el sitio, mirando hacia "Ga", arrastrar el pie izquierdo para hacer moa seogi y regresar a kyeopson jumbi seogi.

팔굽표적치기에서 단전앞으로 가져와서 명치앞까지 끌어 올려 다시 단전 앞으로 내려준다

Jalar las manos hasta la boca del estómago y luego empujarlas hasta la parte inferior del cuerpo con las manos sobrepuestas.

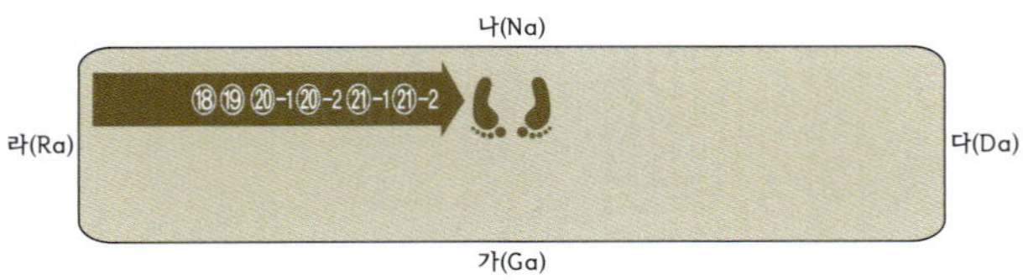

규정동작 Movimiento

옆차기 팔굽표적치기
Yop chagi palkup pyojeok chigi
(Patada lateral, golpe con el codo)

- 옆차기와 동시에 메주먹 바깥치기를 한다.
- 팔굽표적치기는 허리를 틀어 하여야 하며 표적은 명치 높이로 한다.
- Ejecutar la patada lateral y el puño de martillo hacia afuera al mismo tiempo.
- El objetivo del golpe con el codo empieza en la cintura y termina frente a la altura de la boca del estómago.

감점동작의 예 Factores de deducción

옆차기 팔굽표적치기
Yop chagi palkup pyojeok chigi
(Patada lateral, golpe con el codo)

- 메주먹치기를 지르기로 하는 경우.
- 표적을 끌어당겨 치기를 하는 행위.
- 이 밖에 규정동작이 아닌 행위는 감점이 된다.
- Si en vez de realizar un golpe con el puño de martillo, se ejecuta un puño directo.
- Si se jala el objetivo y luego se realiza el golpe con el codo.
- Cualquier otro movimiento que no se ha indicado anteriormente será un factor de deducción.

십진 (Sipjin)

십진은 십장사상에서의 십장생을 의미하며 십장생은 해, 달, 산, 물, 돌, 소나무, 불로초, 거북, 사슴, 학을 일컫는 것으로 이러한 두 개의 천체와 세 개의 자연, 두 개의 식물과 세 개의 동물은 사람의 믿음과 바램과 사랑을 나타낸다. 이를 상징하고 변화하는 품새가 십진이다.
새로운 동작은 십장생의 수에 따른 열 가지로 황소 막기, 손바닥 거들어 막기, 엎은 손끝 찌르기, 손날 아래막기, 바위 밀기, 손날 몸통헤쳐막기, 끌어올리기, 쳇다리 지르기, 손날 엇걸어 아래막기, 손날등 몸통막기 등이다. 품새선은 열십자로 십장생의 근본과 십진법에 의한 무한대의 숫자형성, 그리고 무궁한 발전을 뜻한다.

La palabra "Sipjin" se deriva de la longevidad de los números decimales, la cual asegura que existen diez criaturas con larga vida: el sol, la luna, la montaña, el agua, la piedra, el pino, la hierba de la juventud eterna, la tortuga, el ciervo, y la grulla. Hay dos cuerpos celestiales, tres recursos naturales, dos plantas y tres animales, todos otorgan al ser humano fe, esperanza y amor. Estas son las cosas que simboliza el poomsae Sipjin. Las nuevas técnicas en este poomsae son hwangso makki (bloqueo de cabeza de toro), son badak (palma) koduro makki, opun sonnal jireugi, sonnal arae makki, bawi milgi (empujar la piedra), sonnal dung momtong hecho makki, kuro olligi (levantar), chetdari jireugi (puño en forma de tenedor), sonnal otkoro arae makki y sonnal dung momtong makki, las cuales son diez en total.

♣ 십진 품새진행선

마(Ma)
⑮-2 ⑮-1 ⑭ ⑬-4 ⑬-3 ⑬-2 ⑬-1 ⑫
⑯ ⑰ ⑱ ⑲-1 ⑲-2
⑪
⑥
라(Ra)
⑩-2 ⑩-1 ⑨ ⑧-4 ⑧-3 ⑧-2 ⑧-1 ⑦-2 ⑦-1
① ② ③-1 ③-2 ③-3 ③-4 ④ ⑤-1 ⑤-2
다(Da)
나(Na)
㉘ ㉗-2 ㉗-1 ㉖ ㉕ ㉔
⑳-1 ⑳-2 ㉑-1 ㉑-2 ㉒-1 ㉒-2 ㉓-1 ㉓-2
가(Ga)

십진(Sipjin)

준비 기본준비서기

Jumbi: en posición de "Na", mirando hacia "Ga", ejecutar kibon jumbi seogi.

1-1 "가" 방향 바라보며 두발 그대로 두 주먹을 올려 나란히서기

Mirando hacia "Ga", con ambos pies en el sitio, levantar los dos puños en naranhi seogi (misma posición) y ejecutar hwangson makki. (1-1,1-2 y 1-3)

<서기 제자리>

1-2 서기(그대로) 황소막기

<서기 제자리>

황소막기 : 두 주먹이 동시에 얼굴을 막은 형태이다. 주먹과 주먹 사이에는 세운 주먹 하나의 간격이며, 주먹과 얼굴의 사이에도 세운 주먹 하나의 간격을 둔다. (요령) 두 주먹을 기본준비자세형태에서 주먹바닥을 위쪽으로 들어 올려 얼굴 위에서 주먹을 틀어 등주먹 부분이 이마쪽을 향하게 한다.

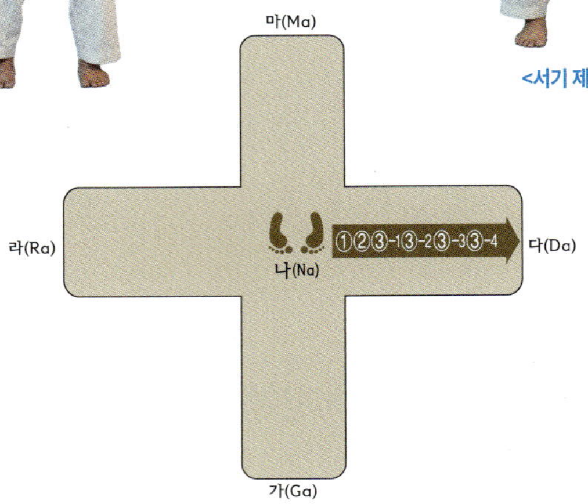

3-1 "다" 방향 왼주먹 펴고 안으로 튼 다음 (천천히)

En dirección de "Da", abrir el puño izquierdo girando hacia adentro, hacer wen ap kubi y ejecutar oreun pyonsonkkeut opo tzireugi seguido de momtong dubon jireugi. (3-1, 3-2, 3-3 y 3-4)

3-1동작의 표현 두 손의 회전 타이밍과 호흡 및 기(氣)의 표현이다.

3-2 왼발 "다" 방향으로 밀어 디뎌 왼앞굽이 오른편손끝 (빠르게) 엎어찌르기 이어 몸통두번지르기

3-1, 3-2, 3-3

3-3 (몸통반대지르기)

<서기 제자리>

1-3 황소막기한 두 주먹 양 옆으로 벌려 약간 멈췄다가(시선 "가" 방향)

<서기 제자리>

팔꿈치를 아래로 당겨 내리듯 양주먹을 약간(약 한뼘 정도) 벌려서 멈춘다

Bajar un poco el codo y las manos se ubicarán a una distancia de una cabeza entre ellas.

2 왼발 "다" 선상에 내디뎌 오른뒷굽이 손바닥 몸통 거들어 바깥막기

En dirección de "Da", ambos puños se abren lateralmente para retener por un momento (mirada hacia "Ga"), poner el pie izquierdo adelante en la línea "Da" para hacer oreun dwitkubi y ejecutar sonbadak momtong koduro bakkat makki.

손바닥 몸통거들어 바깥막기

Sonbadak momtong koduro bakkat makki

손바닥 전체를 딱 붙이려 하지말고 가운데 손가락 끝만 손목에 위치.

No trate de pegar toda la palma, deberá estar suelta naturalmente, el dedo medio deberá ubicarse alrededor de la muñeca.

왼 바깥 팔목에 오른손바닥을 대어 밀어서 막는데 도와준다.

La palma de la mano derecho refuerza al maki empujando la muñeca externa izquierda.

막았을 때의 모양은 오른 가운데손가락 끝이 왼 바깥팔목 끝단 손목에 위치한다.

Al momento de ejecutar el maki, la punta del dedo medio de la mano derecha deberá colocarse en el extremo exterior de la muñeca izquierda.

규정동작 Movimiento

황소막기

Hwangso makki (Bloqueo de cabeza de toro)

- 시작점 : 주먹등이 아래로 향하는 지점.
- 끝 점 : 두 주먹은 얼굴막기 높이, 주먹사이 간격은 주먹하나 (시선은 정면)
- 두 주먹을 양 옆으로 한 뼘 정도 벌린다.
- Punto inicial: centro del abdomen con ambos puños mirando hacia abajo.
- Punto final: ambos puños a la misma altura del bloqueo a la cara, la distancia entre ambos puños es de un puño (la dirección de la mirada es hacia adelante).
- La distancia entre ambos puños cuando se abren, es de una mano abierta.

감점동작의 예 Factores de deducción

황소막기

Hwangso makki (Bloqueo de cabeza de toro)

- 막을 때 팔굽이 먼저 들리는 행위.
- 힘을 넣어서 과장된 동작표현을 하는 행위.
- 이 밖에 규정동작이 아닌 행위는 감점이 된다.
- Si al elevar el bloqueo, los codos también se levantan.
- Si se pone mucha fuerza en el bloqueo.
- Cualquier otro movimiento que no se ha indicado anteriormente será un factor de deducción.

3-4 (몸통바로지르기)

<서기 제자리>

3-4

▶ 3-1,3-2,3-3 and 3-4

주먹의 손가락을 펼 때는 힘을 주어 서서히 편다.

Los dedos deberán abrirse desde el puño lentamente concentrando la fuerza.

손가락을 거의 다 폈을 때 손목을 안쪽으로 튼다. 이때 오른손 그대로 힘주고 있기 때문에 왼 손목이 완전히 틀렸을 때는 손등쪽으로 온다.(힘을 주어 천천히 동작하고 순간적으로 힘을 뺐다가 빠르고 강하게 찌른다(약 4초간))

Cuando los dedos estén casi abiertos, girar la muñeca hacia adentro. En este momento, retener la mano derecha concentrando la fuerza y con la muñeca hacia el dorso de la mano después de girar (un movimiento lento pero fuerte, soltarlo al instante y golpear como lanza rápido y poderoso).

이때 왼손등에다 오른 손바닥을 비벼스쳐서 찌르기를 한다.

En este momento, la palma de la mano derecho se desliza sobre el dorso de la mano izquierda después de girar.

이때 두 다리는 오른발은 제자리, 왼발은(편손끝을 찌르는 동시에) 앞굽이로 변한다.

En este momento, el pie derecho se mantiene en el sitio y el pie izquierdo (mientras el puño se abre y gira) cambia la posición a apkubi.

찌르기와 두번지르기는 빠르게 한다.

El tzireugi y el dubon jireugi deberán ejecutarse rápidamente.

4 **"다" 방향 몸 왼쪽으로 돌려 오른발 내디뎌 주춤서기 몸 정면 "마" 방향 헤쳐산틀막기**
- 시선 "다" 방향 -
En dirección de "Da", girar el cuerpo por la izquierda, poner el pie derecho adelante en juchum seogi (el cuerpo mirando hacia "Ma"), ejecutar hecho santul makki y la mirada hacia "Da".

5-1 **"다" 방향 왼발 옮겨 앞꼬아서기**
En dirección de "Da", mover el pie izquierdo para hacer apkkoa seogi, continuar moviendo al pie derecho para hacer juchum seogi y ejecutar yop jireugi (ejecutando el "Kiap"). (5-1 y 5-2)

5-2 **이어서 오른발 옮겨디뎌 주춤서기 옆지르기 -기합-**

자연스럽게 걸어가듯이 멈추지 말고 눌러막 듯 뻗어주고 주춤서기 옆지르기.
Estando en la postura de montar, luego golpear con un puño al lado dando un paso dinámico, pero a la vez natural.

4, 5-1, 5-2

▶ 5-1 and 5-2
왼발 옮겨 앞꼬아서기로 몸을 오른쪽으로 옮겨 나갈 때 왼손이 "다"방향으로 뻗어 상대를 잡는다.
(뒤집어 씌워잡는 방식) (눌러막듯이 뻗어주고 잡아당기며 주먹지르기)
Al mover el cuerpo para hacer apkkoa seogi, el cuerpo deberá girar hacia la derecha y la mano izquierda subirla sobre la cabeza, estirando el brazo en dirección de "Da" para agarrar al oponente (estirar presionando y luego jalar, para tirar el puño directo).

오른발이 계속 나가며 옆지르기 할 때는 잡은 왼손을 끌어 당기며 한다.
Cuando el pie derecho se desplace ejecutando el yop jireugi, la mano izquierda deberá jalar al oponente.

8-4 **(몸통바로지르기)**

8-3 **(몸통반대지르기)**

8-2 **오른앞굽이 왼편손끝 엎어찌르기하고 이어서 몸통두번지르기**

8-1 **"라" 방향 오른주먹 펴고 안으로 틀어 오른발 약간 밀어 디뎌**

En dirección de "Ra", abrir el puño derecho y girarlo hacia adentro, empujar ligeramente el pie derecho adelante para hacer oreun ap kubi y ejecutar pyonsonkkeut opo tzireugi seguido de momtong dubon jireugi. (8-1, 8-2, 8-3 y 8-4)

8-4, 8-3, 8-2, 8-1

규정동작 Movimiento

손바닥 거들어 몸통바깥막기
Sondabak koduro momtong bakkat makki (Bloqueo exterior del tronco con la palma de la mano como apoyo)

- 시작점 : 막는 손과 거드는 손은 몸통 높이.
- 끝 점 : 안팔목 몸통바깥막기와 동일, 거들어 주는 손끝은 메주먹 끝(손목)에 위치한다.
- Punto inicial: el brazo de bloqueo y la mano de apoyo en la sección media alta.
- Punto final: igual que el bloqueo interior del antebrazo, las puntas de los dedos de apoyo se ubican en el extremo del puño de martillo.

편손끝 엎어찌르기
Pyonson-kkeut opertzireogi (Pyonsonkkeut opo tzireugi)

- 서기는 제자리, 주먹은 서서히 편다.
- 거든 손끝을 등팔목까지 올린 후 앞굽이로 전환하는 동시에 편손끝을 찌른다.(손동작은 동시에 한다)
- En la misma posición, abrir la mano lentamente.
- Girar lentamente en sentido horario / anti horario ambas manos y ejecutar el golpe con la punta de los dedos al mismo tiempo que cambia la posición a apkubi (mover las manos al mismo tiempo).

감점동작의 예 Factores de deducción

손바닥 거들어 몸통바깥막기
Sondabak koduro momtong bakkat makki (Bloqueo exterior del tronco con la palma de la mano como apoyo)

- 거드는 손끝이 메주먹 끝(손목)을 벗어난 행위.
- 이 밖에 규정동작이 아닌 행위는 감점이 된다.
- Si las puntas de los dedos no tocan la muñeca del puño de martillo.
- Cualquier otro movimiento que no se ha indicado anteriormente será un factor de deducción.

편손끝 엎어찌르기 Pyonson-kkeut opertzireogi (Pyonsonkkeut opo tzireugi)

- 손동작을 떨면서 하는 행위.
- 앞굽이를 할 때 발을 끌면서 억지로 천천히 하는 과장된 표현행위.
- 이 밖에 규정동작이 아닌 행위는 감점이 된다.
- Si los movimientos de la mano se ejecutan con un leve temblor para darle mayor impacto.
- Si el pie se arrastra lentamente haciendo un movimiento exagerado al realizar apkubi.
- Cualquier otro movimiento que no se ha indicado anteriormente será un factor de deducción.

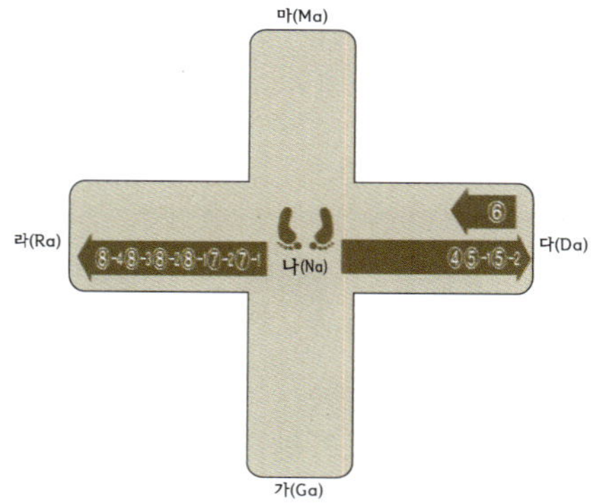

7-2 오른발 "라" 선상에 내디뎌 왼뒷굽이 손바닥 몸통 거들어 바깥막기

7-1 "라" 방향 오른발 제자리 왼발 모둠발로 모아서기 하자마자 이어서(중간동작)

En dirección de "Ra", con el pie derecho en el sitio, llevar el pie izquierdo a modumbal para hacer moa seogi, al mismo tiempo poner el pie derecho adelante en la línea de "Ra" en wen dwitkubi y ejecutar sondabak momtong koduro bakkat makki. (7-1 y 7-2)

6 "라" 방향 왼발을 축으로 몸을 왼쪽으로 돌아 왼발 제자리 오른발 옮겨디뎌 주춤서기 멍에치기(몸은 "가" 방향) - 시선 "라" 방향 -

En dirección de "Ra", girar el cuerpo por la izquierda, el pie izquierdo en el sitio y mover el pie derecho para hacer juchum seogi, luego ejecutar mongye chigi con la mirada hacia "Ra".

7-2, 7-1, 6

10-2 이어서 왼발 "라" 선상에 옮겨 디뎌 몸 옮겨 주춤서기 몸통옆지르기 - 기합 -

10-1 "라" 방향 오른발 앞꼬아서기
En dirección de "Ra", el pie derecho en apkkoa seogi, en seguida mover el pie izquierdo en la línea de "Ra", el cuerpo moverlo a juchum seogi y ejecutar momtong yop jireugi (ejecutando el "Kiap"). (10-1 y 10-2)

9 "라" 방향(오른쪽으로 돌아) 왼발 내디뎌 주춤서기 헤쳐산틀막기
En dirección de "Ra", poner el pie izquierdo adelante en juchum seogi y ejecutar hecho santul makki.

▼ 9

규정동작 Movimiento

헤쳐산틀막기
Cleaving Mountain Blocking (Bloqueo de montaña)

- 평원 품새 헤쳐산틀막기 동작과 같다.
- El bloqueo de montaña igual que en el poomsae Pyongwon.

옮겨딛기, 옆지르기
Cross over the step, Slide punch (Cruzar un paso y deslizar un puño al costado)

- 옮겨딛기는 한 발 너비 앞축으로 한다.
- 반대손은 진행방향으로 가볍게 폈다 당기며 옆지른다.
- Al cruzar los pies, el ancho deberá ser de un pie.
- Abrir la otra mano para agarrar, jalar y ejecutar el puño al lado.

감점동작의 예 Factores de deducción

헤쳐산틀막기
Cleaving Mountain Blocking (Bloqueo de montaña)

- 금강 품새 산틀막기 동작과 같은 행위는 감점이다.
- El bloque de montaña igual que en el poomsae Keumgang.

옮겨딛기, 옆지르기
Cross over the step, Slide punch (Cruzar un paso y deslizar un puño al costado)

- 보조선을 펴지 않고 주먹으로 하는 행위.
- 발을 모둠발로 옮겨 딛는 행위.
- 이 밖에 규정동작이 아닌 행위는 감점이 된다.
- Si se realiza el puño sin abrir la mano.
- Si se desplaza el cuerpo con los pies juntos.
- Cualquier otro movimiento que no se ha indicado anteriormente será un factor de deducción.

11 "다" 방향 오른발 제자리 왼발 앞으로 옮겨 돌아 주춤서기 멍에치기

En dirección de "Da", con el pie derecho en el sitio, mover el pie izquierdo para girar al frente en juchum seogi y ejecutar mongye chigi.

12 "마" 방향 왼발 제자리 오른발 옮겨 돌아 왼뒷굽이 손바닥 몸통거들어 바깥막기

En dirección de "Ma", con el pie izquierdo en el sitio, mover el pie derecho para girar en wen dwitkubi y ejecutar sondabak momtong koduro bakkat makki.

13-1 "마" 방향 오른주먹 서서히 안으로 틀어펴며

En dirección de "Ma", abrir lentamente el puño derecho y girar hacia adentro, empujar ligeramente el pie derecho adelante para hacer oreun ap kubi y ejecutar wen pyonsonkkeut opo tzireugi seguido de momtong dubon jireugi. (13-1, 13-2, 13-3 y 13-4)

<서기 제자리>

태권도는 오므려서 단단한, 펴서 날카로운 부분은 공격기술에 많이 사용하고, 단단하고 긴 부분은 주로 막기 기술에 많이 사용한다. 막기는 중심이 안정된 자세로 막아야 효과가 크다.
팔목막기에는 한쪽 팔목만 사용하는 것을 원칙으로 하는데 보조로 다른 팔목이 따라올 때는 거들어 준다하여 거들어막기라고 한다.
팔목에는 안팔목과 바깥팔목이 있는데 주로 바깥팔목으로 막는 것을 기본으로 한다.

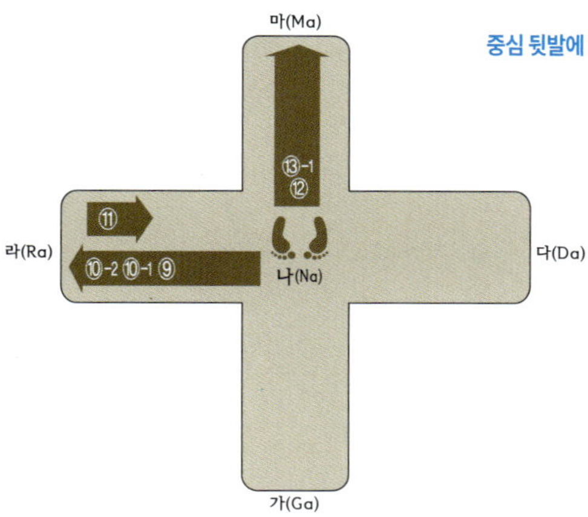

12 「옆모습」 Vista lateral

13-1 「옆모습」 Vista lateral

<서기 제자리>

13-2 오른발 밀어 디뎌 오른앞굽이 왼편손끝엎어찌르기 하고 이어서 몸통 두번지르기

13-3 그대로 몸통 반대지르기

13-4 이어 몸통바로지르기

<서기 제자리>

<서기 제자리>

*편손끝엎어찌르기와 두번 지르기는 강유의 변화가 숙련된 모습으로 빠르게 표현하세요.

찌르기 기술은 지르기 기술과 같지만 사용부위가 주먹이 아니라 손끝이다. 또한 손가락을 펴기 때문에 손가락 길이만큼 먼 거리를 공격할 수 있는 장점이 있다. 그러나 많이 단련되지 않았을 때는 손가락 마디가 많으므로 탈골 또는 골절 위험이 있다.

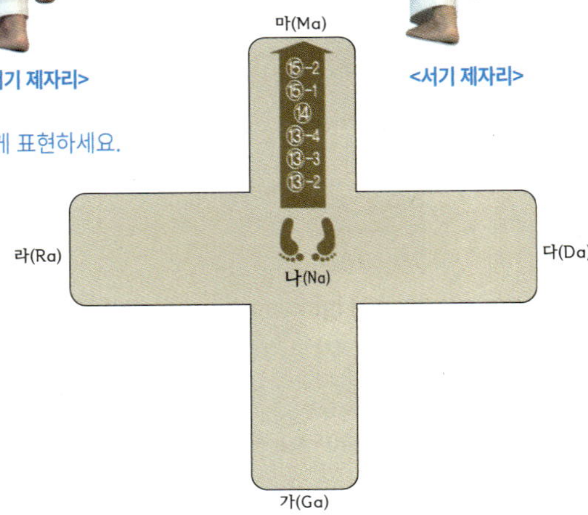

13-2 「옆모습」 Vista lateral

13-3 「옆모습」 Vista lateral

13-4 「옆모습」 Vista lateral

<서기 제자리>

<서기 제자리>

14 “마” 방향 왼발 내디뎌 오른뒷굽이 손날 아래막기

En dirección de “Ma”, poner el pie izquierdo adelante en oreun dwitkubi y ejecutar sonnal arae makki.

15-1 “마” 방향 오른발 내디뎌

En dirección de “Ma”, poner el pie derecho adelante en oreun ap kubi y ejecutar bawi milgi. (15-1 y 15-2)

15-2 오른앞굽이 바위밀기

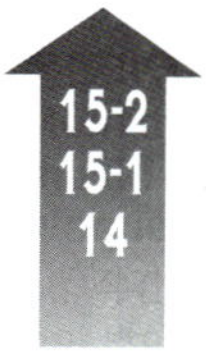

바위밀기할 때 오른 바탕손에 집중하고 허리를 틀며 무겁게 밀어올린다.
Concentrarse en la palma de la mano y, girando la cintura, empujar con fuerza.

<서기 제자리>

손날 아래막기 : 막는 손의 손바닥을 얼굴쪽 그리고 손날 끝은 귀높이로 하고 반대 손은 손바닥이 뒤쪽 그리고 팔목부분이 어깨선에 오며 팔굽을 약간 구부린 상태에서 자연스럽게 내리면서 시작한다.

▶15-1 and 15-2

오른발을 옮기는 도중 두 손은 오른쪽 허리에 와서 허리부터 두 손바닥을 벌려 온몸에 힘을 주어 서서히 앞으로 밀고 나간다. 끝에가서 손 높이는 이마 높이로 두 손 사이로 이마가 내다보는 모양이 되어야 한다.

En el curso del movimiento del pie derecho, colocar ambas manos al lado derecho de la cintura, abrir las dos palmas y empujar lentamente hacia adelante terminando con las manos a la altura de los ojos, con los ojos mirando entre la cavidad formada por los pulgares y los dedos.

▼ 15-2

14 「옆모습」 Vista lateral

15 「옆모습」 Vista lateral

15-2 「옆모습」 Vista lateral

16 "마" 선상 왼발 제자리 오른발 끌어 주춤서기 손날등 몸통헤쳐막기 - 시선 "라"방향 -

En la línea de "Ma", con el pie derecho en el sitio, arrastrar el pie izquierdo para hacer juchum seogi y ejecutar sonnal dung momtong hecho makki, con la mirada hacia "Ra".

16
17
18

17 "마" 선상 두 다리 제자리 주춤서기 (서기 그대로) 손날아래 헤쳐막기

En la línea de "Ma", con ambas piernas en el sitio en juchum seogi (misma posición), ejecutar sonnal arae hecho makki.

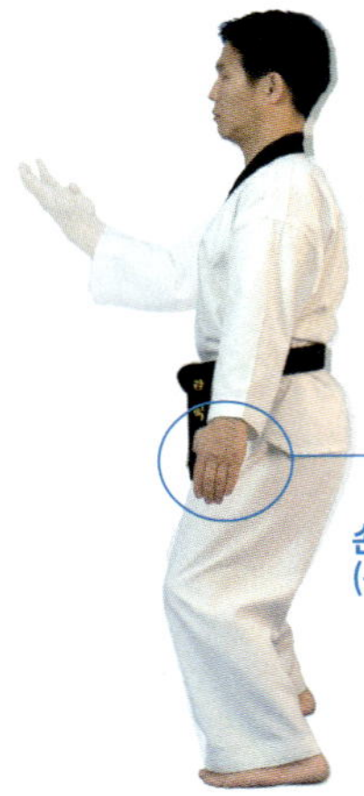

18 "마" 선상 두 다리 제자리 무릎을 서서히 펴면서 아래헤쳐막기 - 시선 "라"방향 그대로 -

En la línea de "Ma", con ambas piernas en el sitio, ejecutar arae hecho makki con la mirada hacia "Ra".

천천히 일어서며(무릎을 펴며) 주먹을 말아 쥔다.
Levantarse lentamente, estirando las rodillas y cerrando los puños.

무릎이 다 펴지는 것과 주먹을 말아 쥐는 것이 동시에 끝난다.
Estirar las rodillas y envolver los puños deben ejecutarse al mismo tiempo.

규정동작 Movimiento

손날등 몸통헤쳐막기
Sonnal dung momtong hecho makki (Bloqueo del tronco empujando con el dorso de la mano-cuchillo)

- 안팔목 몸통헤쳐막기에서 손을 편 상태이다. (손끝은 어깨높이로 한다)
- La mano deberá abrirse para el bloqueo interno del tronco con el antebrazo (la altura de la punta del dedo es el hombro).

감점동작의 예 Factores de deducción

손날등 몸통헤쳐막기
Sonnal dung momtong hecho makki (Bloqueo del tronco empujando con el dorso de la mano-cuchillo)

- 손끝이 어깨 넓이를 벗어난 경우.
- 이 밖에 규정동작이 아닌 행위는 감점이 된다.
- Si el movimiento es más ancho que los hombros.
- Cualquier otro movimiento que no se ha indicado anteriormente será un factor de deducción.

손날아래헤쳐막기는 손날등몸통헤쳐막기에서 가슴 앞에서 두 손을 교차하며 아래헤쳐막기를 서서히 한다.
Al ejecutar sonnal arae hecho makki, el arae hecho makki baja lentamente cruzando ambas manos antes de que lleguen al pecho desde el sonnal dung momtong hecho makki.

손날아래헤쳐막기가 다 될 때 두 주먹을 각각 힘있게 천천히 쥔다.
Cuando casi se ha completado el sonnal arae hecho makki, ambos puños se cierran fuerte y lentamente..

두 주먹을 거의 다 쥐었을 때 두 무릎을 펴서 서서히 일으키며 선다.
Cuando los puños están casi completamente cerrados, estirar las rodillas para levantarse lentamente.

16 앞모습 vista frontal

17 앞모습 vista frontal

18 앞모습 vista frontal

19-1 **"가" 방향 왼발 밀어 디뎌 왼앞굽이 끌어올리기 - 빠르게 한다 -**

En dirección de "Ga", poner el pie izquierdo adelante en wen apkubi, levantando (suavemente).

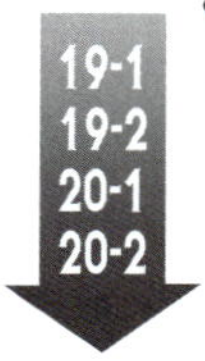

예비동작을 최소화하여 올려막는 것은 숙련된 동작이다

옮겨 디딜때 너무 많이 옮기면 앞굽이가 벌어짐에 주의!

19-2 왼발을 앞굽이 자세로 옮기며 돌아오는 상체만큼 주먹도 같이 움직이는데 이때 일부러 왼주먹을 옆으로 들어 올리거나, 뒤로 빼면 안된다. 오른주먹은 등주먹이 위를 향하게 명치 앞으로 들어 올렸다가 허리로 당기며 왼손을 끌어올린다.

Poner el pie izquierdo para la postura hacia adelante y mover la mano izquierda lo máximo que el cuerpo permita girar. Levantar la mano derecha un poco hacia adelante y jalarla hasta la cintura, levantando la mano izquierda.

이때 허리도 동시에 틀어주며 앞굽이자세를 잡는다.

Girar la cintura y realizar la postura hacia adelante.

세운주먹 하나 간격

La distancia es de un puño.

20-1 **바위밀기(중간동작)**

제자리에서 하는 것이라 힘짜기가 어렵기 때문에 살짝 허리를 틀어줬다가 돌아오면서 바위밀기를 한다.

Realizar la postura de empujar la roca después de girar un poco la cintura y regresando.

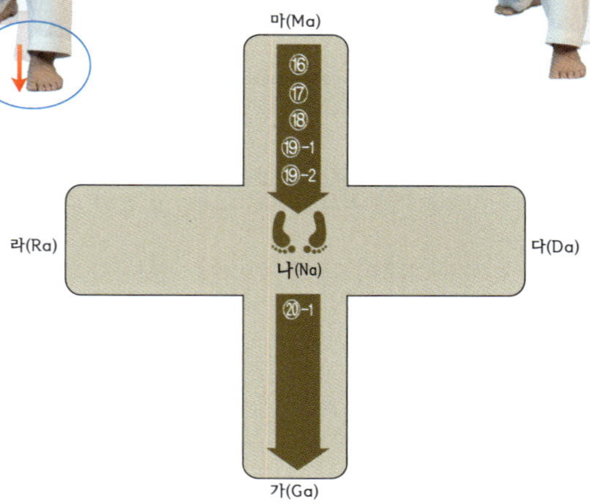

규정동작 Movimiento

끌어 올리기 Kuro olligi (Levantar)

- 아래 헤쳐막기에서 앞굽이로 전환하는 동시에 끌어 올린다.
  (주먹등은 전면을 향하고 몸통과 팔목 사이는 주먹 하나 너비)
- El movimiento de levantarse se ejecuta cuando cambia del bloqueo inferior a la postura de apkubi (el dorso del puño mira hacia adelante, mantener un puño de distancia entre el brazo y el tronco).

바위밀기 Bawi milgi (Empujar la roca)

- 시작점 : 윗손은 반대편 장골능에 위치 하고 손바닥이 전면으로 향하게 아래손은 윗손 아래 위치한다. (손바닥 45°전면)
- 끝 점 : 몸을 틀며 두 손을 대각선 방향으로 얼굴 위까지 밀어 올려 윗손목은 이마, 아래손목은 눈높이로 한다.
- Punto inicial: la mano izquierda se ubica al lado derecha de la cintura ,con la palma de la mano mirando hacia adelante y la mano derecha se ubica al lado derecho de la cintura un poco más abajo que de la mano contraria, de igual forma con la palma hacia adelante.
- Punto final: girar la dirección del cuerpo al ángulo opuesto y empujar hacia la frente. La parte inferior de la mano se ubica a la altura de los ojos.

감점동작의 예 Factores de deducción

끌어 올리기 Kuro olligi (Levantar)

- 끌어올리는 주먹이 몸뒤에서 시작하는 행위.
- 발을 굴리는 행위.
- 이 밖에 규정동작이 아닌 행위는 감점이 된다.
- Si se levantan los puños atrás del cuerpo.
- Si se realiza una pisada fuerte.
- Cualquier otro movimiento que no se ha indicado anteriormente será un factor de deducción.

바위밀기 Bawi milgi (Empujar la roca)

- 밀때 허리가 굽는 경우.
- 팔을 돌려 미는 행위.
- 서기와 밀기가 동시에 이루어지는 경우.
- 이 밖에 규정동작이 아닌 행위는 감점이 된다.
- Si se dobla la muñeca al empujar
- Si se gira el brazo y se empuja.
- Si la postura y el movimiento del brazo se ejecutar al mismo tiempo.
- Cualquier otro movimiento que no se ha indicado anteriormente será un factor de deducción.

20-2 "가" 방향 두 발 제자리 왼앞굽이 바위밀기

En dirección de "Ga", con ambos pies en el sitio en wen ap kubi, ejecutar bawi milgi.

21-1 "가" 방향 오른발 앞차기 차고 내디뎌 오른앞굽이

En dirección de "Ga", patear ap chagi derecho, caer en oreun ap kubi y ejecutar chetdari jireugi. (21-1 y 21-2)

21-2 쳇다리지르기 (두 주먹의 높이는 같게 한다)

규정동작 Movimiento

쳇다리지르기
Chetdarijireugi (sieve-frame legs punch) Chetdari jireugi (puño en forma de tenedor)

- 앞굽이 : 두 팔꿈치는 펴고, 두 주먹은 같은 높이로 두 주먹 너비로 한다. 뒷주먹의 위치는 반대손 손목에 위치한다.
- 뒷굽이 : 앞굽이와 동일. 뒷주먹의 위치는 반대손 팔꿈치에 위치하며 팔굽은 약간 구부린다.(두 주먹의 위치는 명치선)
- Apkubi: los dos puños golpean el tronco del oponente, ambos brazos van en paralelo, el ancho es de dos puños y los codos van estirados.
- Dwitkubi: igual como en la postura de ap kubi, la posición del puño va a la mitad de la otra mano y con el codo un poco flexionado.

앞차기 쳇다리 지르기
Apchagi chetdarijireugi (sieve-frame legs punch) Ap chagi cherdari jireugi

- 잡아당기는 동시에 (작은 돌쩌귀) 앞차기를 한다.
- Patear y jalar el brazo (en forma de bisagra pequeña) al mismo tiempo.

쳇다리지르기 : 두 주먹 몸통 높이로 지르는데 두 팔의 모양이 눕혀 놓은 "ㄷ"자 모양이 된다. 즉 왼발이 앞에 있을 때 왼주먹은 몸통반대지르기가 되며, 오른 주먹은 몸통바로지르기 모양이 된다. 주먹을 동시에 지르며 두 주먹의 간격은 두 주먹 간격 정도로 한다. 또한 두 팔은 평행이다.

감점동작의 예 Factores de deducción

쳇다리지르기
Chetdarijireugi (sieve-frame legs punch) Chetdari jireugi (puño en forma de tenedor)

- 두 주먹 높이와 간격이 다를 때.
- 이 밖에 규정동작이 아닌 행위는 감점이 된다.
- Si no se mantiene la misma altura y el mismo ancho.
- Cualquier otro movimiento que no se ha indicado anteriormente será un factor de deducción.

앞차기 쳇다리 지르기
Apchagi chetdarijireugi (sieve-frame legs punch) Ap chagi cherdari jireugi

- 손을 당긴 후 차는 행위.
- 차는 발쪽으로 작은 돌쩌귀를 하는 행위.
- 이 밖에 규정동작이 아닌 행위는 감점이 된다.
- Si la patada y los brazos se realizan en movimientos separados, si se patea después de jalar los brazos.
- Si se ejecuta una bisagra muy pequeña con la patada.
- Cualquier otro movimiento que no se ha indicado anteriormente será un factor de deducción.

22-1 "가" 방향 왼발 앞차기 차고 내디뎌

En dirección de "Ga", patear ap chagi izquierdo, caer en wen ap kubi y chetdari jireugi. (22-1 y 22-2)

22-2 왼앞굽이 첫다리지르기

23-1 "가" 방향 오른발 앞차기 차고 내려 짓찌며

En dirección de "Ga", patear ap chagi derecha, pisar fuerte el piso en wen dwikkoa seogi y ejecutar dungjumok olgul koduro ap chigi (ejecutando el "Kiap"). (23-1 y 23-2)

22-1
22-2
23-1

「옆모습」
Vista lateral

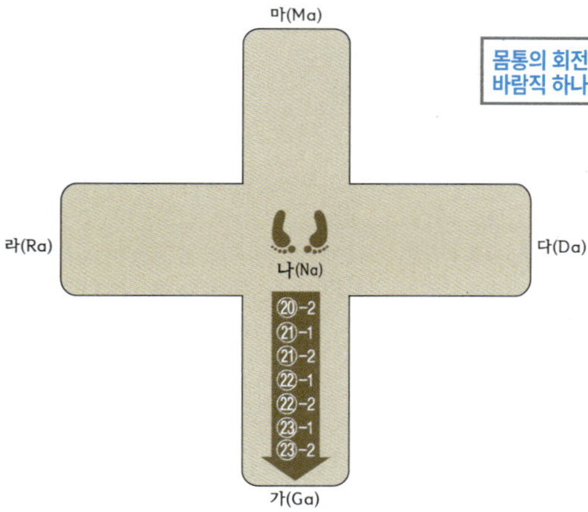

몸통의 회전(탄력)을 활용한 첫다리 지르기는 바람직 하나 팔만 사용한 동작은 바람직 하지 못하다.

23-2 왼뒤꼬아서기 등주먹 얼굴 거들어앞치기(인중) - 기합 -

23-2

기합
Kiap

「옆모습」
Vista lateral

규정동작 Movimiento

거들어 등주먹 앞치기 내려 짖찧기
Golpe hacia adelante con el dorso del puño asistido y pisando fuerte con el pie.

- 등주먹 앞치기 (높이 : 인중높이)
- 거들어주는 손의 손목은 명치 (주먹등은 아랫방향)
- 짖찧기와 옮겨딛기는 이어서 한다. (발날이 45를 향한다.)
- Golpe hacia adelante con el dorso del puño (altura: labio).
- La muñeca de la mano de apoyo está junto a la boca del estómago (el puño mirando hacia abajo).
- El pie que pisa fuerte y el pie de atrás están en continuo movimiento.

감점동작의 예 Factores de deducción

거들어 등주먹 앞치기 내려 짖찧기
Golpe hacia adelante con el dorso del puño asistido y pisando fuerte con el pie.

- 거든손 주먹등이 위로 향한 행위.
- 두발이 동시에 뜨는 행위.
- 등주먹이 인중을 벗어난 행위.
- 이 밖에 규정동작이 아닌 행위는 감점이 된다.
- Si el puño junto a la boca del estómago está mirando hacia arriba
- Si la pisada fuerte se ejecuta en forma de salto.
- Si el dorso del puño que golpea está fuera del objetivo.
- Cualquier otro movimiento que no se ha indicado anteriormente será un factor de deducción.

24 **"나" 방향 몸 왼쪽으로 돌려 왼발 내디디며 왼앞굽이 바위밀기**
En dirección de "Na", girar el cuerpo por la izquierda, poner el pie izquierdo adelante en wen ap kubi y ejecutar bawi milgi.

25 **"나" 방향 오른발 제자리 왼발 뒤로 끌어들여 왼범서기 손날엇걸어아래막기**
En dirección de "Na", con el pie derecho en el sitio, jalar el pie izquierdo para hacer wen beom seogi y ejecutar sonnal otkoro arae makki.

26 **"나" 방향 오른발 내디뎌 왼뒷굽이 손날등몸통막기**
En dirección de "Na", poner el pie derecho adelante en wen dwitkubi y ejecutar sonnal dung momtong makki.

24동작에서 25동작을 할 때 빠르게 한다.
24 y 25 deberán ejecutarse rápidamente.

규정동작 Movimiento	감점동작의 예 Factores de deducción
손날 엇걸어 아래막기 Sonnal otkoro arae makki (Bloqueo cruzado abajo con la mano-cuchillo) ▪ 엇걸어서 오른쪽 장골능에서 시작한다. ▪ Ambas manos inician en la cintura	**손날 엇걸어 아래막기 Sonnal otkoro arae makki (Bloqueo cruzado abajo con la mano-cuchillo)** ▪ 양 허리에서 엇걸어 막기한 행위. ▪ 엇건 손 위치가 바뀐 행위. ▪ 이 밖에 규정동작이 아닌 행위는 감점이 된다. ▪ Si ambas manos inician en el medio del cuerpo. ▪ Si la mano que bloquea está delante de la otra mano que asiste el bloqueo. ▪ Cualquier otro movimiento que no se ha indicado anteriormente será un factor de deducción.

24 「옆모습」 Vista lateral

25 「옆모습」 Vista lateral

26 「옆모습」 Vista lateral

27-1 "나" 방향 왼발 내디뎌 오른뒷굽이 쳇다리지르기

En dirección de "Na", poner el pie izquierdo adelante en oreun dwtikubi y ejecutar chetdari jireugi.

27-2

28 "마" 방향 오른발 내디뎌 왼뒷굽이 쳇다리지르기

En dirección de "Ma", poner el pie derecho adelante en wen dwitkubi y ejecutar chetdari jireugi.

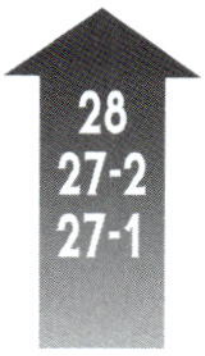

「옆모습」
Vista lateral

「옆모습」
Vista lateral

쳇다리 지르기를 할 때 허리(중심축)를 사용할 수 있도록 한다.

「옆모습」
Vista lateral

작은 돌쩌귀에서 쳇다리지르기를 한다.

손날등몸통막기 : 손날막기와 동일하나, 막는 손의 손바닥은 몸을 향하게 한다. 거드는 손의 손등은 위로 향하게 한다.
(요령)막는 손의 손등을 위로 향하게 하고 반대손은 손바닥 부분이 몸을 향한 상태에서 시작한다. 반대손의 손끝이 어깨선에 오고 팔굽을 약간 구부린 상태에서 자연스럽게 내리며 막는 손은 손끝이 코앞을 지나가게 하고 거들은 손은 명치쪽을 당긴다.

바로 "나"의 위치에 있는 왼발 제자리 몸을 왼쪽으로 돌려 오른발 끌어 들이면서 "가" 방향보며 기본준비서기

Baro: con el pie izquierdo en el sitio en la posición de "Na", girar el cuerpo por la izquierda, jalar el pie derecho mirando hacia "Ga" y regresar a kibon jumbi seogi.

27-1 「옆모습」
Vista lateral

몸의 방향 약 45° 유지
Mantener la dirección del cuerpo en 45 grados.

명치 높이

오른 주먹이 팔꿈치 선상에 위치.
Tener cuidado del codo.

28 「옆모습」
Vista lateral

작은 돌쩌귀에서 쳇다리 지른다

뒷굽이 자세 주의!

뒷굽이일 때는 몸의 방향이 약 45° 정도 틀어지므로 쳇다리지르기의 뒤에 지르는 주먹의 끝선이 앞에 지른 팔의 팔꿈치 정도에 위치한다.
(앞굽이일 경우는 손목에 위치)

지태
(Jitae)

지태는 사람이 하늘을 향해 두 발을 땅 위에 딛고 선 사람을 의미하며, 사람의 삶의 터전인 땅 위에서 두 발로 차고 밟고 뛰는 삶과 싸움을 나타내고 사람의 생존 경쟁 속에서 나타나는 갖가지 양상을 동작으로 엮는 것이 지태 품새이다.
새로운 동작은 한손날 얼굴막기, 금강몸통지르기, 메주먹 표적옆치기 뿐으로 대단히 적은 편이며 품새선 "ㅗ"는 땅위에 선 사람과 땅위에서 하늘을 향해 솟구치는 사람의 모양으로 땅에서 나고 땅에서 죽는 사람과 그 땅을 뜻한다.

La palabra "Jitae" representa a un hombre parado con ambos pies sobre el suelo observando el cielo. El hombre en la tierra representa la forma de lucha por la vida humana, tanto como patear, saltar y conectarse con el suelo. Por lo tanto, el poomsae simboliza varios aspectos en el trayecto de la lucha del ser humano por su existencia.
Las nuevas técnicas en este poomsae son hansonnal olgul makki, keumgang momtong jireugi y mejumok yop pyojeok chagi solo, y la línea del poomsae representa a un hombre parado en la tierra listo para elevarse hacia el cielo.

♣ 지태 품새진행선

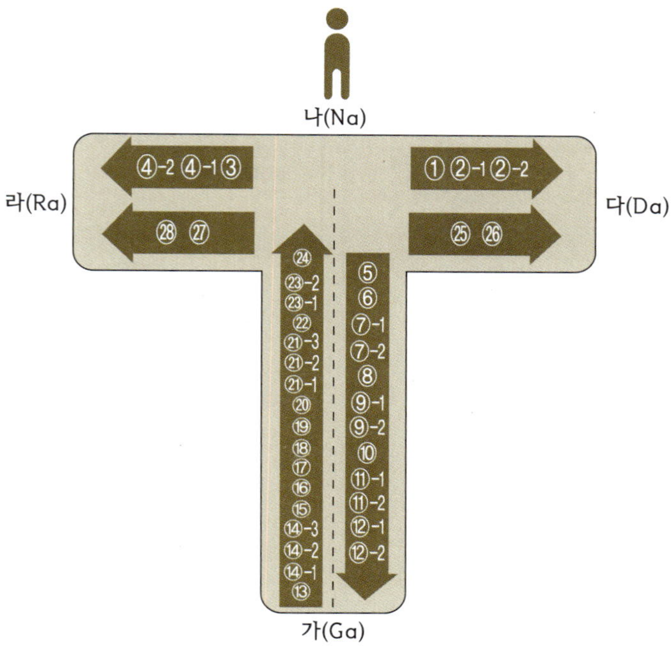
나(Na)
④-2 ④-1 ③
① ②-1 ②-2
라(Ra)
다(Da)
㉘ ㉗
㉕ ㉖
㉔ ㉓-2 ㉓-1 ㉒ ㉑-3 ㉑-2 ㉑-1 ⑳ ⑲ ⑱ ⑰ ⑯ ⑮ ⑭-3 ⑭-2 ⑭-1 ⑬
⑤ ⑥ ⑦-1 ⑦-2 ⑧ ⑨-1 ⑨-2 ⑩ ⑪-1 ⑪-2 ⑫-1 ⑫-2
가(Ga)

지태(Jitae)

준비 기본준비서기

Jumbi: en posición de "Na", mirando hacia "Ga", ejecutar kibon jumbi seogi.

지태는 처음부분은 천천히 무겁게 표현을 잘 해야 한다.
La primera parte del poomsae "Jitae" debe expresarse lenta y de forma pesada.

지태는 품새에서 리듬감(동작을 빠르고 또는 느리게)이 잘 나타나 있다.
El ritmo del poomsae Jitae se puede sentir más que en otros poomsaes.

1 "다" 방향 왼발 내디뎌 오른뒷굽이 안팔목몸통바깥막기

En dirección de "Da", poner el pie izquierdo adelante en oreun dwitkubi y ejecutar anpalmok momtong bakkat makki.

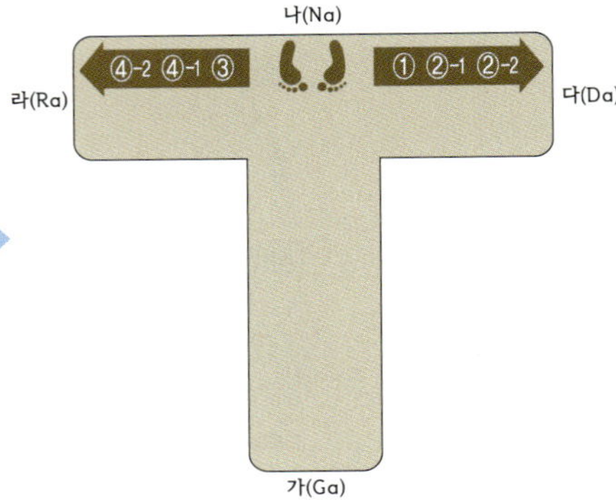

규정동작 Movimiento

얼굴막기, 몸통바로지르기
Olgul makki (Bloqueo a la cara), momtong baro yirugui (puño directo al pecho)

- 얼굴막기와 몸통바로지르기는 서서히 (8초 정도) 힘주어 하며 두손은 동시에 끝나야 한다.
- El bloqueo a la cara y el puño directo al pecho se ejecutan lentamente, el puño termina al finalizar los 8 segundos.

감점동작의 예 Factores de deducción

얼굴막기, 몸통바로지르기
Olgul makki (Bloqueo a la cara), momtong baro yirugui (puño directo al pecho)

- 서기와 손동작을 동시에 하는 행위.
- 천천히 하다 끝부분에서 끊어 치는 행위.
- 이 밖에 규정동작이 아닌 행위는 감점이 된다.
- Si la posición y el puño se ejecutan al mismo tiempo.
- Si el movimiento inicia lento y termina rápido con impacto.
- Cualquier otro movimiento que no se ha indicado anteriormente será un factor de deducción.

4-1 "라" 방향 왼발 내디뎌 왼앞굽이 얼굴막기(중간동작)

En dirección de "Ra", poner el pie izquierdo adelante en wen ap kubi, ejecutando olgul makki seguido de momtong baro jireugi. (4-1 y 4-2)

4-2 이어 몸통바로지르기

• 얼굴막기는 주먹부터 올라가고 내려올 땐 팔꿈치부터 내려온다. • 허리사용과 얼굴막기는 조화를 이뤄야 한다.

2-1 **"다" 방향 오른발 내디뎌 (중간동작) 오른앞굽이 얼굴막기**
En dirección de "Da", poner el pie derecho adelante en oreun ap kubi y ejecutar olgul makki seguido de momtong baro jireugi.

2-2 **이어서 몸통바로지르기**

2-1, 2-2

내딛기 할 때 높이의 변화가 없이 한다.

앞굽이는 정확히하고 얼굴막기, 주먹지르기 손동작은 천천히 한다.

팔꿈치가 먼저 내려온다. 얼굴막기와 몸통지르기가 연결되게하며 얼굴 막은 팔꿈치가 몸통 옆을 스치듯이 당긴다.

천천히 무겁게 허리도 같이 틀어주며 얼굴막기를 한다.
Ejecutar el bloqueo a la cara lenta y de forma pesada, girando la cintura.

얼굴막기와 몸통지르기를 연결해서 천천히 하는데 얼굴막기 끝에서 살짝 매듭을 주고 몸통지르기를 한다. (약 8초)
Después del bloqueo a la cara, ejecutar lentamente el puño directo (en 8 segundos).

준비 동작에 호흡을 들여 마시고 얼굴막기 손 올라가면서 허리도 틀어주고 호흡을 천천히 내 뱉는다.
Inhalar, mientras se prepara el movimiento, girar la cintura levantando las manos y exhalar lentamente.

▶ **2-1 and 2-2**
오른발 내디뎌 오른앞굽이를 한 후 얼굴막기는 천천히 힘을 주어 하며 이어서 몸통 바로지르기도 천천히 힘을 주어 지른다. 이때 오른 주먹은 상대를 잡아끄는 마음으로 한다. 당겨주는 손과 지르는 손이 동시에 끝나야 한다.
La acción de poner adelante el pie derecho y ejecutar olgul makki debe ser lenta, concentrando la potencia, de la misma forma, el momtong baro jireugi. En este momento, el puño derecho debe ejecutarse como si se empujara al oponente.

규정동작 Movimiento

아래막기, 한손날 얼굴막기
Arae makki (bloqueo abajo), hansonnal olgul makki (Bloqueo a la cara con una mano-cuchillo)

- 아래막기 후 왼발을 뒤로 물러 뒷굽이로 고치며 왼 한손날 얼굴막기를 이어서 빠르게 한다.
- Después del bloqueo bajo, recoger el pie de adelante para hacer la postura hacia atrás y ejecutar rápidamente el bloqueo a la cara con una mano-cuchillo.

감점동작의 예 Factores de deducción

아래막기, 한손날 얼굴막기
Arae makki (bloqueo abajo), hansonnal olgul makki (Bloqueo a la cara con una mano-cuchillo)

- 한손날 얼굴막기를 교차하지 않고 막는 행위.
- 이 밖에 규정동작이 아닌 행위는 감점이 된다.
- Si al ejecutar el bloqueo a la cara con una mano-cuchillo, no se cruzan los brazos.
- Cualquier otro movimiento que no se ha indicado anteriormente será un factor de deducción.

3 **"라" 방향 오른발 옮겨 디뎌 뒤로 돌아 왼뒷굽이 안팔목 몸통바깥막기**
En dirección de "Ra", mover el pie derecho para girar en wen dwitkubi y ejecutar an palmok momtong bakkat makki.

4-2, 4-1, 3

5 "가" 방향 왼발 옮겨 돌아 왼앞굽이 아래막기

En dirección de "Ga", mover el pie izquierdo para girar en wen ap kubi y ejecutar arae makki.

5, 6동작은 아주 빠르게 이어서 한 동작과 같이 한다
5 y 6 deberán ejecutarse rápidamente como si fuera un movimiento.

6 "가" 방향 왼발 약간 뒤로 물려 디디며 오른뒷굽이 왼한손날 얼굴막기

En dirección de "Ga", recoger el pie izquierdo hacia atrás para hacer oreun dwitkubi y ejecutar hansonnal olgul makki.

앞발 당겨서 뒷굽이 하는 것과 한손날얼굴막기 동작이 동시에 끝나야 한다.

5
6

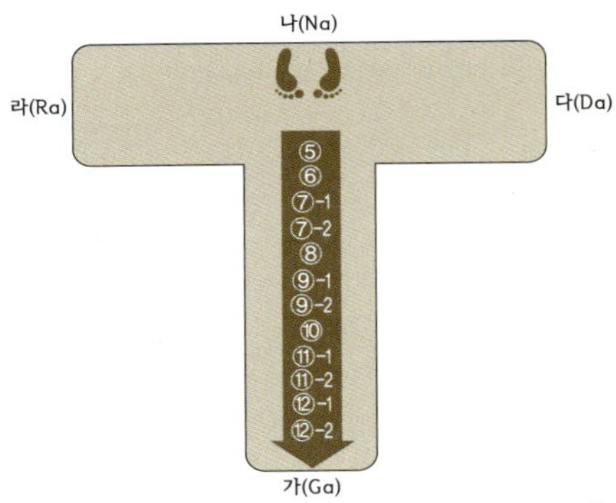

7-1 "가" 방향 오른발 앞차기 차고 내디뎌

En dirección de "Ga", patear ap chagi derecho, caer en wen dwitkubi y ejecutar sonnal arae makki. (7-1 y 7-2)

7-1
7-2

7-2 왼뒷굽이 손날아래막기

규정동작 Movimiento

앞차고 손날아래막기, 몸통바깥막기-얼굴막기
Patada frontal, bloqueo abajo con mano-cuchillo y bloqueo al tronco hacia afuera – bloqueo a la cara

- 몸통바깥막기 (뒷부분의 얼굴막기)는 서서히(8초 정도) 힘주어 하며 두손의 시작과 끝은 같게 하고 두손은 가슴 앞에서 교차해야 한다.
- El bloqueo al tronco hacia afuera se ejecuta lentamente con fuerza, ambos brazos deben cruzarse en frente del pecho y abrirse al mismo tiempo.

몸통안막기 거들어 몸통막기
Bloqueo interno al tronco, bloqueo asistido al tronco

- 몸통안막기 후 연속으로 거들어 몸통막기를 해야 하며, 먼저 막은 손이 거들어 막는 손처럼 보이게 한다.
- Después del bloqueo interno al tronco ejecutar un bloqueo asistido al tronco junto al codo.

감점동작의 예 Factores de deducción

앞차고 손날아래막기, 몸통바깥막기-얼굴막기
Patada frontal, bloqueo abajo con mano-cuchillo y bloqueo al tronco hacia afuera – bloqueo a la cara

- 몸통바깥막기와 얼굴막기를 빠르게 하는 행위.
- 이 밖에 규정동작이 아닌 행위는 감점이 된다.
- Si el bloqueo al tronco hacia afuera y el bloqueo a la cara se ejecutan rápidamente.
- Cualquier otro movimiento que no se ha indicado anteriormente será un factor de deducción.

몸통안막기 거들어 몸통막기
Bloqueo interno al tronco, bloqueo asistido al tronco

- 두 동작을 바르게 이어하지 않고 구분하여 따로 하는 행위.
- 이 밖에 규정동작이 아닌 행위는 감점이 된다.
- Si el bloqueo interno al tronco y el bloqueo asistido al mismo tronco se ejecutan como dos movimientos separados.
- Cualquier otro movimiento que no se ha indicado anteriormente será un factor de deducción.

8 "가" 방향 두 다리 제자리 왼뒷굽이(그대로) 몸통바깥막기 -느리게-

En dirección de "Ga", con ambos pies en el sitio en wen dwitkubi (misma posición), ejecutar momtong bakkat makki (lentamente).

9-1 "가" 방향 왼발 앞차기 차고 내디뎌

En dirección de "Ga", patear ap chagi izquierdo, caer en oreun dwitkubi y ejecutar sonnal arae makki. (9-1 y 9-2)

9-2 오른뒷굽이 손날아래막기

10 "가" 방향 왼발 반발바닥 밀어 디뎌 왼앞굽이 얼굴막기 - 느리게 -

En dirección de "Ga", empujar ligeramente el pie izquierdo hacia adelante para hacer wen ap kubi y ejecutar olgul makki.

▶ 8

힘을 주어 서서히 하며 왼팔목과 오른팔목이 가슴앞에서 서로 엇갈려지게 한다. (마지막에 주먹을 한 번 더 불끈 쥐며 매듭을 지어 준다)

Este movimiento debe concentrar potencia y deberá ejecutarse lentamente, cruzando ambas muñecas al frente del pecho (en el último movimiento, cerrar el puño).

교차된 손을 무겁게 힘을 주어 천천히 (약 8초 정도), 반대 손은 당기고 막는 손은 얼굴막기로 올라간다. 양손 동시에 끝나야 한다.

Con la pierna delantera avanzando y girando la cintura, jalar concentrando la fuerza, con tensión en la mano contraria, cruzando y levantando la mano del bloqueo para ejecutar el bloqueo a la cara.

천천히 하는 동작은 서기를 먼저 하고 이어 자연스럽게 손동작으로 연결한다.

11-1 "가" 방향 오른발 내디뎌 (중간동작)

En dirección de "Ga", poner el pie derecho adelante en oreun ap kubi y ejecutar keumgang ap jireugi. (11-1 y 11-2)

11-2 오른앞굽이 금강앞지르기

*금강이라는 명칭은 얼굴막기와 다른 동작이 이루어질 때 사용된다.

12-1 "가" 방향 두 다리 제자리 오른앞굽이(그대로) 몸통안막기 하고 이어서

12-2 거들어 몸통막기 (연속으로 빠르게)

En dirección de "Ga", con ambos pies en el sitio en oreun ap kubi (en la misma posición), ejecutar momtong an makki seguido de koduro momtong makki (consecutivo y rápido). (12-1 y 12-2)

등주먹이 앞을 향하게 하고, 어깨나 가슴정도까지 만 내렸다가 다시 추켜 올린다.

Poner el dorso del puño hacia arriba. Ponerlo hacia abajo hacia al pecho.

▶ 12-1 y 12-2

힘의 강,유가 잘 이루어져야 빠르고 강하게 할 수 있다.

Encontrar la armonía entre la flexibilidad y la dureza para lograr que los movimientos sean precisos y rápidos.

힘을 부드럽게 하여 빠르고 강하게 금강지르기를 한다.

Rápido y con fuerza, ejecutar el puño recto al cuerpo en diamante.

13 “가” 방향 왼발 제자리 오른발 “나” 선상으로 물러 디뎌 오른뒷굽이 왼한손날아래막기
- 시선 “가”방향 -
En dirección de “Ga”, con el pie izquierdo en el sitio, recoger el pie derecho en la línea de “Na” para hacer oreun dwitkubi y ejecutar wen hansonnal arae makki, con la mirada hacia “Ga”.

14-1 “가” 방향 오른발 앞차기 차고
En dirección de “Ga”, patear ap chagi derecho y regresar la pierna a la línea de “Na” para hacer wen ap kubi y ejecutar momtong dubon jireugi. (14-1, 14-2 y 14-3)

14-2 “나” 선상에 물러디뎌 왼앞굽이 몸통두번지르기(바로지르기)

14-3 (몸통반대지르기)

17 “가” 방향 두 발 제자리주춤서기(그대로) 오른한손날 몸통옆막기- 시선 “가” 방향 -

「옆모습」
Vista lateral

En dirección de “Ga”, con ambos pies en el sitio en juchum seogi (en la misma posición), ejecutar oreun hansonnal momtong makki.

18 “가” 방향 두 다리 제자리 주춤서기(그대로) 왼메주먹표적치기 -기합-

「옆모습」
Vista lateral

En dirección de “Ga”, con ambos pies en el sitio en juchum seogi (en la misma posición), ejecutar wen mejumok pyojeok chigi (ejecutando el “Kiap”).

15 "나" 방향으로 왼발 물러디뎌 주춤서기 (몸 정면 "다" 방향 -시선 "다" 방향) - 황소막기

Regresar el pie izquierdo hacia "Na" en juchum seogi (el cuerpo y la mirada en dirección de "Da") y ejecutar hwangso makki.

16 "나" 방향 두 발 제자리 주춤서기(그대로) 왼 아래옆막기

「옆모습」
Vista lateral

En dirección de "Na", con ambos pies en el sitio en juchum seogi (en la misma posición), ejecutar wen arae yop makki.

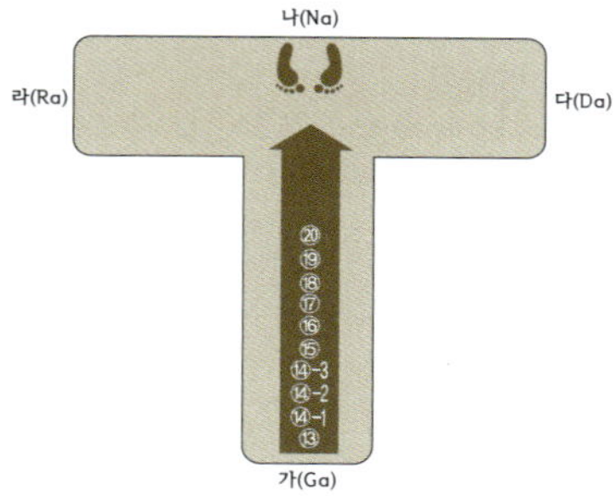

왼 아래옆막기 : 아래막기이므로 막는 손과 반대 손의 시작점에서 준비한다. 막는 손 어깨점, 반대 손은 자연스럽게 아래를 향한다.

Wen arae yop makki: : Preparar ambas manos desde la posición inicial como si se ejecutara el bloqueo abajo.
El bloqueo debe inicial desde el hombro y las manos opuestas deben estar naturalmente hacia abajo.

20
19

19 "가" 방향 왼발 제자리 오른발 끌어올려 왼학다리서기 아래옆막기

「옆모습」
Vista lateral

En dirección de "Ga", con el pie izquierdo en el sitio, jalar el pie derecho para hacer wen hakdari seogi y ejecutar arae yop makki.

발을 드는 것과 동시에 아래막기를 한다. (아래막기 준비동작은 어깨 앞에서 시작)
Ejecutar el arae makki tan pronto se levante el pie.

20 "가" 방향 서기 그대로 두 주먹 왼 허리에 끌어 왼학다리서기 작은돌쩌귀 -시선 "가" 방향-

「옆모습」
Vista lateral

En dirección de "Ga" en la misma postura, jalar ambos puños al lado izquierdo de la cintura en wen hakdari seogi y ejecutar jagun doltzogi, con la mirada hacia "Ga".

21-1 “가” 방향으로 오른발 옆차기 차고 끌어들여

En dirección de “Ga”, patear yop chagi derecho y al recoger la pierna cambiar la posición del pie derecho a oreun hakdari seogi y ejecutar wen arae yop makki. (21-1,21-2 y 21-3)

21-2 왼발 위치에 바꿔디뎌 오른학다리 왼 아래옆막기

21-3

▶ **21-1,21-2 and 21-3**

오른발 땅을 짓찧음과 동시에 왼발을 오른 무릎에 신속히 당긴다. 이때 시선은 “가”방향에서 “나”방향으로 바뀐다. 동작은 빠르게

Cuando el pie derecho cambie de posición del pie, realizar un pequeño salto. En ese momento, la mirada cambia de dirección de “Ga” a “Na” (rápidamente).

규정동작 Movimiento

아래옆막기, 작은돌쩌귀, 옆차기
Arae yop makki (bloqueo abajo al lado), pequeño doltzogi (bisagra pequeña), yop chagi (patada lateral)

- 왼학다리서기 아래옆막기 후 두주먹 왼허리에 끌어 작은 돌쩌귀이어 오른옆차기하고 약간 가볍게 발을 굴러 디디며 끌어들여 발을 바꿔 오른학다리서기로 왼팔목 아래 옆막기 작은 돌쩌귀 후 옆차기 한다.
- En hakdari seogi izquierdo, después del arae yop makki, se debe jalar ambas manos al lado derecho de la cintura (bisagra pequeña) y luego al recoger la patada lateral mover el pie ligeramente para cambiar de pierna y levantar la pierna izquierda para hacer hakdari seogi derecho con una bisagra pequeña y ejecutar la patada lateral izquierda.

21-1 「옆모습」 Vista lateral

21-2 「옆모습」 Vista lateral

21-3 「옆모습」 Vista lateral

22 "나" 방향 서기 그대로 두주먹 오른허리에 끌어 오른 학다리 작은 돌쩌귀

En dirección de "Na", en la misma posición, jalar ambos puños al lado derecho de la cintura en oreun hakdari seogi y ejecutar jagun doltzogi (pequeña bisagra).

23-1 "나" 방향 왼발 옆차기 차고 내디뎌

En dirección de "Na", patear yop chagi izquierdo, caer en wen ap kubi y ejecutar momtong baro jireugi. (23-1 y 23-2)

23-2 왼앞굽이 몸통바로지르기

23-2
23-1
22

「옆모습」
Vista lateral

옆차기 차고 접어서 놓으며 주먹지르기, 뒷무릎을 편다.

Al terminar la patada lateral, ejecutar el puño directo. Estirar la rodilla de la pierna trasera.

감점동작의 예 Factores de deducción

아래옆막기, 작은돌쩌귀, 옆차기
Arae yop makki (bloqueo abajo al lado), pequeño doltzogi (bisagra pequeña), yop chagi (patada lateral)

- 동작이 이어서 이루어지지 않을 때.
- 아래막기를 하는 팔이 바깥에서 시작될 때.
- 부자연스러울 정도로 강하게 오른발로 짓찧는 행위.
- 반동을 주면서 오른발로 짓찧는 행위.
- 이 밖에 규정동작이 아닌 행위는 감점이 된다.
- Si los movimientos no están conectados.
- Si el puño de bloqueo bajo se prepara por fuera del cuerpo.
- Si se ejecuta una pisada fuerte después de la patada lateral y al cambiar al bloqueo abajo.
- Cualquier otro movimiento que no se ha indicado anteriormente será un factor de deducción.

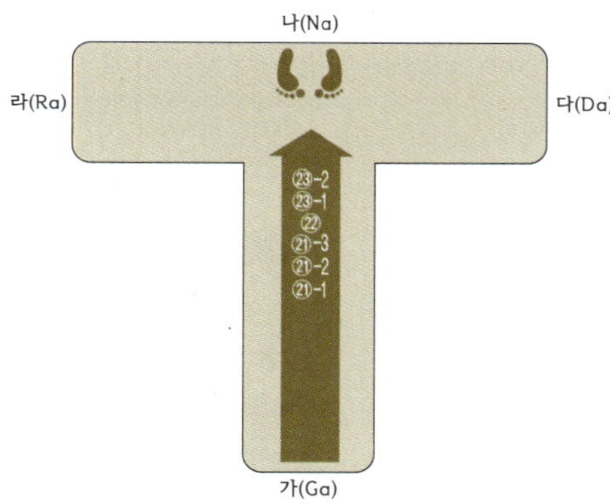

22 「옆모습」 Vista lateral

23-1 「옆모습」 Vista lateral

23-2 「옆모습」 Vista lateral

24 "나" 방향으로 오른발 내디뎌 오른앞굽이 몸통반대지르기 -기합-

En dirección de "Na", poner el pie derecho adelante en oreun ap kubi y ejecutar momtong bandae jireugi (ejecutando el "Kiap").

「옆모습」
Vista lateral

왼손을 자연스럽게 앞으로 폈다가 당기며 오른손 몸통반대지르기를 한다.
Jalar el puño izquierdo naturalmente y ejecutar jireugi derecho.

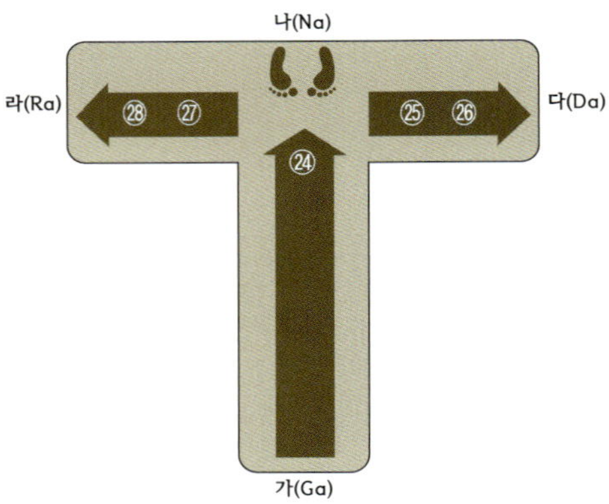

바로 "나" 의 위치에서 오른발 제자리 몸을 왼쪽으로 돌려 왼발을 끌어들여 "가" 방향보며 기본준비서기

Baro: en posición de "Na", con el pie derecho en el sitio, girar el cuerpo por la izquierda jalando el pie izquierdo, mirando hacia "Ga" y regresar a kibon jumbi seogi.

25 “다” 방향 왼발 옮겨돌아 오른뒷굽이 손날아래막기

En dirección de “Da”, mover el pie izquierdo para girar en oreun dwitkubi y ejecutar sonnal arae makki.

26 “다” 방향 오른발 내디뎌 왼뒷굽이 손날막기

En dirección de “Da”, mover el pie derecho adelante para hacer wen dwitkubi y ejecutar sonnal arae makki.

손의 공격 및 사용부위 :
손날, 손날등, 손등, 편손끝, 가위손끝, 한손끝, 모은두손끝, 모은세손끝, 모둠손끝, 곰손, 바탕손, 굽힌손목, 아귀손.

발의 공격 및 사용부위 :
앞축, 뒤축, 발끝, 발날, 발날등, 뒤꿈치, 발바닥, 발등.

28 “라” 방향 왼발 내디뎌 오른뒷굽이 손날막기

En dirección de “Ra”, mover el pie izquierdo adelante para hacer oreun dwitkubi y ejecutar sonnal arae makki.

27 “라” 방향 오른발 옮겨 뒤로 돌아 왼뒷굽이 손날아래막기

En dirección de “Ra”, mover el pie derecho para girar en wen dwitkubi y ejecutar sonnal arae makki.

천권 (Chonkwon)

천권은 만물의 근원이며 우주 그 자체이기도 한 하늘이 가진 대능력을 의미하며 그 무한한 능력은 창조와 변화와 완성을 나타내므로 사람이 대능력을 무서워하고 경외하는 마음이 생겨서 으뜸가는 지상의 모양이나 뜻에는 하늘의 이름을 붙였다. 구 천년도 더된 아득한 옛날에 한민족의 시조이신 환인 임금님은 하늘나라 임금이라 불리우시면서 하늘바다와 하늘산 근처에 하늘도읍을 정하셨고 하늘민족인 한민족의 사상과 행동에서 태권도가 생겨났다. 하늘은 만물의 근본이요 진리의 공간이며 창조의 원천이다. 천권은 하늘의 오묘한 힘의 원리를 재현한 품새로서 하늘을 상징하는 날개펴기를 주로 활용하였다. 이 품새의 생명은 완만한 힘과 절도를 주로 넣어 천권의 높고 넓은 사상을 응용시킨 것이다.

새로운 동작은 날개펴기, 솟음주먹솟음지르기, 휘둘러막기, 휘둘러 잡아당기기, 금강 옆지르기, 태산밀기 등이고 보법으로 자진 발이 나타나고 동작의 특징은 움직임이 큰 동작과 팔동작이 완만한 곡선을 이루며 천권의 큰 사상을 담았다. 품새선 "ㅜ"는 하늘에서 내리는 삶과 하늘의 뜻에 의한 사람이란 뜻을 함께 지니고 있다.

La palabra “Chonkwon” representa el gran poder del cielo, que es el origen de las criaturas y el mismo cosmos. Su infinita capacidad significa la creación, el cambio y el fin. Los seres humanos han usado el nombre del cielo para todas las formas y representaciones terrestres debido a que le temían al poder del cielo. Desde hace 9,000 años, el fundador de la nación coreana, “Hwanin”, se llamaba “el rey celestial”. Se estableció en la montaña, donde el pueblo Han, escogida como la raza celestial, creó el pensamiento y la acción propios de donde se originó el Taekwondo. El poomsae Chonkwon se basa en tales historias y pensamientos sublimes.

♣ 천권 품새진행선

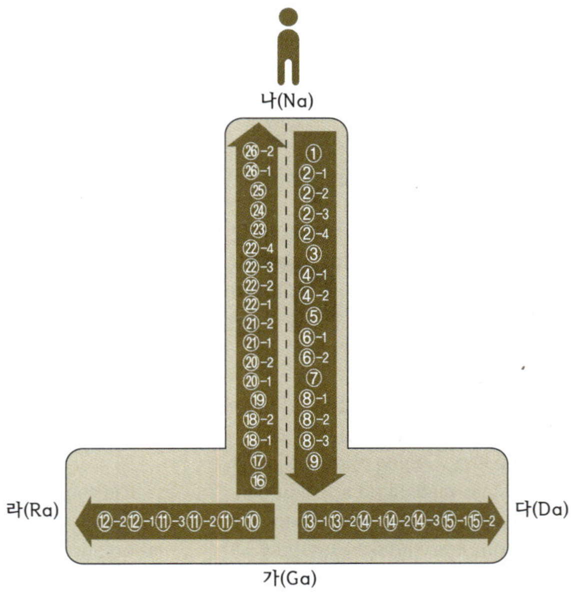

나(Na)
㉖-2 ㉖-1 ㉕ ㉔ ㉓ ㉒-4 ㉒-3 ㉒-2 ㉒-1 ㉑-2 ㉑-1 ⑳-2 ⑳-1 ⑲ ⑱-2 ⑱-1 ⑰ ⑯
① ②-1 ②-2 ②-3 ②-4 ③ ④-1 ④-2 ⑤ ⑥-1 ⑥-2 ⑦ ⑧-1 ⑧-2 ⑧-3 ⑨
라(Ra)
⑫-2 ⑫-1 ⑪-3 ⑪-2 ⑪-1 ⑩
⑬-1 ⑬-2 ⑭-1 ⑭-2 ⑭-3 ⑮-1 ⑮-2
다(Da)
가(Ga)

천권(Chonkwon)

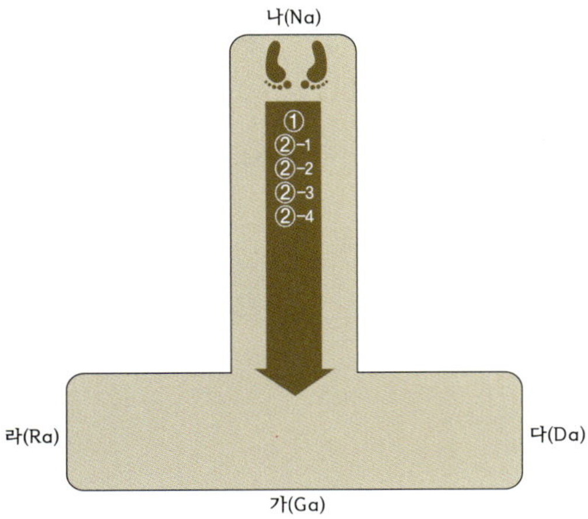

준비 **겹손준비서기**
Jumbi: en posición de “Na, mirando hacia “Ga” en moa seogi, ejecutar kyeopson jumbi seogi.

규정동작 Movimiento

솟음지르기
Sosum jireugi (puño con nudillos prominentes)

- 솟음주먹을 장골능(허리)에서 손등을 위로 가게하여 젖혀 치지른다.
- 범서기로 딛는 순간 손 동작도 이루워져야 한다.
- Ubicar el sosum jumok (puño con nudillos prominentes) en la cintura, y golpear girando los puños. El dorso de la mano deberá mirar hacia arriba.
- El movimiento de la mano se ejecuta al mismo tiempo que el beom seogi.

감점동작의 예 Factores de deducción

솟음지르기
Sosum jireugi (puño con nudillos prominentes)

- 솟음주먹이 젖혀 지르기가 되지 않는 행위.
- 뒷굽이로 하거나 손과 발이 일치하지 않을 때.
- 이 밖에 규정동작이 아닌 행위는 감점이 된다.
- Si el sosum jumok no se gira para golpear.
- Si el movimiento se realiza en dwitkubi o si la mano y los pies no se ejecutan como corresponde.
- Cualquier otro movimiento que no se ha indicado anteriormente será un factor de deducción.

솟음지르기란 :
솟음주먹으로 치지르기를 하며 공격목표는 턱밑 양쪽이다.

치지르기란 :
주먹을 허리 부위에서 위로 올려 지른다. 주로 가까이 있는 상대의 턱을 가격하며 등주먹이 상대를 향하고 팔굽은 약간 굽힌 채로 지른다.

▶ 2-1,2-2,2-3 and 2-4
1. 동작을 빠르게 한다.
2. “가”방향을 향하여 “나”의 위치에서 날개펴기한 두 팔을 원을 그리며 밑으로 내렸다가 단전앞에서 두 손을 모아 다시 가슴앞으로 하여 머리위까지 올려 양 옆으로 크게 헤쳐낸다.
3. 헤쳐낸 두 팔은 다시 원을 그리며 양 옆 허리에서 솟음주먹으로 치지르기를 한다. 솟음지르기를 할때 왼발이 뒤로 물러난다. (이 동작들은 아주 빠르게 행한다)

2-4 **허리에 손이 올 때 쯤 왼발 살짝 들어 뒤로 빼서 범서기를 하며 솟음지르기를 한다.**
Ejecutar el sosum jireugi mientras se realiza la postura del tigre con pie izquierdo un poco atrás.

2-3 **손날얼굴헤쳐막는 동작은 크게 원을 그리며 한다.**

모든 동작은 끊김이 없이 연결 되어야 바람직한 동작이며 숙련성의 척도이다.
Todos los movimientos deberán conectarse sin interrupciones.

1-1 "나" 의 위치에서 모아서기 두 손을 겹친채 서서히 가슴앞으로 들어올린다

En dirección de "Na", con ambos pies en el sitio en moa seogi, ejecutar nalgae pyeogi. (1-1, 1-2 y 1-3)

1-2 (서기 그대로) 양손에 서서히 힘을주어

1-3 날개펴기

무겁게 천천히.
Pesado y lentamente.

숨을 들이 마신다.
Inhalar.

<서기 제자리>

숨을 내쉬다.
exhalar.

<서기 제자리>

<서기 제자리>

날개펴기 Nalgae pyeogui

겹손에서 두 손을 가슴앞까지 올린다.(호흡을 들여 마쉬며)
Ambas manos se levantan al frente del pecho desde kiopson (manos superpuestas) (inhalar en este momento).

두 손이 가슴앞까지 왔을 때 양손등이 몸통을 향하도록 손목을 틀어 손바닥을 어깨선상에서 바깥으로 힘주어 서서히 각각 좌우로 민다.(이때 호흡을 천천히 내쉰다)
Cuando ambas manos lleguen al frente del pecho, las muñecas deberán ir hacia atrás, girando las palmas hacia afuera (exhalar).

규정동작 Movimiento

날개펴기, 손날얼굴헤쳐막기
Nalgae pyeogui, sonnal olgul hecho makki (Extender los brazos, bloqueo cruzado con ambas manos)

- 얼굴 손날 헤쳐 막는 동작을 크게 원을 그리며 한다.
- Ejecutar sonnal olgul hecho makki (bloqueo cruzado a la cara con mano-cuchillo) en forma circular

감점동작의 예 Factores de deducción

날개펴기, 손날얼굴헤쳐막기
Nalgae pyeogui, sonnal olgul hecho makki (Extender los brazos, bloqueo cruzado con ambas manos)

- 헤쳐막을 때 팔을 돌리지 않는 행위
- 이 밖에 규정동작이 아닌 행위는 감점이 된다.
- Si los brazos no realizan el hecho makki.
- Cualquier otro movimiento que no se ha indicado anteriormente será un factor de deducción.

2-1 "가" 방향 왼발 뒤로 물러 디뎌 오른 범서기 솟음지르기

En dirección de "Ga", retroceder el pie izquierdo en oreun beom seogi y ejecutar som jireugi. (2-1, 2-2, 2-3 y 2-4)

2-2 솟음지르기(중간동작)

<서기 제자리>

<서기 제자리>

3 "가" 방향 오른발을 앞으로 내디뎌 오른앞굽이 한손날 비틀어막기 (뒷발 뒤꿈치를 바닥에 붙인다)

En dirección de "Ga", poner el pie derecho adelante en oreun ap kubi y ejecutar hansonnal bituro makki.

3
4-1
4-2

4-1 "가" 방향 왼발 내딛으며 왼손감아 잡아 잡아끌면서

En dirección de "Ga", poner el pie izquierdo adelante, con la mano derecha agarrar y jalar, hacer wen ap kubi y ejecutar momtong baro jireugi. (4-1 y 4-2)

4-2 왼앞굽이 몸통 바로지르기

규정동작 Movimiento

한손날비틀어막기, 몸통 바로지르기
Hansonnal bituro makki (bloqueo girando la mano-cuchillo), momtong baro jireugi (puño directo)

- 앞굽이 자세에서 허리를 틀어 손날몸통 바깥막기로 한다.
- 당기어 지를 때 서서히 (8초 정도) 힘주어 지른다.
- Ejecutar el bloqueo hacia afuera con la mano-cuchillo girando la cadera en apkubi.
- Al jalar y golpear, el puño deberá ejecutarse lentamente y con fuerza (8 segundos).

감점동작의 예 Factores de deducción

한손날비틀어막기, 몸통 바로지르기
Hansonnal bituro makki (bloqueo girando la mano-cuchillo), momtong baro jireugi (puño directo)

- 뒷발 뒤꿈치가 들리거나 앞발 발끝이 틀어진 경우.
- 당겨지를 때 빠르게 지르는 경우.
- 이 밖에 규정동작이 아닌 행위는 감점이 된다.
- Si el talón de la pierna de atrás está levantado o si el pie de adelante está girado.
- Si se ejecuta un puño rápido al jalar y golpear.
- Cualquier otro movimiento que no se ha indicado anteriormente será un factor de deducción.

▶ 4-1
손목을 바깥으로 비틀어준 후 감아쥘 때,
Como agarrando el puño, girando la muñeca
뒷다리 앞으로 전진 하며 앞굽이 만들며 감아 쥔 손을 당기며 몸통바로지르기를 한다.
Llevar la pierna trasera un paso adelante para hacer la postura hacia adelante y ejecutar un puño directo al pecho..
이 때 마지막에 주먹에 힘주며 매듭짓고 다음동작으로.
Ajustar el movimiento final.

손날로 막은 손을 손목을 바깥으로 틀어 손바닥이 위를 향한 상태로 엄지를 벌려 상대의 막힌 팔목을 감아 잡아 허리로 끌며 오른주먹으로 바로지르기한다. 이때는 천천히 힘주어 한다.

7 "가" 방향 두다리 제자리 오른앞굽이 (좁게) 한손날 비틀어 막기

En dirección de "Ga", con ambos pies en el sitio en oreun ap kubi, ejecutar hansonnal bituro makki.

7
8-1
8-2
8-3
9

5 “가” 방향 두다리 제자리 몸을 왼쪽으로 꼬아 왼앞굽이 한손날 비틀어 막기

En dirección de “Ga”, con ambos pies en el sitio en wen ap kubi (opuesto a 3), ejecutar hansonnal bituro makki.

6-1 “가” 방향 오른발 내딛으며 오른손 감아 잡아 끌면서(중간동작)

En dirección de “Ga”, poner el pie derecho adelante, jalar la mano derecha mientras se gira y cierra, en oreun ap kubi y ejecutar momtong baro jireugi. (6-1 y 6-2)

6-2 오른앞굽이 몸통 바로지르기

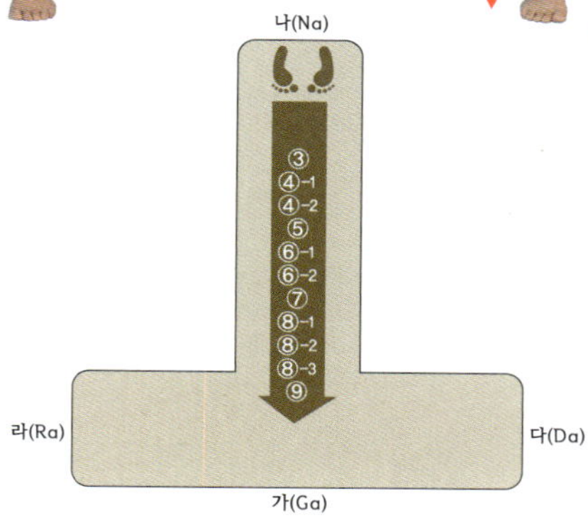

8-1 “가”방향 왼발 옆차기 차고 -기합- 내디뎌

En dirección de “Ga”, patear yop chagi izquierdo (ejecutando el “Kiap”), caer en wen ap kubi y arae makki. (8-1,8-2 y 8-3)

8-2

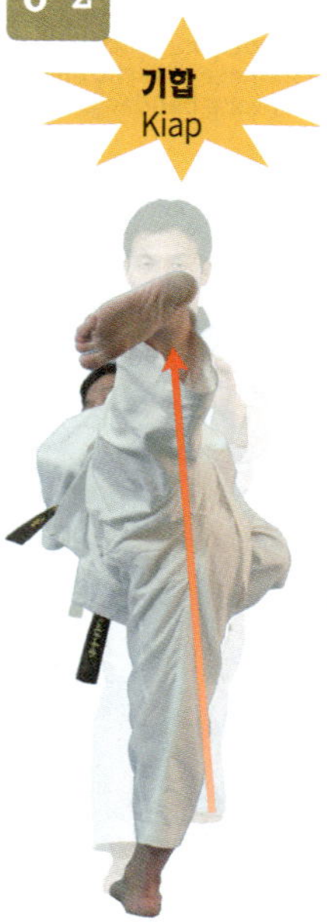

8-3 왼앞굽이 아래막기

9 “가” 방향 오른발 내디뎌 오른앞굽이 몸통반대지르기

En dirección de “Ga”, poner el pie derecho adelante en oreun ap kubi y ejecutar momtong bandae jireugi.

▶ **12-1 and 12-2**

1. 상대에게 왼주먹으로 몸통지르기를 한순간 상대도 나에게 주먹지르기로 응수하는 것을왼팔굽을 구부리며 팔목을 끌어 들이면서 걸쳐 막아내며,
2. 이어서 머리 위로 원을 그리며 제쳐내면서 이번에는 상대의 팔목을 잡아 끌어 당긴다.(⑪, ⑫의 연결 동작은 연결성 있게 연속으로 하여야 한다)

Al momento de ejecutar momtong jireugi con el puño izquierdo hacia el oponente, la segunda responde con jumok jireugi, luego doblar el codo izquierdo y jalar la cintura para realizar el makki en el lugar

Luego, dibujando un círculo sobre la cabeza, soltar la muñeca y en ese momento agarrar y jalar la muñeca del oponente (las acciones ⑪ y ⑫ deben ejecutarse en movimientos conectados).

12-2 왼뒷굽이 몸통 반대지르기

12-1 "라" 방향 왼팔로 제쳐내며 잡아끌면서 오른발 내디뎌

En dirección de "Ra", soltar la muñeca izquierda hacia afuera, agarrar y jalar (al oponente), poner el pie derecho adelante en wen dwitkubi y ejecutar momtong bandae jireugi. (12-1 y 12-2)

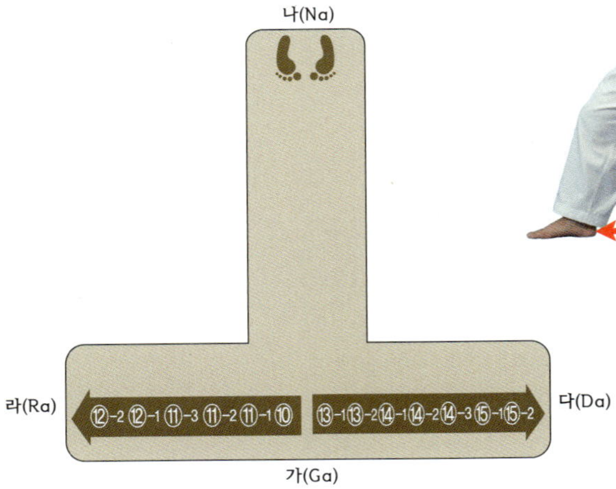

13-1 "다" 방향 오른발 옮겨 뒤로돌아

13-2 왼뒷굽이 안팔목 몸통 거들어 바깥막기

En dirección de "Da", mover el pie derecho para girar en wen dwitkubi y ejecutar anpalmok momtong koduro bakkat makki. (13-1 y 13-2)

14-1 "다" 방향 두발 제자리 오른팔목 제쳐냈다 이어서

14-2 왼뒷굽이(그대로)

En dirección de "Da", con ambos pies en el sitio, empujar hacia afuera la muñeca derecha en wen dwitkubi (misma posición) y ejecutar momtong bandae jireugi. (14-1,14-2 y 14-3)

11-3 몸통 반대지르기

11-2 오른뒷굽이(그대로)

11-2 "라" 방향 두발 제자리 왼 팔목으로 제쳐냈다 이어서

En dirección de "Ra", con ambos pies en el sitio, empujar hacia afuera la muñeca izquierda en oreun dwitkubi (misma posición) y ejecutar momtong bandae jireugi. (11-1,11-2 y 11-3)

10 "라" 방향 왼발 옮겨돌아 오른뒷굽이 안팔목 몸통 거들어 바깥막기

En dirección de "Ra", mover el pie izquierdo para girar en oreun dwitkubi y ejecutar anpalmok momtong koduro bakkat makki,

▶ **11-1,11-2 and 11-3**

상대의 팔목이 막혀 "나"의 왼팔목에 걸쳐 있을 때, "나"의 왼팔목을 눕히며 머리 위로 추켜올려 원을 그리며 제쳐낸다.(왼손의 엄지손 부분을 오른쪽 아래로 틀어 빼서 얼굴을 막듯이 머리 위로 올려서 원을 그리며 허리로 온다.(자연스럽게) 이때 반대 손도 자연스럽게 가는 방향으로 뻗었다 당기며 몸통지르기를 강하게. 왼손을 돌릴 때 몸이 젖혀지지 않도록 주의, 뒷굽이 유지) 이어서 허리로 끌었다가 지르기를 한다.

Cuando la muñeca izquierda esté bloqueada por la muñeca del oponente, levantar la muñeca izquierda sobre la cabeza, empujando hacia afuera para dibujar un círculo (el dedo pulgar de la mano izquierda deberá ir hacia abajo y llevar a la cintura la mano que está sobre la cabeza, naturalmente). Realizar el puño con la mano opuesta extendida y regresar al girar la mano izquierda. Tener cuidado de no inclinar la parte superior del cuerpo hacia atrás y mantener la postura hacia atrás. Luego, jalarla a la cintura y ejecutar el yirugui.

14-3 몸통 반대지르기

15-1 "다" 방향 오른 팔목 높이 돌려제쳐 잡아끌며 왼발 내디뎌

En dirección de "Da", bajar la muñeca derecha, girarla, empujarla hacia afuera, luego agarrar y jalar (al oponente), poner el pie izquierdo adelante en oreun dwitkubi y ejecutar momtong bandae jireugi. (15-1 y 15-2)

15-2 오른뒷굽이 몸통 반대지르기

16 **"나" 방향 왼발 옮겨 돌아 왼앞굽이 안팔목몸통 비틀어막기**

En dirección de "Na", mover el pie izquierdo para girar en wen ap kubi y ejecutar anpalmok momtong bituro makki.

17 **"나" 방향 두발제자리 왼앞굽이(그대로) 몸통 반대지르기**

En dirección de "Na", con ambos pies en el sitio en wen ap kubi (misma postura), ejecutar momtong bandae jireugi.

18-1 **"나" 방향 오른발 앞차고**

En dirección de "Na", patear ap chagi derecho y caer adelante en oreun ap kubi, ejecutando momtong bandae jireugi. (18-1 y 18-2)

18-2 **내디뎌 오른앞굽이 몸통 반대지르기**

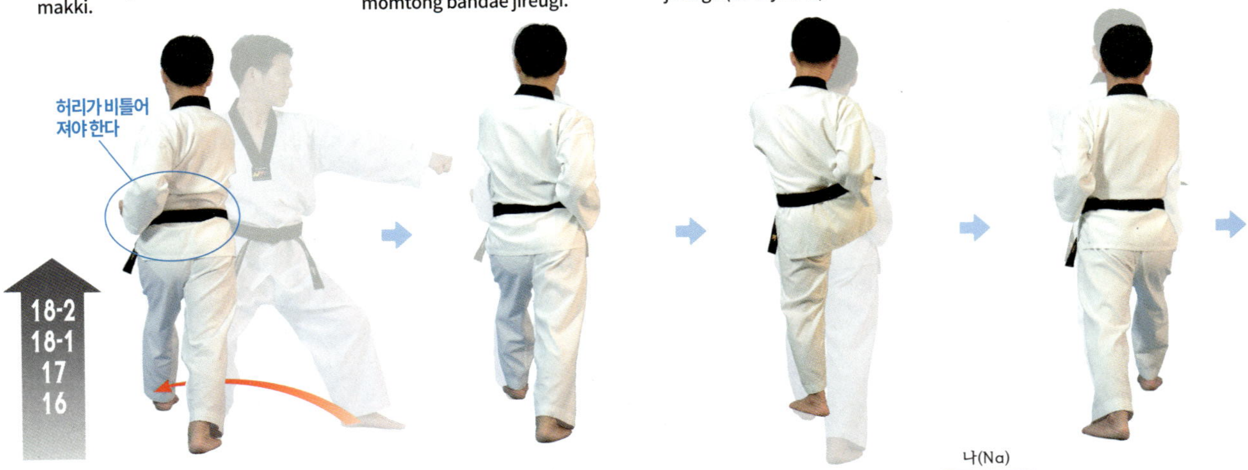

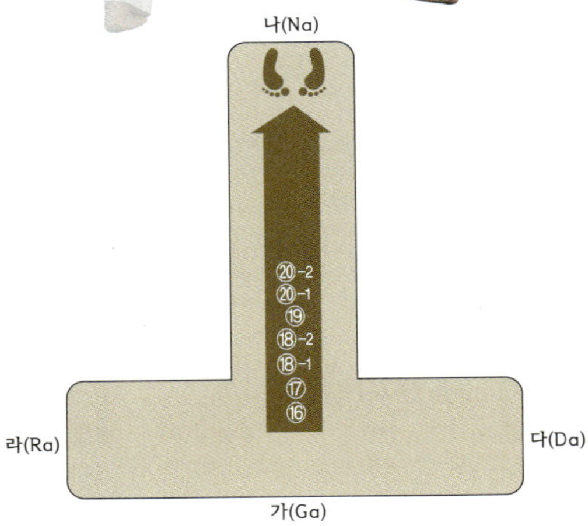

안팔목 몸통비틀어막기 : 비틀어 막는 팔목을 어깨선과 일치시킨다.

(요령) 막는 팔은 겨드랑이에 엎은 주먹으로 반대 팔의 팔꿈치보다 약간 아래(주먹 하나 정도)에 두고 반대 팔은 막는 팔 안쪽에서 등주먹 부분이 위를 향하게 하여 막는 팔의 어깨에서 약간 떨어진 상태로 시작하여 막았을 때 막는 팔쪽 어깨가 앞으로 나오도록 허리를 튼다. 반대팔목은 젖힌 주먹으로 장골능에 위치시킨다.

16 「옆모습」 Vista lateral

17 「옆모습」 Vista lateral

18-1 「옆모습」 Vista lateral

18-2 「옆모습」 Vista lateral

양손 교차해서 허리를 비틀며 막는다. 힘의 전달이 어려운 부분이다.
Cruzar ambas manos y girar la cintura. Es difícil mostrar la potencia efectivamente.

많은 숙달이 필요. 몸통 막고 주먹지르기 연결.
Se deberá practicar bastante el bloqueo al cuerpo y el puño directo.

19 "나" 방향 오른발 약간 끌어 왼뒷굽이 손날 아래막기

En dirección de "Na", jalar ligeramente el pie derecho en wen dwitkubi y ejecutar sonnal arae makki.

20-1 "나" 방향 잦은 발로 몸 옮기며 왼뒷굽이 오른 안팔목 (몸통) 거들어 바깥막기

En dirección d "Na", mover el cuerpo con un trote en wen dwitkubi y ejecutar oreun anpalmok bakkat makki seguido de arae koduro makki. (20-1 y 20-2)

20-2 이어 아래거들어막기

▶ 20-1 and 20-2

잦은발 : 앞발을 반걸음 밀어 딛는 순간 뒷발을 끌어 들이며 앞발 뒤꿈치 뒤에 놓고, 앞발이 다시 앞으로 나아가는 발놀림이다.

Yayunbal (trote): En la posición de dwitkubi, primero el peso está en la pierna izquierda, empujar el pie derecho medio paso adelante, al momento en el que el pie derecho toca el piso, el pie izquierdo lo sigue, y luego el pie derecho se mueve nuevamente para que de la misma forma lo siga el pie izquierdo, así el cuerpo se moverá hacia adelante.

첫번째 반걸음 옮길 때 오른 안팔목 몸통 막기를 한다. 이때 올라가는 팔뚝이 왼손바닥을 치고 지나간다.

En el primer medio paso, ejecutar oreun anpalmok momtong makki. En ese momento, la palma de la mano izquierda (la base de los cuatro dedos) golpear la muñeca que se levanta

두번째 반걸음 옮길 때 오른 팔목을 다시 내리며 아래 막기를 한다. 이때 오른 팔뚝이 왼손바닥을 치고 지나가며 주먹을 쥐어 팔목부위를 명치 앞에 둔다.

En el segundo medio paso, la muñeca derecha baja para ejecutar arae makki. En ese momento, la palma de la mano izquierda golpea la muñeca derecha y cierra el puño.

이상의 동작들을 빠르게 행한다.

Todos los movimientos indicados deberán ser continuos, rápidos e instantáneos.

규정동작 Movimiento

잦은발

Yayunbal (paso corto deslizante)

- 앞발을 반걸음 밀어 딛는 순간 뒷발을 끌어들이며 앞발을 내 딛는다.
- Dar el paso adelante moviendo el pie derecho medio paso y arrastrar el pie de atrás al mismo tiempo.

감점동작의 예 Factores de deducción

잦은발

Yayunbal (paso corto deslizante)

- 뒷발을 먼저 움직여야 할때.
- 이 밖에 규정동작이 아닌 행위는 감점이 된다.
- Si realiza el paso moviendo el pie de atrás antes que el pie de adelante.
- Cualquier otro movimiento que no se ha indicado anteriormente será un factor de deducción.

19 「옆모습」 Vista lateral

20 「옆모습」 Vista lateral

모든 동작은 중심축을 활용했을 때 숙련성이 높은 동작이다.
보법은 잦은발이지만 손 동작은 크게 한다.

21-1 **"나" 방향 미끄름발 약간 내디뎌 주춤서기 금강 옆지르기**
En dirección de "Na", arrastrar el pie ligeramente hacia adelante en juchum seogi y ejecutar keumgang yop jireugi.

21-2

22-1 **"나" 방향 몸을 공중으로 띄워 왼쪽으로 돌며 오른발로 표적차기하고 내려디뎌 주춤서기 금강옆지르기**
En dirección de "Na", levantar el cuerpo al aire girando por la izquierda, patear pyojeok chagi, caer en juchum seogi y ejecutar keumgang yop jireugi.

「옆모습」
Vista lateral

금강옆지르기 : 한쪽 팔은 얼굴막기를 하고 다른 주먹은 몸통옆지르기를 동시에 한다. 아랫도리는 주춤서기로 얼굴막기 방향과 몸통지르기 방향이 다르다. 얼굴막기와 옆지르기가 동시에 이루어진 자세이다.
(요령) 주춤서기로 몸통을 지르는 팔쪽 허리에서 작은 돌쩌귀를 하였다가 얼굴막기와 옆지르기를 한다.

규정동작 Movimiento

뛰어표적차고 금강옆지르기
Twio pyojeok chago keumgang yop jireugi (Patada giratoria con salto y puño diamante lateral)

- 몸을 뛰어 360° 가량 돌아 표적을 찬다. (표적을 차기 전에 왼발이 땅에 닿으면 안 된다.)
- Saltar y girar el cuerpo 360 grados y patear el objetivo. (El pie izquierdo no deberá caer al suelo antes de paetar el objetivo).

감점동작의 예 Factores de deducción

뛰어표적차고 금강옆지르기
Twio pyojeok chago keumgang yop jireugi (Patada giratoria con salto y puño diamante lateral)

- 몸이 공중에 뛰어 있을 때 표적을 차지 못한 경우.
- 이 밖에 규정동작이 아닌 행위는 감점이 된다.
- Si no se patea el objetivo mientras el cuerpo está en el aire.
- Cualquier otro movimiento que no se ha indicado anteriormente será un factor de deducción.

표적찬 발을 접어올 때 작은 돌쩌귀 준비자세로 주춤서기 놓으며 금강옆지르기
Al jalar la pierna con la que se pateó, ejecutar el puño diamante lateral (keumgang yop jireugi), haciendo juchum seogi mientras ejecuta un doltzogi pequeño.

21-2 「옆모습」
Vista lateral

▶ 22-1, 22-2 22-3 and 22-4
공중표적차기는 우선 체중을 오른발에 옮기며 땅을 밀어 몸을 공중으로 띄운다.
Pyojeok chagi en el aire se ejecuta moviendo el peso al pie derecho para elevar el cuerpo hacia arriba.
이때 몸을 왼쪽으로 틀면 공중에서 몸이 360° 회전된다.
En este momento, girar el cuerpo 360 grados en el aire por la izquierda.
이와 같이 몸을 공중에서 도는 도중 왼발은 처져 땅에 딛게 되는데 땅에 딛기전에 왼 손바닥을 오른 발날등으로 돌려찬다.
Mientras está girando en el aire, bajar el pie izquierdo, pero antes de que caiga al suelo, la planta del pie derecho deberá realizar una patada giratoria en la palma de la mano izquierda
이때 표적차기 하기전에 왼발이 먼저 땅에 닿으면 안된다.
El pie izquierdo no deberá caer al suelo antes de ejecutar el pyojeok chagi.

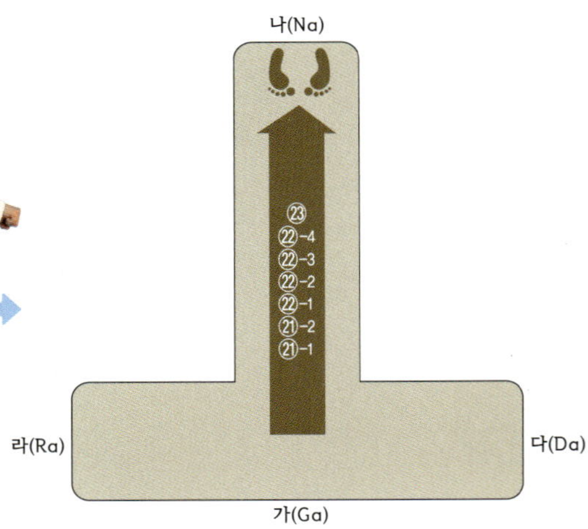

22-2 22-3 22-4

23 "가" 방향 두발 제자리 "나" 방향에서 "가" 방향으로 바꾸어 바라보며 오른뒷굽이 손날 외산틀막기

En dirección de "Ga", con ambos pies en el sitio, cambiar la mirada de "Na" a la dirección de "Ga", en oreun dwitkubi y ejecutar sonnal wesantul makki.

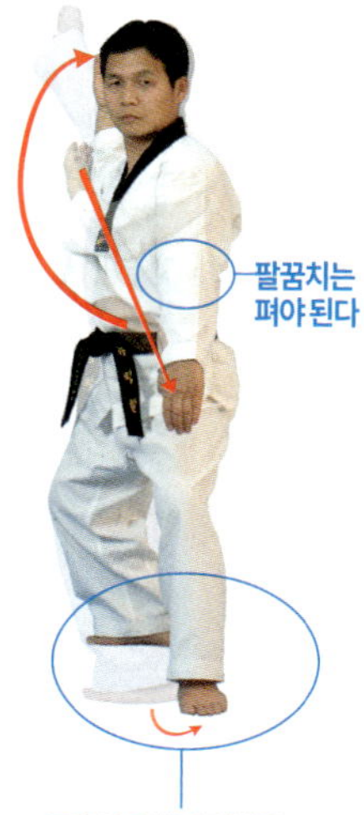

▶ 23

· "나" 방향 주춤서기를 '가' 방향으로 바꾸며 오른뒷굽이로 변화시킨다.
· 금강옆지르기에서 왼팔과 오른팔을 끌어 가슴 앞에서 교차시키며, (이때 동작은 천천히 호흡과 함께, 아래막기와 손날등 얼굴 바깥막기의 손목회전이 동작⊠ 부분에서 동시에 이루어지도록)
· 오른팔은 얼굴손날등 바깥막기, 왼팔은 한손날 아래막기를 동시에 한다.
· 힘주어 천천히 동작을 한다.

Wen dwitkubi en dirección de "Na" cambia a dirección de "Ga" para hacer oreun dwitkubi, los brazos en keumgang yop jireugi, con el brazo izquierdo en el sitio, jalar el brazo derecho para cruzar al otro brazo en frente del pecho (realizar el movimiento lento con la respiración, el bloqueo bajo y el giro de la muñeca deberán estar sincronizados en las dos terceras partes del movimiento). Con el brazo derecho ejecutar olgul sonnal bakkat makki y simultáneamente hansonnal arae makki con el brazo izquierdo.

22-3 「옆모습」 Vista lateral

주먹을 허리에 당겨 금강옆지르기를 신속히 할 수 있도록 한다.

22-4 「옆모습」 Vista lateral

회전 후 중심이 흔들려서 방향과 서기자세가 안 나올 수 있으므로 주의!

Tener cuidado de no ealizar posiciones inexactas al girar el cuerpo.

23 「옆모습」 Vista lateral

25-1 **“가” 방향 오른발 “나” 에 위치하고 왼발끌어 모둠발로 모아서기하였다가**

En dirección de “Ga”, con el pie derecho en posición de “Na”, jalar el pie izquierdo para hacer modumbal y moa seogi, luego poner el pie derecho adelante en oreun beom seogi y ejecutar taesan milgi.

25-2 **(중간동작)**

25-3 **(중간동작)**

태산밀기 보충설명 Taesanmilgi

1. “나”방향에서 몸을 왼쪽으로 돌려 왼발을 끌어 일어서며 모아서기를 한다.
   Girar el cuerpo por la izquierda en dirección de “Na”, jalando el pie izquierdo y levantándolo para hacer moa seogi.
2. 이때 두 손은 “단전”앞에서 “겹손”으로 모아서 두손을 가슴, 얼굴, 머리위 순으로 올려 양옆으로 각각 원을 그리며 내려
   En este momento, ambas manos superpuestas se juntan frente al abdomen para ser levantadas al pecho, la cara y sobre la cabeza, luego bajar por afuera formando un círculo.
3. 두 손은 허리 높이에서 팔굽을 굽히여 명치앞에 모으며 손목을 젖혀
   Ambas manos a la altura del tronco, con las rodillas flexionadas y bajar enfrente de la boca del estómago, luego las muñecas se flexionan hacia afuera.
4. 오른손이 밑으로 왼손이 위로하여 두 바탕손을 가까이 하였다가
   oner el pie derecho adelante para hacer oreun beom seogi, en el trayecto ambos batangsons (palmas de las manos) se abren hacia arriba y hacia abajo, estirando los codos, y empujando hacia adelante (con fuerza y despacio).
5. 오른발을 앞으로 밀어 내놓으며 오른 범서기를 하는 중에 두 바탕손을 아래, 위로 벌리면서 팔굽을 펴가며 앞으로 민다. - 힘주어 천천히 -(약 5초 정도)
   En este momento, el batangson izquierdo (parte de arriba) se ubica debajo de la línea del ojo y el batangson derecho a la altura del abdomen (5 segundos).
6. 이때 위의 왼 바탕손은 “인중” 높이 오른 바탕손은 “단전”(아랫배) 높이가 된다.

24 **“나” 방향 두발제자리 “가” 방향에서 “나” 방향으로 바꾸어 바라보며 왼뒷굽이 손날 외산틀 막기**

En dirección de “Na”, con ambos pies en el sitio, cambiar la mirada de “Ga” a dirección de “Na”, en wen dwitkubi y ejecutar sonnal wesantul makki.

뒷굽이 방향전환은 앞축을 중심으로 뒤축 회전하면서 뒷발을 옆으로 이동하여 정확한 반대 방향 뒷굽이가 되도록 한다. 이때 힘을 주어 천천히 손동작을 한다.

Realizar la forma opuesta de dwitkubi, girando el cuerpo, utilizando el pie de adelante como eje.

중심이동과 함께 중심축을 사용하여 돈다.
중심이동 자연스럽게 한다.

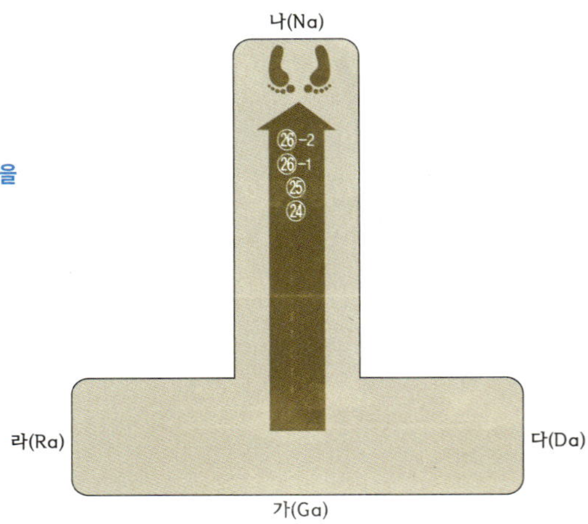

25-4 오른발을 앞으로 내디디며 오른 범서기 태산밀기

26-1 "가" 방향 오른발을 다시 끌어 들여 모둠발로 모아서기 하며 몸을 일으키면서 두 팔로 원을 그렸다가

En dirección de "Ga", jalar el pie derecho hacia atrás nuevamente para hacer modumbal y moa seogi, el cuerpo se levanta mientras ambos brazos forman un círculo, luego poner el pie izquierdo adelante en wen beom seogi y ejecutar taesan milgi. (26-1 y 26-2)

26-2 왼발을 앞으로 내밀며 왼 범서기 태산밀기(왼 범서기를 하며 두 바탕손을 아래 위로 벌리면서 팔굽을 펴가며 앞으로 민다. 등척성)

25~26 동작은 힘의 흐름이 느껴지면서 끊어지지 않게 확실한 동작이 보이게 표현한다. (숙련성 표현주의!!)

모든 동작은 끊어짐 없도록 연결하는 것이 숙련된 동작이다.
Todos los movimientos deberán conectarse sin pausas.

규정동작 Movimiento

태산밀기
Taesan milgi (Empujar la montaña)

- 범서기로 서면서 바탕손으로 나간발쪽 손이 아래로 뒷발쪽 손이 위로하여 가슴앞에서 인중과 단전쪽으로 서서히 밀어준다. (5초 정도)
- En beom seogi, ubicar la mano del mismo lugar que el pie de adelante abajo y la otra mano arriba en batangson (palma de la mano), empujar la mano desde el pecho a la altura del labio y bajar el estómago lentamente (5 segundos).

감점동작의 예 Factores de deducción

태산밀기
Taesan milgi (Empujar la montaña)

- 뒷굽이로 서거나 미는 바탕손이 허리에서 시작하거나 손의 위치가 바뀌어 행할 때.
- 이 밖에 규정동작이 아닌 행위는 감점이 된다.
- Si al estar en dwitkubi, la mano que empuja empieza en la cintura o si las manos se ubican incorrectamente
- Cualquier otro movimiento que no se ha indicado anteriormente será un factor de deducción.

바로 왼발 끌어 모둠발로 모아서기 서면서 "가" 방향 바라보며 모아서기 겹손 준비서기

Baro: jalar el pie izquierdo a modumbal y moa seogi, mirando hacia "Ga", en moa seogi y ejecutar kyeopson jumbi seogi.

▶바로 Baro
태산밀기에서 단전앞으로 모아 와서 명치 앞까지 끌어 올려 겹손을 하며 다시 단전으로 내린다.
Bajar ambas manos a la parte inferior del cuerpo a través de la boca del estómago desde taesan milgi.

한수 (Hansu)

한수는 만물의 생명을 키워주는 근원이 되는 한물을 의미하며 한물은 생명의 탄생과 성장, 강함과 약함, 큰 포용력과 융화력 그리고 적응력을 나타낸다. 한은 하나라는 뜻과 많다, 크다, 가운데 같다, 가득하다, 함께, 모인다, 잠깐, 오래 등 여러 가지 많은 뜻을 지니고 있으며 하늘이라는 뜻과 모든 것의 뿌리라는 뜻도 담겨져 있다. 이런 의미와 부술 수도 끊을 수도 없는 물의 특성을 기술에 적용하여 한수가 꾸며졌다. 품새 한수는 물 수 자로 진행되며 품새의 주요한 동작은 물결처럼 유연하면서도 무서운 힘을 나타내는 것으로서 유연성을 바탕으로 원심력을 이용하여 공방하는 융화된 통일성을 응용한 것이다. 물은 끊을 수도 막을 수도 없다. 그러나 담기는 그릇에 따라 형태가 변화하니 그 적응성을 배워야 한다.
새로운 동작은 손날등 몸통헤쳐막기, 메주먹 양옆구리치기, 거들어 칼제비, 안팔목 표적 아래막기, 손날금강막기 등이며 서기에서 곁다리서기가 있고 동작의 연습은 물처럼 유연하게 하되 한 방울의 물이 큰 바다를 이루는 것처럼 꾸준히 수련해야 한다. 품새선 물 수 자는 물과 민족의 핏줄인 한 가람 그리고 커짐을 뜻한다.

La palabra "Hansu" representa al agua como fuente de sustancias que preserva la vida y el crecimiento de todas las criaturas. Hansu simboliza el nacimiento y crecimiento, fuerza y debilidad, magnanimidad y armonía, y adaptabilidad a una vida. "Han", específicamente, tiene varios significados como el nombre de un país, numerosidad, grandeza, uniformidad, longitud e incluso el cielo y la raíz de todo, entre otros. Sobre todo, los anteriores significados, es el origen de la organización de este poomsae.

♣ 한수 품새진행선

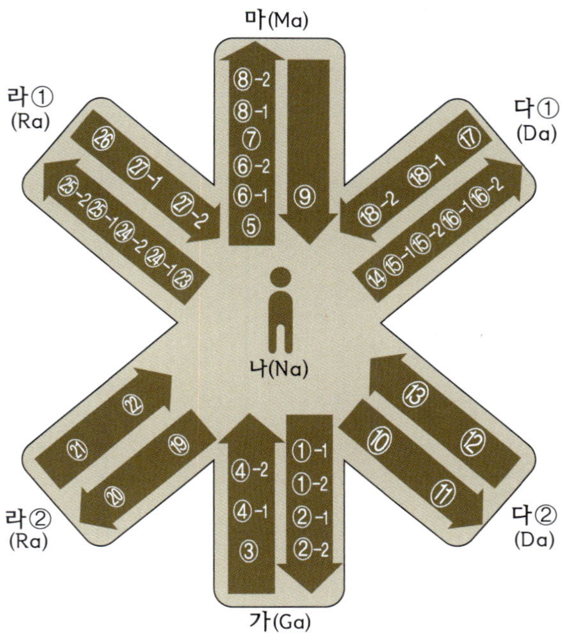

마(Ma)
라①
(Ra)
다①
(Da)
⑧-2
⑧-1
⑦
⑥-2
⑥-1
⑤
⑨
㉖
㉗-1
㉗-2
㉕-2 ㉕-1 ㉔-2 ㉔-1 ㉓
⑰
⑱-1
⑱-2
⑭ ⑮-1 ⑮-2 ⑯-1 ⑯-2
나(Na)
㉒
㉑
⑲
⑳
④-2
④-1
③
①-1
①-2
②-1
②-2
⑬
⑫
⑩
⑪
라②
(Ra)
다②
(Da)
가(Ga)

한수(Hansu)

준비 겹손준비서기

Jumbi: en posición de "Na", mirando hacia "Ga", en moa seogi ejecutar kyeopson jumbi seogi.

1-1
1-2

1-1 "가" 방향 왼발 내디뎌

En dirección de "Ga", poner el pie izquierdo adelante.

1-2 왼앞굽이 손날등 몸통헤쳐막기

En wen ap kubi, ejecutar sonnal dung momtong hecho makki.

왼발이 앞으로 나오므로 겹손에서 손을 바꿔서 왼손이 바깥으로 오게 준비동작을 해서 손날등몸통헤쳐막기를 한다

Mientras la pierna izquierda pisa adelante, ejecutar hecho makki con la mano izquierda afuera.

▶ 3

시선은 "가"방향이나 앞굽이는 "나"방향으로 하며 체중은 오른발에 많이 싣는다.

La mirada en dirección de "Ga", pero apkubi en dirección de "Na", dejando casi todo el peso en la pierna derecha.

오른쪽 팔은 "나"방향으로 안팔목얼굴 바깥막기 왼팔목은 "가"방향으로 아래막기를 한다.

Con el brazo derecho ejecutar olgul bakkat makki en dirección de "Na" y luego wen palmok arae makki en dirección de "Ga"

2-1 "가" 방향 오른발 내디뎌

En dirección de "Ga", poner el pie derecho adelante en oreun ap kubi y ejecutar dumejumok yop kuri chigi. (2-1 y 2-2)

2-2 오른앞굽이 두 메주먹 옆구리치기 (손 동작을 크게한다)

2-1
2-2

3 "가" 방향 바라보며 오른발 "나"의 위치에 물려디뎌 오른앞굽이 외산틀 막기

Mirando en dirección de "Ga", recoger el pie derecho a la posición de "Na" en oreun ap kubi y ejecutar wesantul makki.

3

▶ 2-1 and 2-2

헤쳐 막은 두 팔을 약간 벌렸다 메주먹을 마주 보게 하여 친다.

Los dos brazos en hecho makki se abren suavemente logrando que ambos puños se miren entre sí al momento de ejecutar el chigi.

치기 하였을 때는 두 팔굽을 굽힌다.

Al momento del chigi, ambos codos se flexionan.

목표는 상대의 양 옆구리이다.(목표가 옆구리이므로 너무 높게 치지 않는다)

El objetivo son las costillas del oponente (el golpe es al costado, no golpear muy arriba).

▼ 5, 6-1, 6-2

4-1 "가" 방향 바라보며 두발 제자리

Mirando en dirección de "Ga", con ambos pies en el sitio en wen ap kubi, ejecutar momtong baro jireugi. (4-1 y 4-2)

4-2 왼앞굽이 몸통 바로지르기

5 "가" 방향 바라보며 왼발 "마" 선상에 뒤로 물려 디뎌 왼앞굽이 외산틀 막기

Mirando en dirección de "Ga", recoger el pie izquierdo en la línea de "Ma" en wen ap kubi y ejecutar wesantul makki.

오른발에 쏠렸던 체중을 왼발로 옮기며 바로 지르기를 한다.

El peso se mueve del pie derecho al pie izquierdo al momento del jireugi.

3, 4동작의 연결을 보면 파도치는 것과 같다.

La conexión de 3 y 4 acciones se ven como un movimiento ondulatorio.

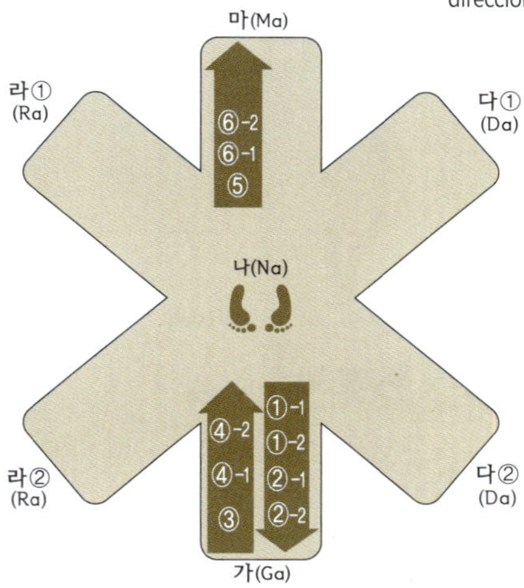

한수품새의 품새선은 水자 형태이므로 정확한 방향대로 움직이기 위해서 이동 각도와 보폭이 중요하다.

La línea del poomsae Hansu es la forma de la letra China 水. Por eso, el ángulo exacto y el ancho de las posiciones son muy importantes.

규정동작 Movimiento

두메주먹 옆구리 치기
Dumejumok yop kuri chigi (Golpe al costado con los dos puños martillos)

- 헤쳐막은 두팔을 어깨위로 올렸다가 메주먹을 마주보게 하여 옆구리를 친다.
- Jalar ambos brazos hacia arriba después de hecho makki haciendo que ambos puños martillo se miren entre sí. Luego, golpear a los costados.

감점동작의 예 Factores de deducción

두메주먹 옆구리 치기
Dumejumok yop kuri chigi (Golpe al costado con los dos puños martillos)

- 두 주먹 젖혀지르기를 한 경우.
- 이 밖에 규정동작이 아닌 행위는 감점이 된다.
- Si los puños no ejecutan un golpe.
- Cualquier otro movimiento que no se ha indicado anteriormente será un factor de deducción.

6-1 "가" 방향 두발 제자리 오른앞굽이 몸통 바로지르기

En dirección de "Ga", con ambos pies en el sitio en oreun ap kubi, ejecutar momtong baro jireugi. (6-1 y 6-2)

6-2

7 "가" 방향 바라보며 오른발 "마"선상 뒤로 물러 디뎌 오른앞굽이 외산틀 막기

Mirando en dirección de "Ga", regresar el pie derecho a la línea de "Ma" en oreun ap kubi y ejecutar wesantul makki.

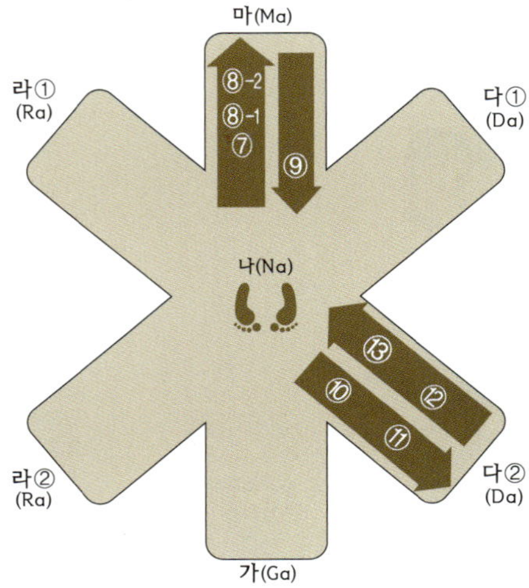

앞굽이 형태가 발이 일직선상에서 발끝이 대각선을 이루게 하여 외산틀막기를 한 후 곧바로 몸통바로지르기를 한다.
Después de terminar wesantul makki, inmediatamente realizar el jireugi.

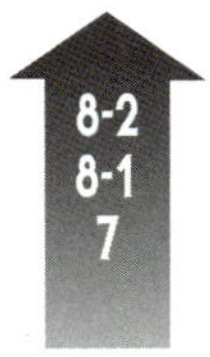

8 "가" 방향 두발 제자리 왼앞굽이 몸통 바로지르기

En dirección de "Ga", con ambos pies en el sitio en wen ap kubi, ejecutar momtong baro jireugi.

9 "가" 방향 오른발 앞으로 내디뎌 ("나" 의 위치에) 오른앞굽이 손날등 몸통 헤쳐막기

En dirección de "Ga", poner el pie derecho adelante (en posición de "Na") en oreun ap kubi y ejecutar sonnal dung momtong hecho makki.

Como el pie derecho está adelante, la mano derecha deberá estar fuera de la línea del hombro.

규정동작 Movimiento

외산틀막고, 몸통 바로 지르기
Wesantul mako momtong baro jireugi (Bloqueo de una montaña y puño regular al cuerpo)

- 앞굽이의 형태가 발이 일직선상에서 발끝이 대각선을 이루게 하여 외산틀막기를 한 후 곧 바로 몸통 바로지르기를 한다.
- Realizar wesantul makki con la punta de los pies en diagonal en ap kubi y enseguida continuar con momtong baro jireugi.

감점동작의 예 Factores de deducción

외산틀막고, 몸통 바로 지르기
Wesantul mako momtong baro jireugi (Bloqueo de una montaña y puño regular al cuerpo)

- 외산틀막기후 빠르게 몸통지르기를 하지 않을 때.
- 이 밖에 규정동작이 아닌 행위는 감점이 된다.
- Si momtong baro jireugi no se ejecuta inmediatamente después del wesantul makki.
- Cualquier otro movimiento que no se ha indicado anteriormente será un factor de deducción.

10 오른발 "나" 의 위치에 두고 왼발 내디뎌 왼앞굽이 "다2" 방향 왼아귀손 거들어 칼재비

El pie derecho en posición de "Na", poner el pie izquierdo adelante en wen ap kubi en dirección de "Da2", y ejecutar wen agwison koduro kaljebi.

11 "다2" 방향으로 오른발 뛰어 나가 딛으며 오른 곁다리서기 두주먹 젖혀지르기

El pie derecho salta hacia adelante en dirección de "Da2" en oreun kyeotdari seogi y ejecutar dujumok hecho jireugi.

12 "다2" 방향 바라보며 오른발 제자리왼발 "나" 방향으로 뒤로 물러디뎌 주춤서기 표적아래막기 -시선 "다2" 방향-

Mirando hacia "Da2", con el pie derecho en el sitio, recoger el pie izquierdo hacia "Na" para caer en juchum seogi y ejecutar pyojeok makki.

왼아귀손 거들어 칼재비 : 왼발을 "다2"방향으로 내딛을 때 오른 바탕손으로 눌러막는 동시에 왼아귀손으로 칼재비를 한다.

Wen agwison koduro kaljebi : cuando el pie izquierdo retrocede hacia "Da2", oreun batangson ejecutar nulo makki y, jalando al oponente, realizar kaljebi con wen agwison.

젖혀지르기 : 아래를 목표로 젖혀 지르기를 할 수 없고 다만 몸통 지르기에만 사용한다. 만일 젖혀지르기로 주먹이 얼굴까지 올라가면 이는 치지르기가 되므로 목표인 몸통을 표시하지 않는다.

오른 곁다리서기 두주먹 젖혀지르기 : 양쪽 허리에서 등주먹이 위로 향하게 하여 회전을 하여 갈비뼈 아래를 가격한다.

Oreun kyeotdari seogi, dujumok hecho jireugi: golpear el punto debajo de la costilla con el dorso de la mano hacia arriba desde los costados.

가까이 붙었을 때 공격이므로 팔꿈치는 옆구리에 거의 닿게.

Como es un ataque desde una distancia corta, ubicar el codo al costado.

왼아귀손에 오른안팔목을 끼우듯 치며 막는다. (표적이므로 움직이면 안된다)

El anpalmok derecho (muñeca interna) golpea el agwison izquierdo como si encajara (no mover el objetivo del golpe).

10, 11, 12

규정동작 Movimiento

거들어 칼재비 Koduro kaljebi (Mano en arco-Y asistida)

- 눌러막는 동시에 아귀손으로 칼재비를 한다.
- El bloqueo y el kaljebi se ejecutan al mismo tiempo.

감점동작의 예 Factores de deducción

거들어 칼재비 Koduro kaljebi (Mano en arco-Y asistida)

- 칼재비손을 바탕손처럼 하였을 때.
- 이 밖에 규정동작이 아닌 행위는 감점이 된다.
- Si el kaljebi se ejecuta como el batangson
- Cualquier otro movimiento que no se ha indicado anteriormente será un factor de deducción.

13 "다2" 방향 바라보며 왼발 제자리 오른발 "나" 위치에 뒤로 물러 디뎌 오른 뒷굽이 손날 금강막기 -시선 "다2" 방향-

Mirando hacia "Da2", con el pie izquierdo en el sitio, recoger hacia atrás el pie derecho en posición de "Na" en oreun dwitkubi y ejecutar sonnal keumgang makki, con la mirada hacia "Da2".

얼굴막기와 아래막기의 시작점에서 시작하여 막는다.

El olgul makki y arae makki deben prepararse donde debería iniciar (punto inicial de origen).

16-1,16-2

16-1 "다1" 방향 오른발 앞차기 차고 내디뎌

En dirección de "Da1", patear ap chagi derecho y saltar un paso hacia adelante, caer pisando fuerte en wen kkoa seogi y ejecutar dungjumok ap chigi (ejecutando el "Kiap").

16-2 오른발 짓쪄 딛고 왼 뒤꼬아서기 등주먹 앞치기 - 기합 -

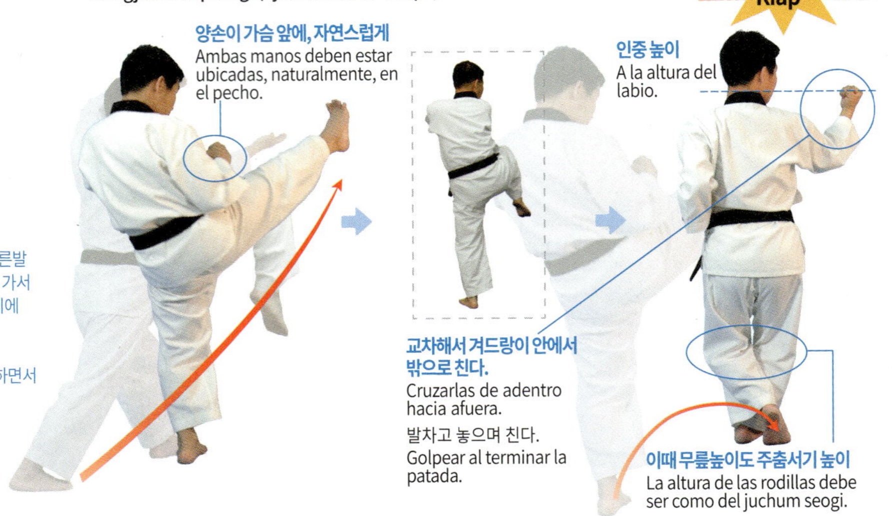

뒤꼬아서기 설명 다시보기

오른발이 앞으로 나가는 순간 왼발이 뒤따라와서 오른발 발날쪽에 왼발 발가락이 가까이 하며 오른발 앞으로 가서 제동을 걸면서 멈추어 서기를 한다. 이때 오른 장단지에 왼정강이가 밀착되면서 엇갈려 꼬아서기로 선다. 그리고, 두 다리의 무릎은 굽혀 낮춘다.

사용 : 상대의 발등을 짓찧기를 하거나 가깝게 접근하면서 2차 공격에 사용한다.

15-1 "다1" 방향 왼발 옆차기 차고 내디뎌

En dirección de "Da1", patear yop chagi izquierdo, caer en wen ap kubi y ejecutar jebipum sonnal mok chigi. (15-1 y 15-2)

15-2 왼앞굽이 제비품 목치기

14 "다1" 방향으로 시선 돌리며 오른발 제자리 왼발 끌어올려 오른 학다리 작은 돌쩌귀

Cambiando la mirada hacia "Da1", con el pie derecho en el sitio, levantar el pie izquierdo para hacer oreun hakdari y ejecutar jagun doltzogi.

14,15-1,15-2

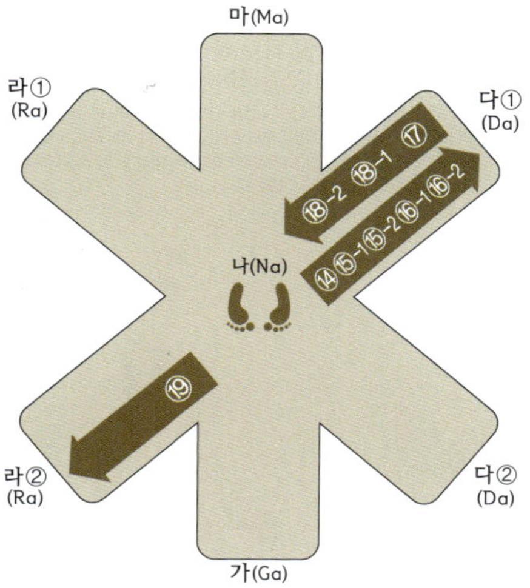

17 "나" 방향 왼발 뒤로 물려 디뎌 "나" 방향으로 주춤서기 왼 손날 옆치기

En dirección de "Na", recoger hacia atrás el pie izquierdo hacia "Na" en juchum seogi y ejecutar wen sonnal yop chigi.

18-2 "나" 의 위치에 디뎌 주춤서기 오른팔굽표적치기

18-1 왼발 제자리 오른발 들어 표적차기 차고

Con el pie izquierdo en el sitio, levantar el pie derecho para ejecutar pyojeok chagi y caer en posición de "Na" en juchum seogi, ejecutando oreun palkup pyojeok chigi. (18-1 y 18-2)

19 "라2" 방향 오른발 제자리 왼발 모둠발로 끌어 모아서기를 하자마자 이어서 오른발 "라2" 방향으로 내디뎌 오른앞굽이 오른아귀손 거들어칼재비

En dirección de "Ra2", con el pie derecho en el sitio, jalar el pie izquierdo a modumbal, haciendo moa seogi, inmediatamente poner el pie derecho adelante en dirección de "Ra2" en oreun ap kubi y ejecutar oreun agwison koduro kaljebi.

규정동작 Movimiento

곁다리서기 두주먹젖혀지르기 Kyeotdari seogi dujumok jeocho jireugi (Postura de apoyo, golpe con ambos puños girados)

- 뛰어나가며 곁다리로 서는 동시에 두주먹 젖혀지르기를 한다.
- Ir hacia adelante y realizar el kyeotdari seogi y el dujumok jeocho jireugi al mismo tiempo.

표적막기 Pyojeok makki (Bloqueo al objetivo)

- 표적손은 아랫배 앞에 위치하고 막는 팔목이 동작을 행한다.
- La mano del objetivo se ubica frente al abdomen inferior y la muñeca de la mano que bloquea hace el movimiento.

22 **"라2" 방향 바라보며 오른발 제자리 왼발 뒤로 물려디뎌 ("나" 의 위치) 왼뒷굽이 손날 금강막기**

Mirando hacia "Ra2", con el pie derecho en el sitio, recoger el pie izquierdo hacia atrás (a la posición de "Na") en wen dwitkubi y ejecutar sonnal keumgang makki.

손날 금강막기 : 손날로 얼굴막기와 아래막기를 동시에 하는데 각각 동작의 시작점에서 시작한다.

21, 22

21 **"라2" 방향 바라보며 왼발 제자리 "나" 방향으로 오른발 뒤로 물려디뎌 주춤서기 표적 아래막기**

Mirando hacia "Ra2", con el pie izquierdo en el sitio, recoger el pie derecho hacia "Na" para caer en juchum seogi y ejecutar pyojeok makki.

표적은 단전 앞에 위치해서 움직이지 말고 왼주먹의 안팔목으로 표적을 치듯 막는다

곁다리 서기 :
곁들인 발은 앞서 딛고 있는 발바닥의 발날등 중간에 다른 앞축의 엄지발가락 부분이 와서 닿게 하며 그 발의 뒤축을 들고 발목을 펴서 앞축만 땅에 닿게 한다. 두 무릎은 주춤서기 높이와 같이 구부려 낮춘다. 몸의 중심이 앞서 디딘 발에 있으며, 곁들인 발은 가볍게 곁들여 디뎌 중심 유지에 도움을 준다.
사용 : 곁다리서기는 돌격적으로 앞으로 뛰어 들어가는데 사용한다.

20 **"라2" 방향 왼발 뛰어 내디뎌 왼발 곁다리 서기 두주먹 젖혀지르기**

En dirección de "Ra2", saltar con el pie izquierdo para caer en wenbal kyeotdari seogi y ejecutar dujumok jeocho jireugi.

감점동작의 예 Factores de deducción

곁다리서기 두주먹젖혀지르기 Kyeotdari seogi dujumok jeocho jireugi (Postura de apoyo, golpe con ambos puños girados)

- 두 발이 동시에 뜨거나 꼬아서기 형태로 젖혀지를 때.
- 이 밖에 규정동작이 아닌 행위는 감점이 된다.
- Si ambos pies están en el aire o si el puño se ejecuta en kkoa seogi.
- Cualquier otro movimiento que no se ha indicado anteriormente será un factor de deducción.

표적막기 Pyojeok makki (Bloqueo al objetivo)

- 두 팔을 양 옆으로 벌렸다 막을때.
- 이 밖에 규정동작이 아닌 행위는 감점이 된다.
- Si el bloqueo se ejecuta abriendo los brazos a los lados.
- Cualquier otro movimiento que no se ha indicado anteriormente será un factor de deducción.

25-2 왼발 내려 짓쩌 디뎌 오른발 뒤 꼬아서기 등주먹 앞치기 -기합-

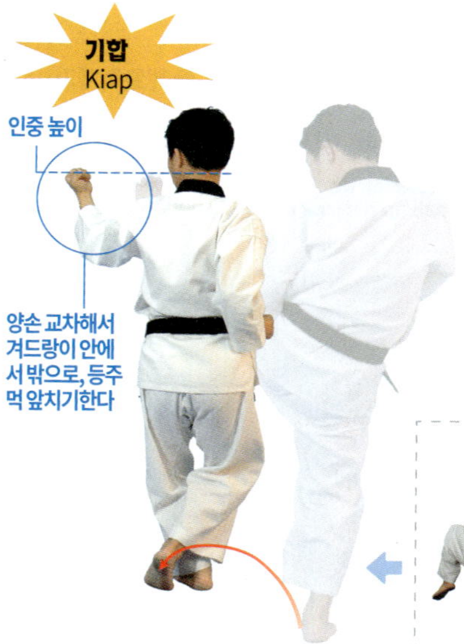

25-1 "라1" 방향 왼발 앞차기 차고

En dirección de "Ra1", patear ap chagi izquierdo, caer un paso hacia adelante pisando fuerte con el pie derecho haciendo dwikkoa seogi y ejecutar dungjumok apchigi (ejecutando el "Kiap"). (25-1 y 25-2)

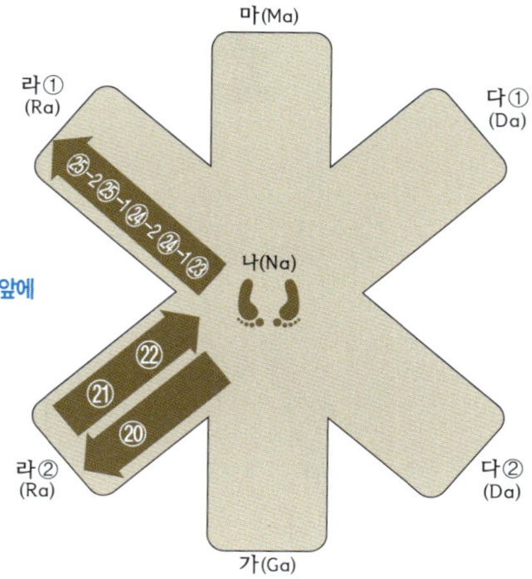

24-2 오른앞굽이 제비품 목치기

제비품 목치기 : 얼굴막기와 손날목치기의 각각의 시작점에서 시작한다.

24-1 "라1" 방향 오른발 옆차기 차고 내려디뎌

En dirección de "Ra1", patear yop chagi derecho, caer en oreun ap kubi y ejecutar jebipum sonnal mok chigi. (24-1 y 24-2)

23 "라1" 방향 바라보며 왼발 제자리("나" 의 위치) 오른발 끌어올려 왼 학다리 작은 돌쩌귀

Mirando hacia "Ra1", con el pie izquierdo en el sitio (posición de "Na"), levantar el pie derecho en wen hakdari y ejecutar jagun doltzogi.

26 "나" 방향 오른발 뒤로 물려디뎌 주춤서기 오른손날 옆치기

En dirección de "Na", recoger el pie derecho hacia atrás para hacer juchum seogi y ejecutar oreun sonnal yop chigi.

27-1 "나" 방향 오른발 제자리 왼발 들어 표적차기 차고 내려디뎌("나"의 위치)

En dirección de "Na", con el pie derecho en el sitio, levantar el pie izquierdo para realizar pyojeok chagi y pisar fuerte (en posición de "Na") en juchum seogi, ejecutando wen palkup pyojeok chigi. (27-1 y 27-2)

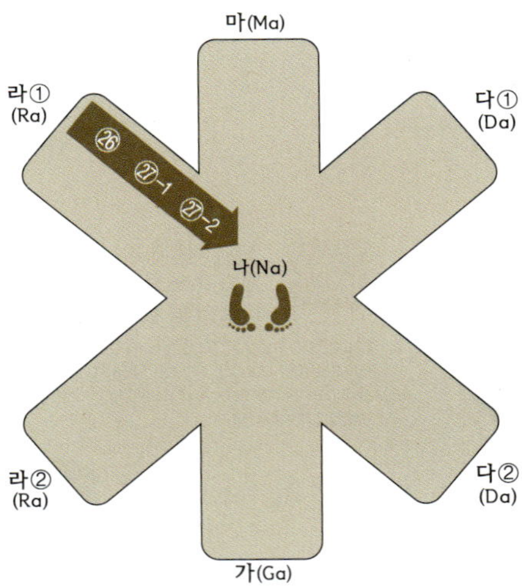

한수는 품새선의 방향, 각도를 정확히 움직여 줘야 자기 자리로 오게 됨을 유의해야 한다.

27-2 주춤서기 왼 팔굽 표적치기

바로 왼발 제자리 "가" 방향 바라보며 모둠발로 모아서기 겹손 준비서기

Baro: con el pie izquierdo en el sitio, mirando hacia "Ga", realizar modumbal y moa seogi, y ejecutar kyeopson jumbi seogi.

겹손 : 오른 손등위에 왼손바닥이 열십자로 겹쳐 놓는다.
이때 손을 손날이나 편손끝과 같이 손가락을 펴서 놓는다.

일여
(Ilyeo)

일여는 신라의 위대한 승려 원효대사의 사상정수를 의미하며 원효 사상은 마음(정신)과 몸(물질)이 하나이면서 원리는 오직 하나로 통한다는 것을 말하고 이것은 점이나 선이나 원이 하나가 된다는 뜻을 나타낸다. 태권도 수련의 완성은 모든 기법과 동작이 모양이나 운용을 다르게 배우고 행하지만 궁극에서는 합쳐지며 나아가 정신과 동작이 일체가 되는 깊은 무예의 진리가 바탕에 깔려져 있는 품새가 일여이다. 일여는 마음(정신), 육신(물질)이 하나라는 뜻이며 일 측은 오직 하나라는 것을 의미한다. 일여 품새 수련시는 등척성과 평형성에 유의하여 몸과 마음을 일치시켜야 한다.
새로운 동작은 외산틀옆차기, 두손펴비틀어잡아당기기, 뛰어옆차기가 있고 서기로는 오금서기가 처음 나온다. 준비자세는 보주먹 모아서기자세이며 태권도의 마지막 품새이므로 통일과 중용의 의미가 있는 턱 앞에 준비 손을 두고 두 손이 맛 붙고 감싸져서 기가 인체와 두 손에 막힘 없이 흐르게 하는 자세이다. 품새선 "만"은 원효대사를 기리기 위해 일여 사상을 나타내는데 부족함이 없는 불교의 상징으로 했으며 본, 체, 용이 일치하는 무아의 경지를 뜻한다.

“Ilyeo” representa el pensamiento de un gran sacerdote budista de la dinastía Silla, San Wonhyo, quien se caracterizó por la filosofía de la armonía de la mente (espíritu) y el cuerpo (materia). Esta enseña que un punto, una línea o un círculo terminan en el mismo lugar. Por lo tanto, el poomsae Ilyeo representa la armonía entre el espíritu y el cuerpo, que es la esencia del arte marcial, después de un largo entrenamiento de varios tipos de técnicas y la cultivación espiritual, para la finalización de la práctica del Taekwondo.
Las nuevas técnicas en este poomsae son sonnal (olgul) makki, wesantul yop chagi, dusonpyeo (dos manos abiertas) bituro jabadangkigi, twio yop chagi, y la primera posición de ogum hakdari seogi. Jumbi seogi es el bojumeok moa seogi, en el cual, como último paso del entrenamiento del poomsae, se colocan ambos puños hacia arriba contra la barbilla, lo cual tiene un significado de unificación y moderación, de tal manera que la energía espiritual pueda fluir libremente en el cuerpo al igual que en ambas manos. La línea del poomsae simboliza la marca budista (suástica), en conmemoración de San Wonhyo, lo que significa un estado de perfecto altruismo en el budismo, en donde el origen de la sustancia y el servicio se vuelven congruentes.

♣ 일여 품새진행선

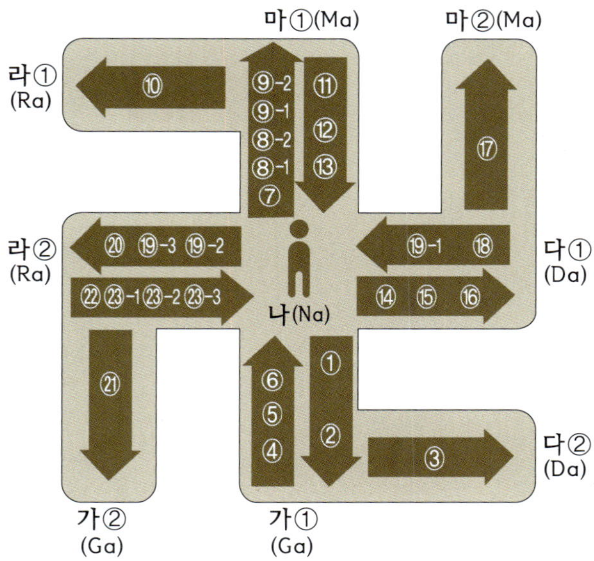

마①(Ma)
마②(Ma)
라①
(Ra)
라②
(Ra)
다①
(Da)
다②
(Da)
나(Na)
가②
(Ga)
가①
(Ga)
⑩
⑨-2 ⑨-1 ⑧-2 ⑧-1 ⑦
⑪ ⑫ ⑬
⑰
⑳ ⑲-3 ⑲-2
⑲-1 ⑱
㉒ ㉓-1 ㉓-2 ㉓-3
⑭ ⑮ ⑯
㉑
⑥ ⑤ ④
① ②
③

준비 **보주먹 준비서기**

Jumbi: en posición de “Na”, mirando hacia “Ga”, en moa seogi ejecutar bojumeok jumbi seogi.

1 **“가1” 방향 왼발 내디뎌 오른뒷굽이 손날막기**

Poner el pie izquierdo adelante hacia “Ga1” en oreun dwitkubi y ejecutar sonnal momtong makki.

보주먹 준비서기

- 두발은 모아서기로 한다.
- 모든 몸가짐은 기본준비서기때와 같다.
- 두손을 밑에서부터 가슴 앞까지 올리며 모은다.
  이때 오른손은 주먹을 쥐고 왼손은 엄지손가락을 제외한 네 손가락을 붙여 둥글게 손가락을 말아 오른 등주먹부터 감싼다. 왼손 엄지손가락도 벌려 오른 주먹 엄지손가락쪽을 감싼다.
- 두팔의 팔굽은 굽혀 원을 만들어 오른 주먹을 왼손으로 감싸 연결한다.
- 두 손의 높이는 단전, 가슴, 인중 등 세 곳에 위치할 수 있다.(여기에서는 인중)

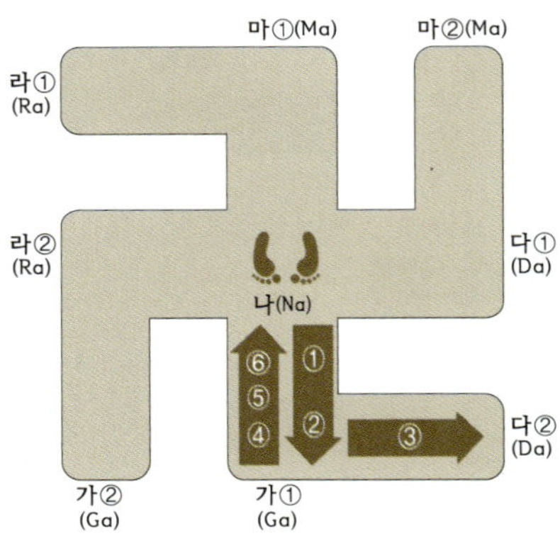

2 **“가1” 방향 오른발 내디뎌 오른앞굽이 몸통 반대지르기**

Poner el pie derecho adelante hacia “Ga1” en oreun ap kubi y ejecutar momtong bandae jiregui.

3 **“다2” 방향 왼발 옮겨디뎌 오른뒷굽이 금강막기 - 천천히 행한다 - 등척성**

En dirección de “Da2”, mover el pie izquierdo para hacer oreun dwitkubi y ejecutar keumgang makki (lentamente).

4 "나" 방향 왼발 옮겨 돌아 오른뒷굽이 손날막기

En dirección de "Na", mover el pie izquierdo para girar en oreun dwitkubi y ejecutar sonnal momtong makki.

5 "나" 방향 두발 제자리 오른뒷굽이 몸통 바로지르기

En dirección de "Na", con ambos pies en el sitio en oreun dwitkubi, ejecutar momtong baro jireugi.

6 "나" 방향 오른발 뛰어 나가 딛으며 오른발 오금서기("나" 의 위치) 거듭어 왼편손끝 몸통 세워찌르기 - 기합 -

En dirección de "Na", saltar con el pie derecho hacia adelante y caer en ogum seogi con el pie derecho (en la posición de "Na"), ejecutando koduro pyonsonkkeut momtong sewo tzireugi (ejecutando el "Kiap").

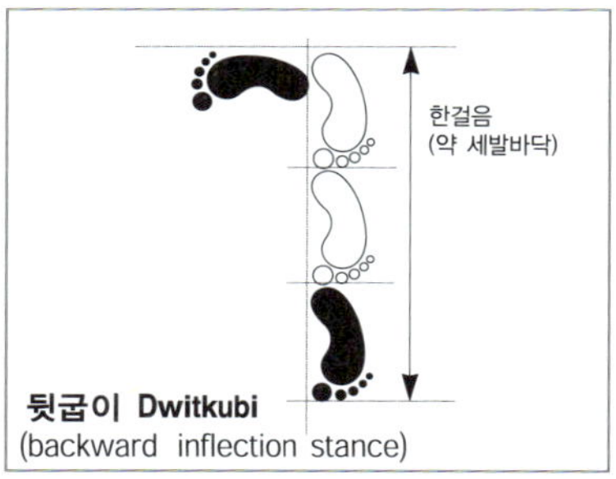

오금서기 : 학다리서기와 같이 선다. 다만 끌어 올린 다리의 발등은 딛고 선 다리의 오금에 갖다 댄다.
또한 학다리서기와 달리 오금서기는 앞으로 뛰어 나가는 힘을 딛는 다리 하나로 제동을 걸어 멈추고 중심을 잡을 때 뒤따라오는 다리의 발등이 오금에 닿으면서 도움을 주는 동작이다.

4 「옆모습」 Vista lateral

5 「옆모습」 Vista lateral

<서기 제자리>

6 「옆모습」 Vista lateral

8-1 **옆차기 찬 왼발 "마" 선상에 내려디뎌 오른뒷굽이 엇걸어 얼굴막기 -빠르게-**

El pie izquierdo usado en yop chagi cae en la línea "Ma" en oreun dwitkubi y ejecutar otkoro (cruzado) olgul makki (rápidamente).

8-2 **찬 발을 접을 때 막기의 준비동작인 오른 허리에서 양손을 엇걸어 서(오른손을 위에) 발을 뒷굽이 자세로 놓음과 동시에 위로 올라가 엇걸어 얼굴막기를 한다.**

Al recoger la patada, realizar el otkoro olgul makki (bloqueo cruzado a la cara) en dwitkubi.

「옆모습」
Vista lateral

▶ 8-1 and 8-2

엇걸어 얼굴막기는 앞에 나와 있는 발쪽의 팔목으로 얼굴막기할 때 뒤쪽의 팔목에 힘을 보태주기위하여 뒤쪽에서 엇걸어 밀며 도와준다.

En el otkoro olgul makki, la muñeca del lado del pie de adelante realiza el olgul makki mientras que la muñeca del otro lado (pie de atrás) apoya el makki agregando potencia. La muñeca que defiende deberá tener una forma cruzada.

7 **오른발 제자리 "마" 방향으로 서서히 왼발 옆차기 차면서 외산틀막기**

Con el pie derecho en el sitio, lentamente patear yop chagi izquierdo hacia la dirección de "Ma", simultáneamente realizar wedari seogi (postura en un pie) con el pie derecho y ejecutar wesantul makki.

「옆모습」
Vista lateral

왼발 옆차며 외산틀막기 : 방향을 90° 틀어 주며 옆차기 무릎 들고 외산틀막기 준비동작을 하며 서서히 힘주어 중심을 잡으며 막고 차기를 한다.

편손끝 찌른 동작에서 몸의 방향을 90° 틀면서 차기와 막기의 준비동작이 들어 감.
Realizar una preparación para patear y bloquear.

고도의 평행감각을 요하는 동작으로 각 근육의 근력과 단전의 힘, 평행감각을 수련해야 한다.
Esta técnica requiere bastante estabilidad, por eso se deberá practicar este aspecto.

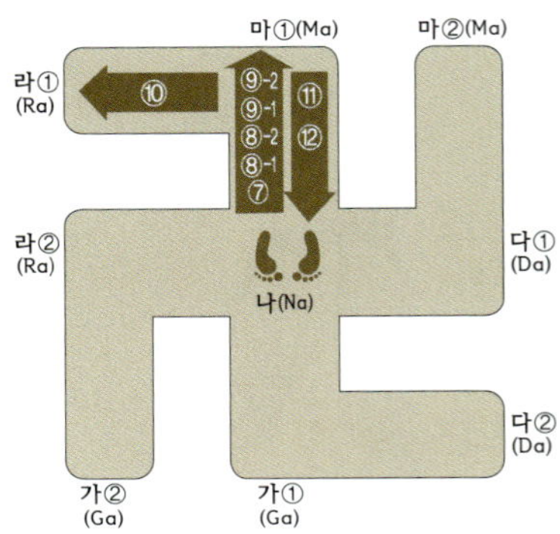

9-1 "마" 방향 엇갈린 상대의 팔목을 비틀어 잡아끌며

En dirección de "Ma", girar y retirar la muñeca del oponente atrapado en las muñecas cruzadas, poner adelante el pie derecho para hacer oreun ap kubi y ejecutar momtong bandae jireugi. (9-1 y 9-2)

9-2 오른발 내디뎌 오른앞굽이 몸통 반대지르기

「옆모습」
Vista lateral

<서기 제자리>

▶ 9-1 and 9-2

엇갈린 팔목에 막히어 걸쳐있는 상대의 팔목을 빼지 못하게 하며 엇걸어 막기에 거들어 준 손을 펴서 상대의 팔목을 잡아챈다.
Asegurar que la muñeca del oponente quede atrapada entre las muñecas cruzadas para que no pueda escapar. La mano que apoya deberá abrirse para agarrar al oponente por la muñeca.

이와 같이 엇걸어 막고 손을 펴서 시계반대 방향으로 돌려서 위, 아래 손이 바뀔 때 쯤 오른손을 허리로 가져와 왼손을 당기며 오른손 주먹지르기를 한다.
Cruzando las manos, golpear con el puño derecho.

10 "라1" 방향 왼발 옮겨디뎌 오른뒷굽이 금강막기 (천천히 행한다)

En dirección de "Ra1", mover el pie izquierdo para caer en oreun dwitkubi y ejecutar keumgang makki (lentamente).

11 "가1" 방향 왼발 옮겨 돌아 오른뒷굽이 손날막기

En dirección de "Ga1", mover el pie izquierdo para girar en oreun dwitkubi y ejecutar sonnal makki.

12 "가1" 방향 두발 제자리 오른뒷굽이 몸통 바로지르기

En dirección de "Ga1", con ambos pies en el sitio en oreun dwitkubi, ejecutar momtong baro jireugi.

13 "가1" 방향 오른발 뛰어나가 딛으며 오른발 오금서기 ("나" 의 위치) 거들어 오른 편손끝 몸통세워찌르기 - 기합 -

En dirección de "Ga1", saltar con el pie derecho hacia adelante y caer en ogum seogi con el pie derecho (en la posición de "Na"), ejecutando koduro oreun pyonsonkkeut momtong sewo tzireugi (ejecutando el "Kiap").

14 "다1" 방향 왼발 옆차기로 밀어 차며 외산틀막기

En dirección de "Da1", patear yop chagi izquierdo y ejecutar wesantul makki.

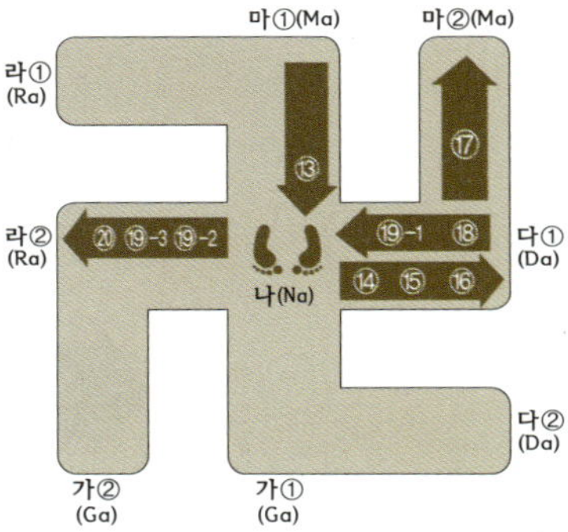

▶ **19-1, 19-2 and 19-3**

오른발 앞차기 차고 앞으로 한걸음 내딛으며 그 발로 다시 땅을 밀어 몸을 공중에 띄우면서 오른쪽으로 돌려 왼발로 뛰어 옆차기를 찬다. 이는 몸 방향이 왼쪽에서 오른쪽으로 바뀌기도 하지만 다리로 뛰어 탄력을 주는 발은 앞에 내딛고 상대를 차는 다리는 뒤에 있던 다리로 차게 된다.
또, 옆차기를 차기 때문에 바꾸어 뛰어옆차기라 한다.

Después del ap chagi, el pie derecho cae un paso adelante y empuja al cuerpo para girar por la derecha y ejecutar un yop chagi con el pie izquierdo. A esto se le llama cambio de patada con salto. La dirección del cuerpo cambia de izquierda a derecha, y también el pie de atrás ejecuta una patada mientras que el pie de adelante que salta, soporta el peso. A esto se le llama bakuwo twio yop chagi.

20 "라2" 방향 엇걸었던 팔목을 비틀어 잡아 끌면서 오른발 내디뎌 오른 앞굽이 몸통반대지르기

En dirección de "Ra2", girar y retirar la muñeca del oponente atrapado en las muñecas cruzadas, poner adelante el pie derecho para hacer oreun ap kubi y ejecutar momtong bandae jireugi.

20, 19-3

19-3 내려디뎌 오른뒷굽이 엇걸어 얼굴막기

15 **"다1" 방향 왼발내려 디뎌 오른뒷굽이 엇걸어 얼굴막기**
En dirección de "Da1", bajar el pie izquierdo en oreun dwitkubi y ejecutar otkoro olgul makki.

16 **"다1" 방향 엇걸어 막은 팔목을 비틀어 잡아끌며 오른발 앞으로 내디뎌 오른앞굽이 몸통 반대지르기**
En dirección de "Da1", girar y retirar la muñeca del oponente atrapado entre las muñecas cruzadas, poner adelante el pie derecho para hacer oreun ap kubi y ejecutar momtong bandae jireugi.

17 **"마2" 방향 왼발 옮겨디뎌 오른뒷굽이 금강막기 (천천히 행한다)**
En dirección de "Ma2", mover el pie izquierdo para hacer oreun dwitkubi y ejecutar keumgang makki (lentamente).

19-2 **이어 몸바꾸어 왼발 뛰어 옆차기 차고**

19-1 **"나" 방향 오른발 앞차기 차고 "나" 선상에 한걸음 내려딛고**

En dirección de "Na", patear ap chagi derecho, caer adelante en la línea de "Na", enseguida cambiar la postura del cuerpo, ejecutar twio yop chagi izquierdo y caer en oreun dwitkubi, ejecutando otkoro olgul makki (19-1, 19-2)

앞차기 차고 놓으면서 그 탄력으로 솟아올라 바꾸어 뛰어 옆차기를 한다.
Terminando la patada frontal, utilizando la fuerza del rebote y realizar la patada lateral con salto (twio yop chagi).

이때 앞차기 차고 놓을 때 뒷꿈치부터 놓으며 앞축이 닿을 때 땅을 밀어 탄력을 받아 솟구친다.
Para realizar esto, se deberá colocar el pie desde el talón, y cuando la planta del pie toque el piso se deberá saltar utilizando la fuerza del rebote.

방향을 틀면서 손도 자연스럽게 허리로 간다.
Girando el cuerpo, las manos deberán estar naturalmente alrededor de la cintura.

앞 찬발을 바닥에 힘차게 딛어 추진력을 얻게 한다.
La pierna que patea deberá caer al suelo con impacto para que tenga la fuerza de empuje desde el suelo.

18 **"나" 방향 오른발 제자리 왼발을 모둠발로 끌어들여 몸 왼쪽으로 돌려 두주먹 허리 모아서기**
En dirección de "Na", con el pie derecho en el sitio, jalar el pie izquierdo a modumbal girando el cuerpo por la izquierda para hacer moa seogi y ejecutar dujumok hori seogi (ambos puños en la cintura).

21 "가2" 방향 왼발 옮겨디뎌 오른뒷굽이 금강막기 (천천히 행한다)

En dirección de "Ga2", mover el pie izquierdo para hacer oreun dwitkubi y ejecutar keumgang makki (lentamente).

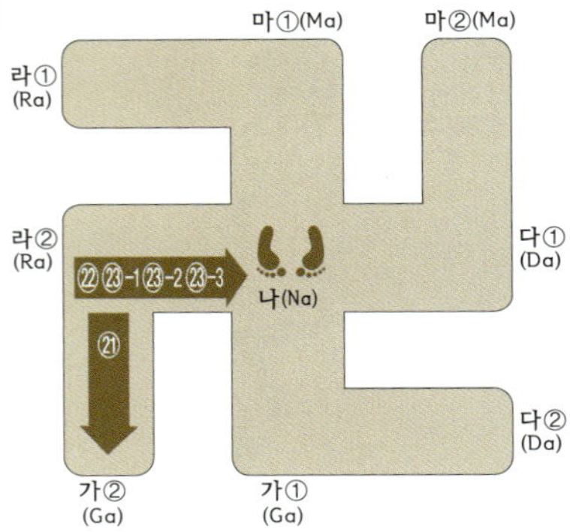

22, 23-1

22 "다1" 방향 오른발 제자리 왼쪽으로 돌려 왼발 모둠발로 끌어 몸을 일으키며 두주먹 허리 모아서기

En dirección de "Da", con el pie derecho en el sitio, jalar el pie izquierdo a modumbal girando el cuerpo por la izquierda para hacer moa seogi y ejecutar dujumok hori seogi.

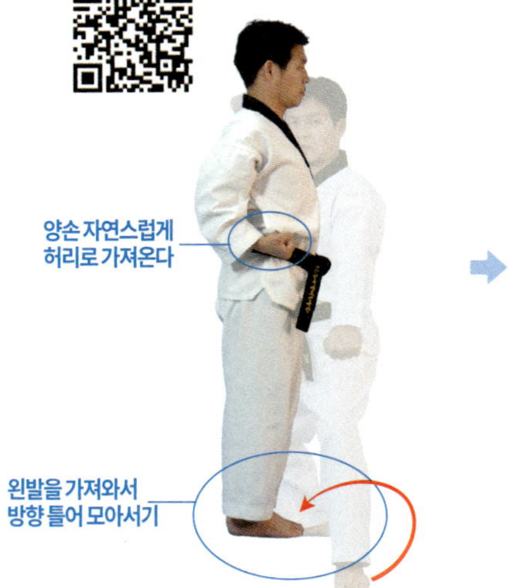

23-1 "다1" 방향 왼발 앞차기 차고 한 걸음 내려 딛고 이어서

En dirección de "Da1", patear ap chagi izquierdo, caer adelante girando el cuerpo, y enseguida ejecutar twio yop chagi derecho y caer en wen dwitkubi, ejecutando otkoro olgul makki. (23-1, 23-2 y 23-3)

모아서기 Moa seogi
(close stance)

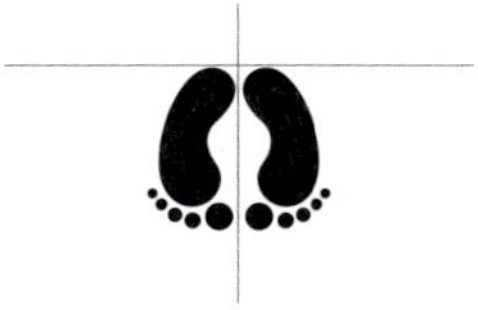

모아서기 **Moa seogi**
(close stance)

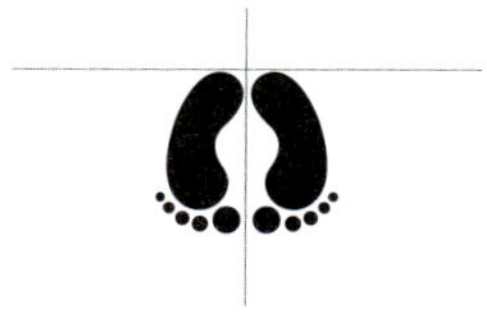

23-2 몸 바꾸어오른발 뛰어 옆차기 차고 내려디뎌

23-3 왼뒷굽이 엇걸어 얼굴막기

바로 왼발 제자리("나" 의 위치) 몸을 오른쪽으로 돌려 "가" 를 바라보며 오른발을 모둠발로 끌어들여 모아서기 보주먹 준비서기

Baro: con el pie izquierdo en el sitio (en posición de "Na"), girar el cuerpo por la derecha, mirando hacia "Ga", jalar el pie derecho a modumbal para hacer moa seogi y ejecutar bojumeok jumbi seogi.

23-2, 23-3

▶ 바로 Baro

보주먹이 단전 앞에서 모아져서 인중 높이까지 올라 온다.

Levantar los puños a la altura del labio desde la parte inferior del estómago donde los puños se juntan.

참고문헌 Bibliografía

* **국기원 / 태권도교본 / 오성출판사 2006**
  Kukkiwon / Taekwondo Textbook / O-Sung Publishing Company 2006

* **세계태권도연맹 / 품새 규정 동작 해설 2014**
  World Taekwondo Federation / Poomsae Movement Interpretation 2014

* **강익필(상아기획) / 태권도공인품새해설 2007**
  The explanation of Official Taekwondo Poomsae 2007 / Ikpil Kang (SANG-A)

Explicación del Taekwondo Poomsae Oficial II

태권도 공인품새 해설 II

저 자 | 강익필 **Autor** Ikpil Kang
번 역 | 장세훈 **Traducción** Sehoon Jang
번역감수 | **Asistentes de Traducción**
Bruno Saux Collantes, Marcela Castillo Tokumori

초판발행 | 2017년 7월 15일

발 행 인 | 문상필 **Publisher** Sang Phil, Moon
북디자인 | 이한솔 김권기
표지디자인 | 이태진
사 진 | 문상필 이상혁
품새모델 | 강익필 윤경은
영 상 | 강혜원 강혜수
증강현실 | (주)에이알비전
펴 낸 곳 | (주)애니빅
주 소 | 서울시 영등포구 경인로 82길 3-4
(문래동 1가 센터플러스 916호)
대표전화 | 02-2164-3840 **팩스** | 02-6209-7749
홈페이지 | www.sangavill.com
이 메 일 | 0221643840@hanmail.net
출판등록 | 제2008-000010호

ISBN 979-11-87537-09-0 13690